LE ROMAN DE JEANNE

À L'OMBRE DE ZOLA

DU MÊME AUTEUR

Médecin des dames, La Différence, 2003

DEVAL

ISABELLE DELAMOTTE

LE ROMAN DE JEANNE

À L'OMBRE DE ZOLA

belfond
12, avenue d'Italie
75013 Paris

Si vous souhaitez recevoir notre catalogue
et être tenu au courant de nos publications,
vous pouvez consulter notre site internet :
www.belfond.fr
ou envoyer vos nom et adresse,
en citant ce livre,
aux Éditions Belfond,
12, avenue d'Italie, 75013 Paris.
Et, pour le Canada,
à Interforum Canada Inc.,
1055, bd René-Lévesque-Est,
Bureau 1100,
Montréal, Québec, H2L 4S5.

ISBN : 978-2-7144-4532-2

PREMIÈRE PARTIE
BEAUME

1

De la terre jusqu'au ciel

La lumière chaude et vacillante du cierge posé près du lit ne semblait rien annoncer d'inquiétant. Elle créait au contraire une atmosphère apaisante, et Jeanne adorait sa façon de jouer avec les objets familiers de la maison, les métamorphosant en fantômes grotesques qui se seraient amusés à ne montrer qu'une partie d'eux-mêmes. D'ailleurs, maman dormait. Ses lèvres dessinaient un léger sourire et son beau visage aux paupières bleuies dégageait une douce sérénité. Jeanne songeait à la carte de l'ange Gabriel donnée par sa grand-mère pour ses trois ans, et l'image de cet ange figé dans une rêverie mystique venait s'imprimer sur ce jeune visage endormi.

Une détresse inconnue la saisit brusquement, un mélange d'inquiétude et de douleur. Les lèvres de maman étaient trop pâles, son visage d'ange était maintenant recouvert d'un masque fermé à tout jamais sur le néant…

— Maman est morte !

C'étaient les mots que le père avait prononcés ce matin en réveillant ses filles. Cécile et Jeanne, les joues chaudes et rouges de sommeil, s'étaient redressées sans comprendre. Depuis quelques jours, elles s'étaient étonnées de la présence un peu mystérieuse du père à leur réveil. La haute silhouette d'un

Philibert taciturne et silencieux avait remplacé les bras d'une maman pressée chaque matin de saisir les petits corps alourdis de ses filles, d'embrasser leur chevelure épaisse et soyeuse.

Cécile, l'aînée, avait tout d'un coup senti le goût de la souffrance. L'idée la traversa que rien ne serait plus comme avant. Elle prit son visage dans ses mains, se souvenant du bébé mort il y avait un an déjà. On ne lui avait guère laissé voir le corps de l'enfant, mais le court instant où elle avait embrassé son visage, l'image d'un malheur irrémédiable s'était gravée en elle et resurgissait aujourd'hui. Cécile avait compris que les défunts ne revenaient jamais parmi les leurs, et le sang cognait à ses tempes. L'horreur de la séparation sans retour possible l'avait jetée dans un désespoir qui, à cinq ans, allait la déposséder de manière brutale et définitive de son enfance.

Jeanne, elle, avait entendu le même mot – mort – mais il n'avait pas résonné de la même façon. Elle avait peur de ce père au grand dos voûté qui sanglotait en silence. C'était la première fois qu'elle voyait pleurer une grande personne. Mais Philibert avait serré ses filles contre lui en murmurant des paroles consolatrices qui, vaines pour l'aînée, avaient rassuré la cadette :

— Maman est montée au ciel, elle est heureuse parmi les anges.

Tout s'était ensuite précipité. Pendant qu'une dame « préparait » Adèle Rozerot, le père avait demandé aux fillettes de sortir dans le petit jardin, où il n'avait pas tardé à les rejoindre. Lui qui avait souvent eu le sentiment trouble d'être une figure protectrice à l'égard de son épouse, plus jeune que lui de douze ans, se sentait maintenant seul et abandonné. Envie d'être porté dans des bras consolateurs, de laisser répandre son chagrin. Mais il avait vite retrouvé son autorité de père de famille. Il devait sans tarder prévenir les siens. Les parents d'Adèle d'abord, Désiré et Marie Permann. Il fallait prendre la route jusqu'au petit village de Rouvres-sous-Meilly, situé à quelques kilomètres de Beaume. Les choses se bousculaient dans sa tête : il devait aussi avertir le curé, trouver une carriole ; allait-il emmener les enfants avec lui ? Eugénie, la vieille voisine, avait senti le drame et venait à sa rencontre, marchant vite malgré son déhanchement, sa grande jupe noire semblable à une soutane. Elle allégerait sa détresse et se chargerait de veiller sur la maison et sur les deux sœurs.

Pour Jeanne, la journée avait déroulé ses heures de façon pesante et en même temps irréelle. Les gens s'agitaient autour d'elle comme dans un théâtre d'ombres. Silhouettes affairées avec lenteur, allant, venant et chuchotant. Peu à peu, la famille avait empli la maison des Rozerot, et les fillettes étaient ballottées entre leur demeure, celle de la voisine et le jardin, sans que l'on s'occupât vraiment d'elles.

Cécile semblait s'être dissoute dans cette obscure pantomime. Elle se laissait brinquebaler de façon mécanique, ne disant mot, elle si bavarde d'ordinaire, et cette métamorphose étonnait la petite Jeanne. Depuis le matin, elle avait bien senti l'étrangeté de cette journée où tout le monde venait voir sa mère dormir, mais les yeux éteints de sa sœur assombrissaient de façon inquiétante, en ce 20 juillet 1870, le monde familier dans lequel elle ne se retrouvait plus. La veillée mortuaire l'avait au début apaisée, mais il y avait eu de nouveau les larmes du père...

Elle se mit alors à revivre sa journée dans sa version tragique. Une journée en forme de Janus : sur une face, l'innocente incompréhension et le refus inconscient de la vérité quand celle-ci s'empare trop crûment de votre être ; sur l'autre, le présent d'une enfant meurtrie, confrontée à l'irréparable. La veillée se serait passée comme tant d'autres en cette région de Bourgogne, l'Auxois, où la mort est acceptée avec sagesse et fatalisme comme l'ultime étape de la vie, n'était l'âge de la défunte : vingt-quatre ans. Les grands-parents maternels avaient déjà perdu une fille, Marie, leur unique garçon, Alfred, tous deux à l'âge de vingt ans, ainsi qu'une autre fille, Jeanne, âgée de vingt et un ans. Leurs espoirs de conjurer le mauvais sort s'éteignaient avec leur cadette Marie-Adèle, dite Adèle. Seule leur aînée, Élisabeth, vivait encore.

Les oncles et tantes paternels de Jeanne et de Cécile soutenaient leur frère. Au pied du lit, une écuelle d'eau bénite avait été disposée et les membres de la famille, parfois des voisins ou des proches, bénissaient le corps avec une branche de buis. Jeanne, qui ne quittait plus sa sœur, assistait avec déchirement au rituel de la bénédiction. Elle se souvenait de la fierté de sa mère entreposant cérémonieusement dans le vaisselier une grande bouteille d'eau bénite par le curé lors du Jeudi saint. Adèle avait alors expliqué à ses filles que si un malheur survenait dans la famille, la précieuse bouteille serait prête pour faciliter le passage du mort au paradis. Amère ironie du destin qui jetait cette eau sur celle-là même qui la destinait aux autres.

Les deux fillettes ne firent pas partie du cortège jusqu'à Rouvres. Elles n'auraient pas eu la force de parcourir le chemin à pied. C'est seulement à l'heure de l'office religieux qu'on les conduisit à l'église avec les autres. La vision du cercueil où l'on avait enfermé leur mère n'était pas plus compréhensible pour Jeanne que le discours du curé en latin ou les habits du dimanche revêtus un jour de semaine. Une sensation de déracinement l'envahissait, comme si elle n'appartenait plus à ce monde. Elle se voyait allongée contre sa mère, fusionnant avec elle dans ce voyage dont chacun lui promettait l'heureuse issue. Ce n'est que lorsque la terre recouvrit le cercueil qu'elle eut la certitude d'être de ce monde-là, accrochée à une terre qu'elle se mit à haïr en cet instant.

Le hameau de Beaume, sur la commune de Créancey où vivaient les Rozerot depuis un an, n'avait guère apporté de changement dans la vie de Jeanne, même si la haute et rassurante église de Rouvres lui manquait. Depuis l'enterrement de sa mère, l'idée lui venait souvent que ce vide était à l'origine de leur malheur. En revanche, Jeanne était tombée sous le charme de ces longs rubans d'eau moirée qui traversaient tout le pays. Le bruissement des rivières et la fraîcheur scintillante des ruisseaux lui procuraient une sensation délicieuse d'infini, de mystère, tout un univers ondoyant dont elle imaginait les trésors invisibles enfouis dans la profondeur des eaux. C'est d'ailleurs à ces rivières que Jeanne devait d'avoir quitté Rouvres. Philibert travaillait comme garçon meunier au moulin de la Lochère, l'un des six moulins à eau de Créancey, et il avait décidé de traverser avec femme et enfants le canal de Bourgogne, qui séparait Rouvres-sous-Meilly de Créancey, pour s'installer tout près du moulin.

Depuis l'absence de la mère, les ruisseaux s'étaient tus, ils ne sautillaient plus à travers les prés et n'accrochaient plus l'or du ciel. Jeanne ne voyait désormais que méandres sombres ne charriant qu'un limon obscur.

Durant les quelques jours qui avaient suivi l'enterrement, les deux sœurs ne se parlaient plus, chacune enfermée dans un dialogue désespéré avec leur mère. Après l'hébétude du premier chagrin, elles revinrent l'une à l'autre, comprenant qu'unir leur douleur, loin de l'accroître, leur permettrait de mieux l'affronter.

Malgré leur très jeune âge, elles s'interrogeaient sur leur sort. Qu'allaient-elles devenir ? Qui allait s'occuper d'elles ? Il y avait bien Rosalie, la jeune femme âgée de vingt-deux ans qui aidait Adèle à la maison... Serait-ce elle qui, désormais, les habillerait et les ferait manger ? Philibert avait perçu leur désarroi, mais il se sentait mal à l'aise. Il aurait aimé leur parler, mais les mots lui manquaient et il éprouvait une gêne à se retrouver en tête à tête avec elles. Sa femme avait tissé autour de ses filles une toile d'amour et de complicité si serrée qu'elles ne voyaient leur père que dans des contours un peu flous et lointains.

Ce matin-là, Jeanne l'aida de manière bien fortuite à libérer ses mots. Philibert, absorbé dans ses pensées, l'avait laissée devant son déjeuner composé frugalement de pain, d'eau, et de ces poires de juillet que l'on mange presque toujours blettes, lorsque, voulant descendre de sa chaise, elle se prit le pied dans un barreau et s'étala sur le sol. Elle essaya de ne pas pleurer, mais elle s'était mordu la lèvre en tombant et la vue de son sang troublait ses yeux. Le père s'élança vers sa fille et, mêlant ses larmes muettes à celles de Jeanne, s'autorisa à prononcer les paroles enlisées dans sa gorge. Il prit le petit corps humide sur ses genoux, cala de son menton la tête brune sur sa poitrine. De son bras resté libre, il invita Cécile à venir aussi se serrer contre lui.

— Ne vous tourmentez pas. Je sais que vous êtes malheureuses, mais il faut que vous soyez fortes et courageuses pour que votre maman soit fière de vous.

Il leur expliqua que Rosalie, fiévreuse et souffrant de maux de ventre, reviendrait sans doute à la maison une fois rétablie, mais que rien ne serait décidé avant le prochain dimanche, où la famille se concerterait. Les bercements faisaient flotter les mots d'apaisement et Jeanne s'abandonna à cette tendresse. Philibert profita de cet instant pour contempler le profil de sa fille, qui lui renvoyait de façon frappante celui de Marie-Adèle. Un front un peu bombé, délicatement dessiné, un front qui portait déjà la souffrance. Des yeux clairs irisés de noisette, de miel et de bronze, étirés vers les tempes et surmontés de sourcils noirs, courbés avec grâce, soulignant l'oblique des paupières. Un nez fin et joliment retroussé mettait en valeur des pommettes hautes dont la peau satinée se carminait d'un rose léger. Philibert admirait les lèvres charnues, rouge groseille, ourlées en forme de cœur. Ce visage déjà exceptionnellement beau s'auréolait d'une chevelure brune magnifique, aussi épaisse que longue, qui encadrait la petite frimousse de boucles ruisselant sur le front et les épaules.

Il était temps que Philibert regagnât le moulin. Rosalie ne viendrait pas encore aujourd'hui, mais la vieille voisine Eugénie avait une fois de plus proposé ses services. Le père prit donc ses deux petites par la main pour les conduire jusqu'à la maison de celle qu'on surnommait Ninette. Elle les attendait déjà. L'idée d'une journée passée à l'accompagner avec sa brouette à travers les prés en quête d'herbe pour les lapins et, friandise suprême, de plantain pour les deux perruches que sa fille lui avait rapportées de Paris et qu'elle soignait avec tendresse, réconfortait les « p'tits amours », ainsi baptisés par Eugénie. Certes, la vieille dame marmonnait souvent pour elle-même des choses bizarres dont les fillettes ne comprenaient que quelques bribes, des histoires d'enfant perdu et de belle-mère injuste, mais quand elle revenait vers elles, elle retrouvait toujours sa gentillesse, sa drôlerie et son entrain habituels. Et puis Jeanne, plus encore que Cécile, tenait à presser contre elle la petite chatte Trois-Couleurs de Ninette qu'Adèle caressait le temps d'une causette avec son amie. En câlinant la chatte, en enfonçant son nez dans la soie parfumée de son cou, elle retrouvait l'odeur un peu sucrée de sa mère. Trois-Couleurs fourra elle aussi son museau frais derrière l'oreille de Jeanne qui sentit contre sa peau les vibrations du ronronnement. Ninette aimait bien les bêtes mais, hormis ses oiseaux qu'elle chérissait, elle ne les traitait le plus souvent qu'en fonction de leur utilité. Et la chatte, toujours en manque de câlins, trottinait au-devant des petites filles dès qu'elle les apercevait. Ses yeux dorés, dans ces moments-là, s'étoilaient de topazes scintillantes. Elle se roulait en se tortillant sur le chemin, invitation explicite aux caresses, agrippant de ses deux pattes noir et roux les mains aventurées dans la douceur de son ventre blanc. La journée se passa aussi à ramasser diverses plantes dont Eugénie récoltait tantôt les fleurs, tantôt les feuilles, ou les racines qu'elle faisait sécher pour préparer des tisanes ou pour fabriquer des potions et autres mixtures médicinales. Elle s'était rendue célèbre dans les environs pour sa pommade contre les verrues, dont elle gardait la recette secrète et que l'on venait chercher chez elle contre un peu d'argent, un poulet, du fromage ou du vin. De retour à la maison, il y eut les lapins, les poules et les oies à nourrir. Mais Eugénie déplorait que ses petites compagnes semblent flotter sans envie et sans faim. Elle les trouvait pâles et amaigries et pensait au chagrin qu'aurait éprouvé Adèle à les voir ainsi. Elles avaient déjà boudé l'omelette au lard et aux « treuffes », comme on appelait les pommes de terre en Bourgogne, et l'instinct maternel d'Eugénie se révoltait.

— Et si je vous préparais des crépiaux ?

Cécile fit non de la tête.

— Et des gâteaux à la peau de lait ?

Cette fois, Ninette n'attendit pas la réponse.

— Vous en emporterez chez vous.

Une demi-heure plus tard, les petits gâteaux étaient sortis du four, servis avec un verre d'eau au sirop de cassis. Trois-Couleurs était très intéressée par l'odeur de crème émanant des gâteaux, mais Ninette surveillait de près la chapardeuse.

Il était convenu que la paysanne conduirait ce soir-là les petites à la Lochère et qu'elles rentreraient à la maison avec Philibert. Malgré l'affection qu'elles portaient à leur père, c'est sans joie qu'elles se portèrent à sa rencontre. Il leur était pénible de regagner leur demeure où chaque meuble, chaque objet rappelait l'absente et ravivait le manque. Philibert, au fond de lui, éprouvait le même sentiment, mais il s'efforçait d'effacer le passé. Ensemble, ils rejoignirent le logis, semblable à bien d'autres avec la fenêtre curieusement placée à droite, tout près de la porte. Jeanne, la main dans celle de son père, aperçut bientôt la toiture de paille de la maison, bordée d'une rangée de pierres de lave. Et, devant la chambre à four, une grande cuve noire plantée de fleurs, un mélange de gueules-de-loup, de bégonias et d'un dahlia nain. Les mêmes questions revenaient à la vue de cette maison vide : qui ferait le pain, la lessive ? Comment la vie se déroulerait-elle désormais ? Elle ne savait pas trop ce qu'elle préférerait : retourner à Rouvres chez ses grands-parents ou rester avec son père ? Ce n'était pas de toute façon à elle de décider ; elle attendrait avec résignation le prochain dimanche, qui déciderait du cours de sa vie et de celle de sa sœur.

Par sa présence rayonnante qui portait tous les chants de la terre, avec ses yeux qui avaient l'éclat des matins clairs, Cécile semblait faire corps avec sa Bourgogne natale. Les deux sœurs s'aimaient. Un amour déjà inscrit au plus profond d'elles-mêmes, comme une évidence. Elles étaient les seules survivantes des cinq enfants mis au monde par Marie-Adèle. Une petite fille de quelques mois était morte en 1863, et les deux autres enfants qui avaient suivi la naissance de Jeanne, en 1868 et 1869, avaient connu le même sort. Ainsi, outre une harmonieuse communauté de caractère et de sensibilité, une sorte d'instinct tissait d'un fil plus serré encore le lien entre les deux sœurs. Cette façon de s'offrir par paire à la vie était une manière de défier le destin et de briser la fatalité qui pesait sur la famille Rozerot. Toutes deux avaient sagement écouté leur père lorsque, au soir du dimanche passé en famille, il leur avait confirmé son intention :

— C'est Rosalie qui tiendra la maison et s'occupera désormais de vous. Vous lui obéirez comme à votre mère.

Jeanne lut l'étonnement dans les yeux de sa sœur. Cécile, en effet, avait été surprise du ton de recommandation de son père alors qu'elle se sentait prête à se montrer utile et disciplinée. L'ordre lui semblait déplacé.

— Venez m'aider maintenant.

Philibert poussa doucement ses filles devant lui en direction du jardin, à gauche de la maison. Il alla chercher une fourchebêche dans le cabanon pour finir d'arracher les rangs de pommes de terre qui jaunissaient dans le potager. Jeanne et Cécile adoraient ce travail, qui était pour elles un jeu. Quel plaisir, quand le père soulevait la terre, de découvrir cachées dans le sol les jolies pommes dorées ! Les petites mains se précipitaient sur les tubercules qu'elles frottaient de leurs paumes avant de les étaler sur le sol pour ressuer un jour ou deux au soleil. Et l'on fouillait encore la terre, dans l'espoir de découvrir quelque treuffe oubliée. Ce soir-là, Jeanne s'endormit avec l'impression qu'un souffle très doux rafraîchissait sa nuque. Adèle, cette nuit encore, veillerait sur le sommeil de ses filles...

Lorsque la carriole s'arrêta devant la maison et que Rosalie déchargea ses effets personnels, Jeanne éprouva une sourde détresse, que Cécile perçut. Pour rassurer sa sœur et sans doute se rassurer elle-même, l'aînée s'en tenait à l'apparence des choses : Rosalie avait entretenu de bonnes relations avec leur mère, elle s'était montrée aimable et sa venue allait leur permettre de poursuivre leur vie sans heurts. Et pourtant, Cécile se méfiait de Rosalie : peut-être son air un peu trop décidé, sa manière d'investir les lieux en maîtresse de maison...

Rosalie Varotte venait du village d'Arconcey où elle avait vu le jour en 1848. Son père y était cantonnier et sa mère y avait élevé ses nombreux enfants. Rosalie n'avait appris aucun métier et avait dû se placer toute jeune comme domestique. C'était ce qu'on appelle une jolie fille, assez grande, solide. On n'aurait pu dire la couleur de ses cheveux, toujours recouverts de la traditionnelle canette, un bonnet aux bords froncés autour de la tête, attaché par un nœud sous le cou qui ne laissait glisser qu'une mèche sur le front. Elle portait avec coquetterie un caraco noir qui lui faisait la taille fine. Elle qui avait été si souvent brimée par des patrons que la vie non plus n'avait pas épargnés éprouvait une certaine fierté à l'idée de se retrouver à la tête d'une maison et d'organiser son travail à sa guise. Jeanne et Cécile étaient encore trop petites pour lui venir en aide et trop proches du deuil pour s'égayer dans les jeux de l'enfance. L'instinct du jeu s'était éteint en elles. Sans l'énergie de Ninette ou les activités jardinières avec le père, elles laissaient glisser les heures avec sagesse et indifférence, ne sachant trop où se mettre.

Rosalie allait et venait, affairée, un peu brusque, grognant vaguement si l'une des petites se trouvait sur son chemin. Elle s'acquittait avec conscience de toutes ses tâches ; elle lavait, nourrissait les enfants, les coiffait, mais ces soins qui, avec Adèle, s'accompagnaient toujours de caresses, de chansons, de mille petits mots doux, étaient avec Rosalie prodigués avec froideur, en silence et sans joie. Les seuls moments où s'installait une certaine complicité étaient ceux consacrés à l'entretien des animaux. Philibert avait, dans un coin du jardin, un poulailler où Rosalie aimait aller avec Jeanne et Cécile chercher les œufs, se résignant tout de même à laisser aux deux sœurs le plaisir de fouiller dans la paille et de sentir les œufs chauds dans leurs mains. Rosalie s'amusait à faire la poule, imitait leurs caquètements en leur jetant quelques grains. Jeanne avait « sa » poule, une rousse aux yeux dorés, toute jeune, qu'elle était la seule à pouvoir attraper et dont elle aimait caresser les plumes soyeuses en les retroussant, geste que la poule, qui fermait les yeux en dodelinant de la tête, semblait apprécier.

Peu à peu, les filles de Philibert traversèrent les saisons en se laissant porter par l'éphémère des jours. Les déchirements s'étaient mués en soupirs et les journées s'en allaient au gré des bons et des mauvais moments.

2

Invasions

Un autre événement allait brouiller le ciel de Beaume et répandre sur la région une nouvelle odeur de mort. 1870 ; la guerre. Depuis le décès de sa mère, Jeanne entendait ce mot et d'autres s'entrechoquer : « soldats, Prussiens, armée, Sedan », que son père prononçait d'une voix grave et sombre. Mais ces mots n'avaient pas atteint son esprit emmuré dans le deuil. Ce n'était qu'affaires d'adultes, étrangères à son univers. Elle allait bientôt comprendre que même les enfants sont livrés à la folie des hommes.

Depuis une dizaine de jours, le grand-père Désiré et la grand-mère Marie étaient venus chercher leurs petites-filles à Beaume pour un séjour de quelques semaines chez eux, à Rouvres. Leur maison, dont ils étaient propriétaires, se situait dans la rue principale du bourg. C'est surtout Marie, à soixante-quatre ans, qui avait tenu à garder Jeanne et Cécile quelques semaines auprès d'elle. Elle se remettait très difficilement de la mort de sa fille mais se sentait capable de s'occuper des deux enfants, d'affronter, en raison de leur ressemblance avec leur mère, le rappel à la fois douloureux et vivant d'Adèle.

Le grand-père, Désiré Permann, était né en 1805, à Meslin-l'Évêque, en Belgique. C'est lors d'une étape à Rouvres-sous-

Meilly qu'il avait rencontré Marie, au début des années 1830. Il avait alors décidé de s'installer à Rouvres où il avait travaillé comme chaufournier, entretenant les fours à chaux pour fabriquer la maçonnerie nécessaire à la construction du canal de Bourgogne. En 1834, il avait épousé Marie Guillier qui lui avait donné cinq enfants. Marie, qui venait d'une famille autrefois très aisée avant d'être ruinée, avait reçu une éducation religieuse d'un niveau bien supérieur à celle dont avaient bénéficié les Rozerot, et elle n'était pas fâchée de pouvoir faire baigner quelque temps ses petites-filles dans un climat plus spirituel.

Désiré avait deux passions : le café et les arbres. Homme du Nord, il plaisantait toujours en disant qu'il coulait autant de café que de sang dans ses veines. Il était scandalisé par le triste breuvage consommé dans le village, votre « saloperie de chicotin », s'indignait-il quand on lui proposait le liquide brunâtre dont chacun se contentait. Lui faisait venir de Belgique le « vrai », qu'il se réservait le droit de moudre, estimant être le seul à pouvoir obtenir la meilleure mouture. Son œil brillait de plaisir quand les petites se précipitaient pour renifler avec extase le café tout frais moulu dans le petit tiroir du moulin. Sa deuxième passion, les arbres, lui procurait une grande fierté. Il se considérait comme plus près de Dieu en contemplant la cime des arbres que Marie en égrenant son chapelet. Sa prédilection allait aux essences les plus hautes, au port érigé, encore qu'il aimât aussi les « arbres d'eau », saules, aulnes blancs, peupliers. Depuis que ses petites-filles étaient avec lui, il les emmenait en promenade et leur faisait remarquer les différentes formes de feuilles tombées à terre, la variété des couleurs, le jeu du soleil dans les branches. Il prenait avec elles la rue Traversière et, en rejoignant Meilly, allait saluer son arbre préféré, un magnifique hêtre pleureur. Les deux sœurs le « visitaient » avec une vénération quasi religieuse. Or, très cyniquement, c'est cet arbre qui se fit, par quelques signes perceptibles à ses seuls adorateurs, le messager funeste de la désolation guerrière. Un très beau matin de novembre, le hêtre imposa curieusement le même sentiment aux trois promeneurs. Ses branches ne semblaient plus jouer avec la lumière qui éclaboussait d'ordinaire les gamines de mille éclats. Ce n'était plus une pluie d'or que diffractaient les branches fauves de l'automne, mais une lumière rouge, rouge sombre, rouge sang. Plus étrange encore, le hêtre était devenu silencieux, comme pétrifié, plus proche de ses racines que du ciel.

Le lendemain, douze mille Prussiens envahissaient les communes de Rouvres et de Meilly. Ce fut d'abord un bruit terrifiant qui résonna dans Rouvres. Cris de peur, de commandements, crissements de roues, claquements de sabots succédaient de façon impressionnante au silence lourd qui avait feutré tout le village. L'envoûtement subi par le hêtre s'était un moment étendu aux maisons, aux routes, aux champs, et voilà que le fracas de l'armée prussienne affolait les habitants. La deuxième colonne du corps d'armée du général Werder se dirigeant sur Autun faisait une halte à Rouvres, avec son cortège de réquisitions et d'occupations des maisons.

— Les Prussiens ! avait crié la grand-mère.

C'était donc eux, les Prussiens, ces monstres sortis de contes cruels que Jeanne avait imaginés. La porte de la maison s'était ouverte avec violence sous le coup d'une botte hostile. Jeanne, réfugiée contre sa sœur, avait d'abord vu le pantalon noir enserré dans la botte, puis la tunique bleu foncé surmontée d'une tête casquée. Plusieurs « monstres » se mirent à fouiller partout, attrapant le pain qui venait d'être cuit dans la chambre à four, les pommes entreposées dans le garde-manger, le lard, le fromage et les pommes de terre dont ils ne trouvèrent heureusement qu'une partie.

Les Permann et leurs petites-filles furent repoussés à l'extérieur, bientôt rejoints par la table et les chaises. Jeanne se demandait pourquoi les Prussiens remplissaient les maisons de paille. Le froid était vif et les villageois restaient figés dehors, hébétés et transis. Soudain, les cris des animaux arrachés à leurs étables et rassemblés avec brutalité sur la place furent pour elle comme une déchirure. Elle ferma les yeux et entendit seulement les coups qui se mêlaient aux mugissements. Les Prussiens tuaient les animaux pour s'en nourrir et renouveler leurs provisions, et Jeanne se disait que ce serait bientôt leur tour d'être conduits sur la place et abattus comme les bêtes. Elle sentait déjà une main empoigner son épaule... Mais il ne se passa rien de tel. Pendant qu'on dépouillait les animaux de leur peau et qu'on découpait leur viande, d'autres soldats continuaient à sortir les gens de leurs maisons. Les animaux qui n'avaient pas été tués furent évacués des écuries. Jeanne comprit que les Prussiens préparaient leur nuit et celle de leurs chevaux. La paille étalée dans les maisons leur servirait de lit et les écuries vidées du bétail abriteraient leurs montures.

Peu à peu, soldats et villageois s'enfoncèrent dans les bâtiments. Les chefs d'armée s'emparèrent de demeures d'un autre genre. Le général en chef de la deuxième colonne s'installa avec son état-major dans le château de Rouvres, habité par le maître de Montrion ; un général de brigade occupa la maison de l'ancien curé et un colonel investit le presbytère. Jeanne, Cécile et leurs grands-parents s'étaient réfugiés dans la mansarde où ils s'apprêtaient à passer la nuit, n'osant se parler de peur d'attirer l'attention de leurs occupants. Les soldats s'entassaient dans toute la maison. Leurs voix fortes finirent par se muer en ronflements. Malgré les tisons qui chauffaient encore un peu la cheminée, les quatre reclus grelottaient. Ils n'avaient rien mangé et ne disposaient d'aucune couverture, toutes réquisitionnées, pour se couvrir. La nuit fut éprouvante et glacée.

Le lendemain, à dix heures, la deuxième colonne était sur le départ, mais ce ne fut pas pour autant la fin du cauchemar. Les Prussiens avaient besoin de cinquante hommes avec chevaux et voitures pour acheminer leurs provisions. Les villageois réquisitionnés avançaient, l'air hagard. Certains jetaient des regards d'enfant perdu vers leurs épouses en larmes. Le chien d'un vieux garçon, habitué à accompagner son maître dans tous ses déplacements, courut vers lui. Il ne cessait d'aboyer. L'homme essayait de le chasser, mais le chien s'entêtait, grondait, sautait sur lui. Un soldat chargea son fusil et tira sur l'animal qui poussa un long hurlement. Puis le convoi emporta avec lui les menaces et l'effroi.

La neige, tombée en couche épaisse, vêtait la terre d'un silence blanc qui accentuait, pour Jeanne, l'irréalité de la scène. Les villageois ne pouvaient détacher leurs yeux de la longue file brune qui s'enfonçait dans le lointain, et la campagne, qui leur était pourtant si familière, avait basculé du côté des ténèbres. La colonne s'achemina jusqu'à Cordesse, en Saône-et-Loire, et tous les prisonniers purent regagner Rouvres. Mais deux jours plus tard, l'armée de Werder, repoussée par les Autunois, fit de nouveau halte à Rouvres et à Meilly, et les mêmes scènes d'occupation se renouvelèrent. Ce qui restait à piller le fut. Le lendemain, on requit encore des hommes pour transporter les vivres jusqu'à Dijon.

Jeanne et Cécile, pendant des années, seraient nourries du récit des combats qui secouèrent la région : la deuxième colonne attaquée à coups de fusil et de canon par des soldats postés dans les hauteurs de Châteauneuf ; une partie du butin abandonnée par les Prussiens formant la résistance armée dans le village de Vandenesse... Et puis, du côté de Sainte-Sabine, le malheureux coup de canon du général Cremer qui venait cerner les ennemis, et la fuite de ces derniers, maladroitement avertis, accompagnés des voitures de réquisition ; enfin, l'histoire d'un colonel prussien qui, en escaladant la côte de Châteauneuf, fut tué avec huit de ses hommes d'une balle en pleine poitrine. Mais ce qu'avaient surtout retenu les deux sœurs, c'était le récit romanesque de la chienne de ce colonel venue se coucher sur le corps de son maître et qui aurait été tuée sans l'intervention de M. Simon, un villageois qui lui sauva la vie en obtenant sa garde et en l'offrant à Mme de Montrion, la châtelaine.

Les Rouvrais se souviendraient longtemps de cet épisode sanglant de l'histoire. L'armistice du 1er mars 1871 ne mettait pas fin à leurs misères, puisque les Prussiens occupèrent Rouvres et Meilly jusqu'au 26. Là encore, les réquisitions allaient coûter cher aux populations accablées. Jeanne et Cécile, revenues à Beaume, ne vivraient pas cette dernière occupation, ni celle des troupes de Garibaldi en janvier 1871. Mais elles seraient baignées des récits tremblants de ces bandes pillardes, grossières et indisciplinées, qui firent presque regretter aux habitants de Rouvres les troupes ennemies.

Le retour à Beaume fut sans gaieté. Il aurait dû pourtant signifier la reprise ordinaire des choses, l'oubli des blessures récentes. Il fut l'entrée dans un monde hostile qui serait aussi, pour un moment, celui de la résignation. Résignation au vide, à l'effacement, à un horizon de cœurs absents.

Après le départ des Prussiens, les grands-parents n'avaient pas vraiment rassuré leurs petites-filles. Ils restaient inquiets, redoutant d'autres bouleversements guerriers, plus terribles encore que les précédents. Jeanne voyait bien le regard assombri et les traits tendus de sa grand-mère, incapable, dans cet état d'anxiété qui doublait sa tristesse de mère endeuillée, de répandre la confiance. Jeanne et sa sœur revenaient donc à Beaume en quête de consolations et d'attentions particulières. Elles auraient aimé être interrogées et, d'une certaine façon, mises en valeur par leur expérience de victimes, même si elles avaient échappé au pire. Mais rien de tel ne se produisit. Rosalie se montrait toujours aussi froide et indifférente envers elles, leur père aussi leur semblait plus lointain. Certes, il avait revu ses filles avec soulagement, il les avait prises dans ses bras, mais il n'y avait pas eu de suite à ces brèves effusions. Peu causant de nature, Philibert, après le deuil et la guerre, s'enfermait de nouveau sur lui-même. Les murs de la maison semblaient capitonnés de silence, d'autant plus que Jeanne et Cécile, gênées par la présence de Rosalie, n'osaient guère se parler à l'intérieur du logis. Même le jardin n'était plus le complice des joies enfantines. La nature se figeait dans la même froideur et le même silence et semblait tourner le dos à la vie. L'hiver, depuis plusieurs semaines, privait le monde de ses couleurs. Le ciel éteint recouvrait le village d'une brume sombre et la terre s'immobilisait dans un blanc terne et glacé. Et c'était maintenant Désiré, le « grand-père aux arbres », qui allait abandonner cette terre pour rejoindre ses cimes lointaines. Quoique bâti comme un colosse, ce qui faisait rire Jeanne quand elle le voyait se courber pour franchir le seuil de la maison, Désiré était asthmatique. Sans doute les remous gracieux des arbres s'offrant à la caresse des vents lui donnaient-ils une représentation de ce souffle rêvé qui se refusait si souvent à circuler dans ses poumons. La perte de ses enfants et les malheurs de la guerre avaient précipité la dégradation de sa santé et voilà que, à soixante-cinq ans, il quittait les siens. Jeanne affrontait cette fois dans toute sa vérité cette nouvelle disparition. Et elle pensait à sa grand-mère qui avait fait un mariage d'amour et qui, défiant les différences d'origine et d'éducation, avait triomphalement lié ses jours à ceux de Désiré. Avec la mort du grand-père, c'était une des racines d'Adèle qui s'arrachait à la terre. La seule consolation de Jeanne était de se dire qu'avec Désiré à ses côtés, sa mère se sentirait moins seule parmi les morts.

D'autres inquiétudes succédèrent à ce nouveau chagrin. Depuis quelque temps, Jeanne voyait sa sœur jeter de drôles de regards à Rosalie. Ce n'étaient plus les yeux d'une enfant blessée et soumise aux volontés du destin, s'effaçant devant l'agitation domestique de Rosalie, l'air revêche de Rosalie, les commandements de Rosalie… Jeanne saisissait dans les yeux de sa sœur une flamme de révolte, une fêlure ouverte sur la haine. La présence de Rosalie Varotte se faisait plus pesante et dominatrice en même temps que l'espace de vie des petites se rétrécissait, bordé d'une succession d'interdits. Elles n'avaient plus le droit de pénétrer dans le poulailler. Dans la maison, seuls les jeux « propres » étaient autorisés. D'où le bannissement des poupées de maïs qui semaient des brins de paille sur le sol. Interdiction aussi de visite chez les voisins d'en face, au motif que les fillettes « ramenaient des saletés » de cette maison « mal tenue ». Dure privation pour les deux sœurs qui appréciaient dans cette famille la compagnie des enfants encore à la maison, deux garçons et une fille un peu plus âgés qu'elles, et qui fondaient devant leur vieux chien aux yeux couleur d'abeille.

Le dimanche, jour de repos de Philibert, les règles semblaient pourtant s'envoler avec les cloches qui annonçaient la messe. Rosalie oubliait ses rigueurs domestiques et redevenait la servante accorte et effacée des premiers temps. Philibert se montrait plus souriant, plus causant, comme rajeuni. Depuis quelques semaines d'ailleurs, il se faisait plus beau, plus soigné que par le passé. Mais en aucune façon ce père avenant ne réjouissait Cécile qui surprenait ses regards appuyés sur Rosalie. Alors qu'il lui avait toujours parlé de son habituel ton bourru, sa voix se faisait plus douce. Il avait même vanté à ses filles ses qualités de cuisinière, faisant compliment à la jeune femme, ce dernier dimanche, de son art d'accommoder le chou. Rosalie avait rougi.

Quelques mois plus tard, Philibert annonçait à ses filles qu'il allait épouser Rosalie. Celle-ci deviendrait, avait-il maladroitement ajouté, leur « nouvelle maman ». À ce dernier mot, Cécile s'était raidie. Elle avait regardé son père avec intensité. Jeanne, elle, avait baissé la tête, recevant les mots de son père comme un verdict. Ni l'une ni l'autre n'avaient dit mot. Et qu'auraient-elles pu dire ? On ne leur demandait pas leur avis.

Mais leur silence était plus perçant, plus aigu que des cris. Clairement pour Cécile, confusément pour Jeanne, le père porterait pour toujours le poids de cette trahison.

Le mariage fut célébré le 17 avril 1872. En raison du statut de veuf du futur marié, les préparatifs furent simplifiés. Les noces eurent lieu à Arconcey. Depuis l'apparition de la Vierge à Lourdes, les jeunes filles se mariaient de plus en plus souvent en blanc, mais Rosalie portait une robe jaune paille. Le cortège, avec en tête un joueur de vielle suivi de la mariée au bras de son père, puis des garçons du bourg, de la famille, des invités, du marié et enfin des enfants, traversa le village. Selon la tradition, le couple rencontra des « barrières », tables dressées par les voisins devant chez eux, ornées de quenouilles, de bouquets, de gâteaux, faisant obstacle à son passage et que l'on ne pouvait franchir qu'après y avoir déposé une pièce. Le repas se déroula dans une grange aménagée pour l'occasion. Les invités avaient apporté leurs couverts et chacun s'attabla pour attaquer les plats de viande et finir avec des tartes et des œufs à la neige, le tout copieusement arrosé de bon vin. Des danses terminèrent la journée.

Les filles du marié s'exclurent de ces réjouissances. La veille de la célébration du mariage, Cécile avait pris la main de sa sœur et lui avait fait cette confidence solennelle que Jeanne n'oublierait jamais :

— Maman, quelques jours avant sa mort, m'a fait jurer que je n'appellerais jamais une autre femme « maman ». Tu dois me promettre que tu feras comme moi. Rosalie restera Rosalie, elle ne sera jamais notre mère.

Jeanne promit, fière de la nouvelle force que lui procurait cet engagement. Alors que les nouveaux époux se juraient fidélité, les deux sœurs juraient fidélité à leur mère, unies plus fortement encore par ce serment secret.

3

Le temps des bébés

Rosalie régnait maintenant en « mâtrosse », installée dans ses nouveaux droits comme un petit caporal triomphant. Revanche des faibles, histoire éternelle de l'opprimé devenu à son tour l'oppresseur... Comme elle ne disposait ni de l'intelligence du cœur ni de celle de l'esprit, comme son instinct de mère ne pouvait s'exprimer avec ces deux enfants qui n'étaient pas de sa chair, elle se comportait, plus ouvertement qu'avant son mariage, en ennemie de toujours, peuplant les journées de ses belles-filles de petites mesquineries, de contraintes absurdes et maintenant de privations.

La dernière brimade, douloureusement ressentie par les petites, consista à leur interdire les visites à Ninette, au motif que celle-ci, « mi-folle mi-sorcière », « attirait le malheur ». La raison profonde de cette mesure touchait à l'amour-propre de Rosalie. Eugénie, qui avait un moment vécu à Arconcey chez sa sœur, veuve elle aussi, avait vu Rosalie assez misérable dans sa famille et plus encore dans sa position de servante. La jeune femme, désirant consolider son image d'épouse et de patronne, cherchait à se protéger de ce témoin de ses infortunes passées. Et puis, l'absence de toute affection à l'égard de ses belles-filles n'empêchait pas une certaine jalousie envers une Ninette aimée, toujours fêtée par les enfants, et qui, de surcroît, avait été l'amie de sa rivale posthume.

Philibert n'avait eu qu'un mot d'ordre : obéir à Rosalie. L'obéissance comme parade à leur disgrâce et à leurs plaintes ; l'obéissance pour couper court à son malaise et à sa propre culpabilité. Il se rendait bien compte de la dureté de son épouse. Il lui avait bien de temps à autre suggéré de se montrer plus gentille, mais la mine revêche de la jeune femme l'avait dissuadé d'insister. Et puis le ventre de Rosalie n'avait pas tardé à s'arrondir et Philibert était tout à sa prochaine paternité.

— Tu as vu le ventre de Rosalie ? avait demandé Jeanne à sa sœur. Ça doit être sa méchanceté qui la fait enfler. Peut-être qu'une sorcière lui a jeté un mauvais sort et qu'elle va éclater.

— Je crois que Rosalie est comme la brebis de la tante Jeanne. Tu te souviens quand elle a eu l'agneau ?

Jeanne se demandait si un bébé d'homme était aussi adorable et attendrissant que les bébés chats, chiens, moutons et vaches qui lui inspiraient une joie instinctive. Elle se représentait le futur bébé non pas comme un petit être vagissant dans un berceau, mais comme un enfant de son âge en miniature, différant d'elle uniquement par la taille, parlant, mangeant comme elle, courant dans toute la maison. Ce serait sans doute amusant de jouer avec lui comme avec une poupée vivante. Soudain, elles furent traversées par la même pensée : ce petit ne serait pas seulement l'enfant de Rosalie, mais aussi celui de leur père, et pour elles un petit frère ou une petite sœur ! Jamais elles ne laisseraient ce nouveau venu s'immiscer entre elles, distendre le lien contre lequel s'échouaient les assauts du mal.

Quelques semaines plus tard, un dimanche de printemps, Philibert attela la carriole qu'il se partageait avec son frère, l'oncle Claude, et y fit monter ses filles qui, depuis la veille, ne tenaient plus en place à l'idée de partir chez leur grand-mère. C'était seulement maintenant, à quelques jours de l'accouchement, qu'il leur annonçait ce qu'elles avaient compris depuis longtemps. La nouveauté résidait dans cet éloignement de Beaume, le temps que Rosalie accouche et se remette. Jeanne était envahie d'une sensation de légèreté, étourdie par la grâce nacrée de ce matin opalescent, encore tremblant des offenses de l'hiver. Elle se sentait l'âme d'une voyageuse, en chemin vers de nouveaux jours. Chemin bien court en vérité. Le temps de quelques cahotements sur la route pierreuse, la grand-mère était là qui les attendait, à la fois grave et souriante. Jeanne se rappellerait toujours cet intermède heureux dans leur grise enfance.

Le lendemain de leur arrivée, un colporteur arrêta sa charrette sur la place, tout près de la maison. Il passait plusieurs fois dans l'année et se faisait vite reconnaître avec ses cheveux frisés, sa longue moustache tombante qui cachait un peu sa dentition ajourée, et surtout par sa façon de déballer ses marchandises en criant : « Au bonheur des dames ! » Avec ses allures de brigand, il avait l'air de vendre le péché et ses produits s'offraient au regard comme des serpents tentateurs. Un tournoiement de jupes incolores entoura cette boutique d'un jour. Marie, comme toutes les femmes du pays, avait grand besoin de ce linge dont les piles ancestrales avaient fondu avec le passage des Prussiens, mais elle se contenterait ce jour-là de deux aunes de grosse toile. Elle n'avait pas prévu l'émerveillement de ses petites-filles, fascinées par les épingles à cheveux décorées de perles de pacotille, par les foulards aux couleurs vives, les cachemires rouge et or, les coupons de taffetas... Ce qui plaisait le plus à Jeanne, c'était les rouleaux de dentelles du Puy, les rubans roses et bleus et les boutons de toutes les couleurs qui brillaient dans une petite boîte en fer.

— Allez, ma bonne dame, vous ne trouverez nulle part ailleurs une telle qualité. Regardez ce cachemire, il est fait pour vous ! Hein, les petiotes, qu'elle serait belle votre grand-mère avec ce beau châle sur les épaules ! (Il plaçait déjà l'étoffe sous le menton de Marie.) Pour six francs, il est à vous !

— Je suis trop vieille, et avec quel argent je vous le paierais ? Je prendrai juste ce coupon pour mes torchons... Et puis deux mètres de cette dentelle au fuseau et une longueur de ruban bleu.

Elle mit dans les mains de Jeanne la dentelle de lin et dans celles de Cécile le ruban satiné.

— Je vais vous transformer en princesses. Je coudrai la dentelle sur le col et les manches de votre robe du dimanche. Le ruban, ce sera pour vos cheveux. Ce joli bleu dans vos beaux cheveux bruns... Des princesses, je vous dis !

Jeanne se voyait déjà marchant fièrement dans la Grande-Rue avec sa robe ornée de dentelles, ses nattes entrelacées de ruban bleu, et tous les habitants s'immobilisant sur son passage, ébahis par sa beauté.

Les deux sœurs se serraient, reconnaissantes, contre leur grand-mère dont elles admiraient la douceur, l'élégance des manières, l'allure de dame et la délicatesse des gestes. Elles rêvaient au lointain passé de leur aïeule. Marie leur avait raconté sa jeunesse dans l'aisance d'une famille possédant des biens fonciers fort enviables, ce qui lui avait permis de recevoir l'éducation d'une jeune bourgeoise. L'arrière-grand-père ayant eu vingt-cinq enfants, les biens avaient été morcelés et la famille ruinée. Il ne restait plus à Marie que la maison de Rouvres, avec l'écurie et le jardin qu'elle avait apportés en dot à son mari. Par amour pour Désiré, elle s'était résignée à sa relative pauvreté. Tous les jours, elle descendait la Grande-Rue pour rejoindre le cimetière et se recueillir sur la tombe de ses morts. Chaque dimanche, elle y déposait quelques fleurs de son jardin auxquelles elle mêlait au printemps des branches d'églantier, de seringa et des marguerites sauvages. Elle avait hésité à poursuivre ses « visites » avec ses petites-filles, craignant de raviver leur douleur et d'assombrir leur séjour auprès d'elle. Mais les petites en avaient elles-mêmes manifesté le désir et elles fleurissaient ces instants quotidiens de communion avec leur mère de bouquets de violettes. Les journées à Rouvres s'organisaient en une succession de rituels qui, loin d'être vécus de façon pesante, permettaient aux deux sœurs de renouer avec les tendresses de l'enfance.

Après le souper, Mme Maloir, une voisine, veuve elle aussi et dont les enfants avaient tous quitté le village, s'invitait chez Marie en emportant invariablement quelques poignées de tilleul, sa chaufferette et son ouvrage : des petits carrés de toile, futurs mouchoirs qu'elle ourlait et brodait pour les sœurs. Elle arrivait quelquefois chargée d'un peu de bois ou d'une chandelle, « pour sa contribution au chaud et aux yeux ». Privée de ses petits-enfants, elle était très heureuse de la présence de Jeanne et Cécile. Elle avait tous les soirs des histoires à raconter, trop sans doute, car elle perdait immanquablement le fil de ses récits qui, du coup, n'avaient plus de sens. Comme les filles se fâchaient, la grand-mère venait au secours de son amie et improvisait avec plus ou moins de bonheur la suite des histoires.

Quand les deux femmes reprenaient leur ouvrage, Jeanne adorait observer les mains tirant l'aiguille avec rapidité et précision. Elle voulait essayer elle aussi, et sa grand-mère avait sorti de l'armoire un grand torchon que Cécile et Jeanne se partageaient, serrées l'une contre l'autre, chacune défendant sa moitié. Marie expliquait les points les plus faciles et, après avoir dessiné au crayon tulipes, roses ou marguerites, les jeunes apprenties repassaient au point de chaînette les contours des pétales et des feuilles et s'appliquaient ensuite à remplir les formes obtenues au point plat. Marie avait sacrifié pour elles ses fils de couleur et, au bout de quelques semaines, cette œuvre à quatre mains décorait joliment la toile.

C'est le cœur serré que Jeanne et Cécile attendirent leur père ce deuxième dimanche de mars. Jeanne avait beau se dire qu'elle aimait son père, que c'était bien de le retrouver et que la venue du bébé, une petite sœur, Françoise-Étiennette, allait égayer la maison, ce retour à Beaume lui faisait peur. La veille du départ, sa sœur et elle s'étaient assises sur le banc du jardin, comme deux vieilles dames méditant sur leur passé. Cécile avait dans sa poche le ruban bleu. Elle le sortit, le lissa sur ses genoux et se tourna vers sa sœur :

— Il faudra que tu fasses très attention à ne jamais le perdre. Moi, je le garderai toujours. Il nous attachera toutes les deux comme il attache nos cheveux. C'est un porte-bonheur.

— Tu crois que Rosalie nous le laissera ?

— On ne le portera pas chez nous, seulement chez grand-mère. À Beaume, il faudra le cacher.

Jeanne, en guettant la carriole du père, pensait à ce nouveau serment et se sentit peu à peu ragaillardie par la force de sa sœur. Elle et Cécile furent assez dégoûtées de découvrir l'être momifié dans ses linges, sans bras ni jambes, avec une tête toute rouge, hurlant et hoquetant, qu'on leur présenta comme leur petite sœur. Mais le lendemain, cette larve effrayante leur offrit des yeux coquins et des sourires d'ange qui leur firent oublier leur première impression.

Après Françoise-Étiennette, deux ans plus tard, vint au monde Vincent-Philibert. Et puis deux autres bébés en l'espace de deux ans seulement : Marie-Anne en 1876, et puis Léon. Contrairement à ce qui s'était passé lors du premier accouchement de Rosalie, les filles d'Adèle ne furent pas éloignées de la maison lors des naissances suivantes. Elles devaient, jusqu'au moment ultime de l'accouchement, prendre en charge une partie des tâches de Rosalie. La naissance de Vincent-Philibert fut ressentie par Jeanne comme une grande violence. Adèle aurait tout prévu pour que ses filles quittent à temps la maison. Elle n'aurait jamais permis qu'elles entendent les cris de l'enfantement et soient mêlées à sa souffrance, imprégnées de l'odeur fade du sang et des eaux. Or ce fut précisément ce qui se passa avec la naissance du petit frère. Le premier choc pour Jeanne se produisit lorsque celle qu'on appelait « la femme qui aide » franchit le seuil de la maison. Elle se sentit projetée brutalement plusieurs années en arrière, emportée par la vision hallucinée du drame de sa petite enfance. C'était en effet la même femme qui, venant aujourd'hui accueillir la vie, avait accompagné Adèle dans la mort. La mère Méhudin, une petite femme toute ronde, les joues rouges tirant sur le violet (les mauvaises langues disaient qu'elle ne connaissait l'eau que pour la lessive), « faisait les bébés » comme elle « faisait les morts ». Elle ouvrait et refermait, dans les mêmes rituels de lavage et d'habillage, le cycle mystérieux de la vie.

Tandis que les hurlements de Rosalie déchiraient les oreilles de Jeanne, prostrée dans une peur instinctive, c'est avec une indifférence goguenarde que la mère Méhudin reçut les cris de la parturiente :

— Ça crie, ça crie, ça peut crier encore plus fort, c'est le travail qui se fait.

Quelques minutes plus tard, un autre cri se mêlait à celui de Rosalie. Au même moment, une voisine arrivait.

— Et les petiotes qui sont restées là ! Sauvez-vous chez Ninette !

Se sauver… ou sauver sa vie. Pour Jeanne, ce verbe donnait la mesure du danger que Cécile et elle avaient dû encourir, et lui faisait haïr cette maison maudite dont la porte se refermait sur la mort, les brimades et les cris. Jeanne eut juste le temps d'entendre que le « délivre n'était pas encore là » et de voir la mère Méhudin nouer une sorte de cordon relié à un monstre hurlant, tout petit et tout gluant, qu'elle plongea dans un grand baquet d'eau chaude.

Ninette avait compris, à travers les confidences embrouillées de ses petites voisines, qu'elles avaient quitté trop tard le foyer et que leur père, absent selon la tradition au moment de l'accouchement, devait maintenant avoir retrouvé sa femme.

Tous les nouveaux pères demandaient en effet à être appelés au moment du bain de l'enfant. Elle décida, tenaillée par la curiosité et par un désir de bébé qui ne s'était pas éteint en elle, de reconduire les enfants chez elles, malgré leurs véhémentes protestations.

Tout était redevenu calme. La Méhudin avait préparé du café avec un trait de goutte :

— Ça vous requinque les mamans.

Les deux sœurs retrouvèrent toute la maisonnée, les tantes et quelques voisines, assemblée de femmes pour une affaire de femmes, dégustant la même boisson. Jeanne et Cécile virent alors leur père, chargé d'un paquet bizarre, se diriger vers le jardin, creuser un trou et enterrer sa charge. Encore une fois, elles entendirent parler de délivre : tout était bien fini, le délivre était sous terre. Tout en causant, la Méhudin, que tout le monde surnommait « la tata » – puisqu'elle faisait les bébés, elle était bien un peu leur tante à tous –, disparaissait derrière des brassées de draps et de linge souillés. Jeanne observait, partagée entre le rire et l'effroi, ces piles de linge sur jambes qui semblaient avancer toutes seules, mais aussi les grandes taches rouges, preuve sanglante des atrocités infligées à Rosalie. Le lendemain et les neuf jours qui suivirent, le temps réglementaire des relevailles pendant lequel Rosalie avait la consigne de rester couchée, la mère Méhudin revint s'occuper du bébé. Jeanne et Cécile, qui étaient chargées de surveiller leur petite sœur, assistaient au bain et à l'emmaillotage de Vincent-Philibert. Elles découvrirent chez lui deux étranges excroissances : le cordon entraperçu quelques jours plus tôt mais de plus en plus desséché et que tata recouvrait d'un pansement et, plus bas, un petit appendice qui pendait entre les jambes du bébé. Cet être, décidément, paraissait fait d'une autre chair. Il devait lui rester quelque chose du monstre qu'il avait été à la naissance. Et pourtant, la Méhudin ne semblait rien remarquer d'anormal. Elle félicitait même Rosalie de ce « beau p'tit gars bien costaud ».

Questionnement vite classé dans le registre des grands mystères de l'existence, et que l'ignorance dans laquelle il était bon, pensait-on, de garder les enfants n'éclaircirait pas de sitôt.

4

Sœurs de la Providence

Restées à la maison pour aider la Méhudin tant que Rosalie garderait le lit, Jeanne et Cécile reprenaient, avec la fin des « neuf jours », le chemin de l'école. Depuis un an déjà, leur vie avait été transformée par leur inscription à l'école religieuse de Créancey. Jeanne avait pu commencer à imaginer le monde au-delà des murs de la maison, au-delà des poules et des oies, blanches ponctuations du roulement mélancolique de ses jours.

Onze mois plus tôt, Marie s'était fâchée. Tout ce qu'elle avait accumulé de rancœur contre Philibert, qu'elle jugeait indigne de ses petites-filles depuis qu'il leur avait donné cette « méchante fille de rien » comme belle-mère, avait jailli comme lave de volcan au sujet de l'école. Philibert avait en effet tardé à s'occuper de l'éducation de ses enfants. Il avait pourtant lui-même passé quelques hivers sur les bancs de l'école, mais il avait laissé traîner les choses pour ses filles et faisait la sourde oreille aux prières de leur grand-mère. Ces prières étaient passées en peu de temps du subjonctif à l'impératif : Marie s'était fait conduire à Beaume, prête à affronter le regard hostile de Rosalie, déterminée à l'égard de Philibert qui avait plié face aux injonctions de sa belle-mère.

— Mes petites-filles iront chez les sœurs. Inscrivez-les sans attendre !

Il n'avait pu qu'acquiescer en courbant le dos, mais s'était vite redressé quand Marie avait ajouté qu'elle prendrait en charge les frais de la scolarité. Malgré sa haute silhouette qui en imposait, Philibert devenait timide face à cette femme âgée et fragile.

Jeanne se souviendrait toujours de son premier jour d'école chez les sœurs de la Providence de Vitteaux, où elle s'était sentie si misérable. Le matin, sur le chemin conduisant à l'école religieuse de Créancey, elle avait éprouvé une sensation d'arrachement, comme si elle était devenue orpheline de toute chose composant son univers familier. Elle était incapable d'expliquer ce sentiment d'abandon, un peu comme lorsque sa mère l'avait quittée. La peur au ventre, c'était bien le mot. En imaginant la classe, les sœurs en habit qui allaient tout de suite mal la juger ou se moquer d'elle, son ventre la tiraillait jusqu'à bloquer sa respiration. Silencieuse à son côté, Cécile ne trouvait aucune parole rassurante qui eût pu réconforter sa sœur. C'est qu'elle avait trop à faire avec sa propre angoisse. Comment saurait-elle où aller ? Qu'attendait-on d'elle ? Leur cœur avait palpité en apercevant deux formes noires, les mains rentrées dans leurs manches, comme statufiées devant le perron de la petite école.

Les élèves, une quarantaine, avaient été réparties en deux groupes. Jeanne avait cru mourir en voyant qu'on la séparait de Cécile, mais elle avait obéi sagement. Sœur Astérie s'était présentée et Jeanne avait été surprise de découvrir, sous l'habit austère, une jeune femme au visage souriant qui expliquait aux nouvelles « la joie de pouvoir lire les paroles du Seigneur ». Elles L'honoreraient avec leur belle écriture. Et quel bonheur de savoir compter, de pouvoir aider leurs parents à calculer les dépenses de la maison… Avec sœur Astérie, tout était joie, et ce mot qu'elle prononçait à tout bout de champ ouvrait son regard sur des profondeurs mystiques insondables. Dans la salle de classe, sur le bureau de la sœur, une Vierge à l'Enfant en céramique était tournée vers les élèves. Jeanne fut frappée par la ressemblance entre le visage extasié de la Vierge et celui de sœur Astérie aux grands yeux éclairés de sa joie forcenée. Assise au quatrième rang, elle se laissait envahir par la ferveur de ses condisciples. Par moments, elle n'écoutait plus l'institutrice dont la voix lui parvenait de façon assourdie. Le soir, les fillettes reprenaient le chemin de la maison, tout heureuses d'échanger leurs impressions. Cécile avait eu moins de chance que Jeanne : son institutrice était plus revêche et parlait plus de devoirs que de joie. Mais elle mettait la même ardeur à apprendre et aimait mieux la sévérité de la sœur que la dureté injustifiée de Rosalie.

Les saisons passaient ainsi, entre l'école et les nouveaux venus à la maison. Le nombre d'élèves chutait de moitié dès que les beaux jours arrivaient. À Créancey, comme dans tous les villages, les scolarités ne se comptaient pas en années, mais en hivers et en étés. De mai à la Toussaint, beaucoup d'enfants désertaient l'école pour s'occuper du bétail et aider aux travaux des champs. Philibert avait bien quelques vaches, mais il ne demandait pas à ses filles de les garder. Les bêtes étaient menées dans les pâtis avec celles d'autres habitants par le gardien communal, le pâtre du village qui se chargeait de les surveiller. Mais, si leurs absences à l'école n'étaient pas saisonnières, Jeanne et Cécile devaient rester à la maison lorsque Rosalie accouchait, que le temps des grandes lessives arrivait ou simplement quand les travaux domestiques se faisaient plus pressants.

Même si cela lui était imposé par Rosalie avec l'assentiment de son père, Jeanne se sentait coupable auprès de sœur Astérie quand elle regagnait l'école après avoir manqué la classe plusieurs jours, parfois quelques semaines. Le regard de l'institutrice était pourtant sans reproche. Elle s'était prise d'affection pour cette petite fille secrète et fragile, qui la touchait par sa sensibilité et sa faim de beauté. Elle la surprenait souvent les yeux perdus dans la contemplation de son livre de lecture, caressant de ses doigts fins les plus belles illustrations : un visage de sainte, le dessin ornementé des lettrines dont elle suivait sensuellement les contours. La sœur avait remarqué que toute approche du beau passait chez Jeanne par le toucher.

À son tour, Jeanne profitait des instants où sœur Astérie avait les yeux baissés sur son livre pour observer ses paupières soyeuses aux longs cils, son petit front plat et ses joues rondes. Avec ses mains croisées, son application à bien articuler les mots, elle faisait penser à une petite fille jouant à la maîtresse. Apparence qui était loin de sa lucidité et de sa conscience des réalités de la vie rurale. Il fallait bien faire avec la pauvreté, les résistances, les habitudes. Mais elle ne sombrait pas dans le fatalisme et croyait en chaque étape vers le savoir qu'elle faisait franchir à ses élèves. Un savoir que Jeanne et Cécile s'efforçaient, dans une trop modeste mesure, d'acquérir.

5

Fugue et rapprochements

— Demain, on se sauve.

Cécile avait prononcé ces mots avec une détermination farouche, comme une sentence. Jeanne avait senti une flamme lui traverser le ventre. Peur, excitation de l'interdit, espoir… Cécile paraissait possédée par une révolte furieuse. Les « je n'en peux plus, il faut partir, je la hais » qu'elle martelait plus pour elle-même que pour sa sœur faisaient trembler ses lèvres et serrer convulsivement ses poings.

C'était un jour sans école et Rosalie avait envoyé ses belles-filles ramasser du petit bois, version adoucie du conte de la méchante marâtre envoyant sa belle-fille détestée chercher des fraises en plein hiver. Les petites avaient déjà fait plusieurs voyages de la maison aux bois alentour et revenaient à chaque fois bredouilles, les bois morts ne couvrant guère les chemins de Créancey. Mais Rosalie ne cédait pas et les renvoyait encore, malgré le froid et les risques d'engelures. Cécile était restée silencieuse, jusqu'à ce que sa colère explose. La dernière exigence de Rosalie n'était qu'une contrariété de plus. Jeanne, elle, repensait à ces derniers mois et il lui semblait que sa vie se consumait dans les misères du quotidien. Son père ne semblait plus les voir, comme si les quatre enfants nés de son deuxième mariage formaient un cercle infranchissable autour de leurs parents dont elles resteraient à jamais écartées. Il leur parlait pour donner des ordres, vérifier que leurs tâches étaient accomplies, sans dureté mais sans affection, ne s'intéressant qu'à ce que ses deux filles aînées faisaient et non à ce qu'elles étaient. Celles-ci se sentaient étrangères dans leur propre famille. Et puis la vie devenait de plus en plus dure, la petite maison de Beaume abritant désormais huit âmes. Les lits ajoutés au fur et à mesure des naissances encombraient la pièce qui servait à la fois de cuisine, de chambre et de salle à manger. Les deux aînées vivaient cette situation infernale d'être rejetées et pourtant collées à leurs demi-frères et sœurs, mais surtout à Rosalie. Tout manquait, l'affection, l'espace et maintenant la nourriture. Non que l'on mourût de faim, mais chaque bouchée était comptée. Si les mots étaient contenus, les regards en disaient long : Jeanne et Cécile étaient coupables de manger, autrement dit d'exister. Tout était compté d'ailleurs, le bois, le linge. Jeanne se souvenait d'avoir été giflée pour avoir troué ses gros bas noirs usés. Et pas moyen de se réfugier dans les livres. « Bête et méchante », dernier surnom de Rosalie, s'opposait à toute lecture – « une manie de feignants » – qui ne fût pas strictement imposée par l'école. Il fallait se sauver.

— D'accord. On va retourner chez grand-mère, et le père nous oubliera.

— Non, il ne nous oubliera pas, répondit Cécile, ils ont besoin de nous. Qui ferait les corvées ? Mais tu as peut-être raison. Après tout, ils n'auront plus à nous nourrir.

Si elles partaient maintenant, elles arriveraient avant la nuit. Oui, mais on les verrait sur la route, et Philibert pourrait être averti avant qu'elles aient atteint Rouvres. Mieux valait partir entre chien et loup. L'attente leur parut longue. Quand le jour commença à se faire plus opaque, elles s'éloignèrent de la maison sans que Rosalie s'en aperçût. Jeanne avait l'impression que derrière chaque fenêtre des yeux mauvais les suivaient. Même les arbres étaient habités d'âmes ennemies, d'espions qui risquaient d'avertir tout le hameau de leurs plaintes grinçantes. Dans ce monde d'ombres, les eaux qu'elles longeaient semblaient hantées de créatures maléfiques. Au moment de traverser le pont qui enjambait le canal de Bourgogne, Jeanne eut un vertige. Elle se crut aspirée par la vouivre tapie au fond de la rivière, qui venait la punir de son escapade. Tout le monde disait qu'une vieille folle sortait du bois à la tombée de la nuit et attirait les enfants esseulés qu'on ne revoyait plus jamais. Mais Jeanne n'eut pas le temps de s'effrayer davantage. L'église de Rouvres se profilait déjà. De faibles lueurs éclairaient l'intérieur des maisons, dont les volets n'étaient pas encore clos, et la lumière aperçue de loin chez la grand-mère les réchauffait déjà. Lorsque Marie ouvrit la porte, deux petites têtes brunes se nichèrent contre son ventre. La vieille femme resta un moment interdite, referma ses bras sur les enfants, et ne leur posa aucune question.

Ni colère ni châtiment de la part de Philibert. À peine s'était-il inquiété de la disparition de ses filles, tant il était intuitivement convaincu que leur fuite avait abouti chez Marie Guillier. Cet événement l'obligeait à regarder en face une situation qu'il ne cessait de se cacher : ses filles n'étaient pas heureuses. Mais quand le travail était si dur avec cette famille nombreuse à nourrir, pouvait-on se poser la question du bonheur ? Il fallait déjà vivre avant d'être heureux. Il lui semblait pourtant que les petites du père Fouan, qui enduraient des servitudes plus contraignantes que les siennes, cette ribambelle d'enfants qui n'auraient pas mangé tous les jours sans la solidarité des villageois paraissait plus enjouée que ses filles. On lisait sur leur visage l'insouciance de leur âge qui ne transparaissait pas chez ses deux aînées. Ces gamines-là, malgré leur misère, faisaient des bêtises, toujours prêtes à rigoler avec leurs frères. Était-il normal que ses propres filles soient si sages ? Cécile défiait bien de temps à autre sa belle-mère et rechignait parfois à obéir aux ordres. Et Jeanne avait l'obéissance trop résignée. Philibert prenait soudain conscience qu'elles s'amusaient rarement, et il fallait bien reconnaître que Rosalie ne leur en laissait pas le temps et que lui-même ne s'en était guère soucié. Il songea un moment à les laisser chez leur grand-mère, mais les enfants devaient vivre avec leurs parents, tout le monde pensait ainsi et on l'aurait accusé d'abandonner sa progéniture du premier lit s'il avait agi de la sorte. Cependant rien ne pressait, elles pouvaient bien rester une semaine ou deux à Rouvres.

Quand il entra dans la maison de Marie, il se dirigea vers ses filles et, à leur grande stupéfaction, les embrassa sans rien leur dire. Ce n'était pourtant pas le Jour de l'An, seul jour de l'année où il les embrassait ! Il avait fait le chemin à pied et le retour avec elles se fit de même. Cécile se disait qu'elle ne mettrait pas longtemps à retourner chez sa grand-mère ; Jeanne pensait que son père n'avait jamais été aussi gentil depuis la mort d'Adèle, et Philibert réfléchissait à la manière d'adoucir un peu la vie de ses deux grandes, de trouver les moyens d'une réconciliation.

— Le mois prochain, c'est la fête de saint Antoine. Avec votre oncle, on va acheter un cochon à Pouilly. J'y étais allé il y a longtemps. Il y a une grande foire avec des marchands de pain d'épice, des danseurs et même des montreurs d'ours ! On ira tous ensemble, vous pourrez vous amuser.

Ces mots sonnaient bizarrement dans la bouche de Philibert, qui n'avait rien d'un joyeux drille et pour qui les distractions n'étaient qu'une perte de temps. Cécile s'en amusait : « La fête, ça lui va comme un tablier à une vache », expression chère à Ninette, et elle trouvait ses efforts méritoires. Au moment de franchir à nouveau le pont du canal, devenu pour les filles de Philibert une frontière symbolique entre deux mondes, Jeanne eut une hésitation. Elle se sentait un peu comme un animal auquel on tend une proie pour le conduire à un piège. Elle avait glissé sur des feuilles et s'était demandé si ce n'était pas un signe prémonitoire. Elle fixa ses yeux sur ce père dont le profil dur portait toutes les rigueurs de la terre bourguignonne. Elle ne savait trop ce qu'elle pouvait espérer d'un Philibert si fuyant, de cet horizon de champs gris et de collines embuées, de tous ces serpents d'eau au fond desquels étaient peut-être inscrites les dérives de sa destinée. Mais elle espérait.

Si les deux sœurs en voulaient toujours à leur père d'avoir trahi Adèle, non pas en épousant une autre femme, ce qu'elles auraient compris, mais en épousant Rosalie, elles ne faisaient pas porter leur rancune sur les enfants du couple. Ni conflits, ni complicité ; aucun lien de fraternité ne les unissait à eux. Une certaine tendresse, seulement, qu'elles auraient pu éprouver pour n'importe quel autre enfant du village, sans voir que les trois petits s'accrochaient tout naturellement à elles comme à leurs grandes sœurs, sans nuance de « demi ». Sous le coup des bonnes résolutions, dans son désir de réconciliation familiale, Philibert était plus attentif à ses enfants. Son idée était de créer des occasions qui rapprochent ses deux aînées des plus jeunes. Ensemble, ils l'étaient, mais il s'agissait plus de promiscuité que d'union. Et l'entassement de la famille était rendu plus pénible encore par ces temps d'hiver, où la vie se concentrait frileusement dans la maison basse dont les deux petites fenêtres ne laissaient passer qu'un demi-jour terreux. L'humidité empuantissait l'air, avec toute cette marmaille confinée dans les vapeurs collantes du fourneau, l'odeur des linges mouillés et des émanations humaines.

Un après-midi (et il y en aurait plusieurs comme cela), Philibert emmena les enfants, excepté Léon qui ne marchait pas encore, en tournée avec lui. Une grande partie de son travail de garçon meunier consistait, outre la surveillance des attelages, à faire les trajets en charrette du moulin aux clients, et inversement. Il passait chez les clients qui lui confiaient leurs céréales, seigle, froment ou méteil pour les porter au moulin de la Lochère, et livrait ensuite la farine obtenue. Jeanne était montée la première dans la carriole et avait pris la petite Marie-Anne sur ses genoux. Vincent-Philibert s'était installé sur ceux de Cécile et Françoise-Étiennette s'était glissée entre les deux grandes. La charrette était remplie des sacs de farine qui les protégeaient du vent. À chaque livraison, tout le monde descendait un peu timidement, sauf Françoise-Étiennette, la plus délurée, qui aimait bien rentrer chez les gens, répondre à leurs questions, et se voyait offrir quelques douceurs : des pruneaux de Vitteaux, un petit bout de millassou ou de pâte de coings qu'elle partageait avec les autres enfants.

Ainsi éloignés de leur mère, ses demi-frères et sœurs semblaient tout autres à Jeanne. Elle se disait que si Rosalie disparaissait, Cécile et elle les adopteraient et s'occuperaient du ménage. On trouverait bien une solution pour la cuisine. D'ailleurs, elles savaient déjà faire la soupe… La mauvaise humeur de sa belle-mère la rappela brutalement à la réalité. La jeune femme n'appréciait pas du tout que ses belles-filles jouent les petites mères avec ses enfants et qu'il se noue entre eux des liens trop étroits. Elle voulait exactement l'inverse de ce que désirait son mari. Dans un passé encore récent, elle avait été la domestique de cette maison. À ses belles-filles de jouer désormais ce rôle et de servir la maisonnée contre le gîte et le couvert, à l'écart du cercle de famille.

Malgré Rosalie, Philibert tint bon en cet hiver 1879 et ne fléchit pas dans sa détermination de père rassembleur. Le 17 janvier, à peine faisait-il jour que toute la famille était sur le départ pour la grande fête de saint Antoine, à Pouilly-en-Auxois. En d'autres temps, Philibert le taciturne serait parti seul, car l'achat d'un cochon était chose sérieuse, une affaire d'homme, et ne souffrait pas d'amusement. À Créancey, d'autres villageois s'étaient organisés pour passer la journée à Pouilly. Il y avait peu de travail dans les champs au cœur de l'hiver, et les familles en profitaient pour s'accorder un jour de sortie qui n'était pas seulement un jour de fête. La Saint-Antoine, c'était l'occasion d'acheter mais aussi de vendre des bêtes. C'est à Pouilly que les réputations des éleveurs se faisaient. Vaches, cochons, chevaux destinés à l'exposition étaient pendant plusieurs mois mieux nourris, mieux soignés. La veille de la fête, on lavait, brossait et lustrait les pelages. Et maintenant, on tirait et poussait têtes et flancs dans les voitures d'où s'échappaient des beuglements de peur. La Saint-Antoine, c'était aussi la promesse de fêtes futures. Les mères venaient acheter les tissus de chanvre, ou de lin pour les plus riches, que leurs filles marqueraient, ourleraient et broderaient elles-mêmes pour leur trousseau. Si le mariage était proche, mères et filles choisissaient dans les magasins et les commerces ambulants les étoffes pour la toilette de la future mariée, les costumes et les robes de cérémonie.

À Beaume, on mit en commun attelages, provisions et couvertures. Les uns rêvaient à l'argent de leurs ventes, les autres aux couleurs de leurs futures épousailles. Philibert pensait à des jambons bien gras et Jeanne aux dames élégantes qu'elle croiserait sûrement, aux boutiques de chapeaux ou aux poupées de porcelaine que l'on pouvait paraît-il gagner. Rien ne fut comme elle l'avait imaginé. Non, la Beauté n'était pas magiquement tombée sur la bonne ville de Pouilly en hommage à saint Antoine. Dans les rues de Pouilly, rien de la grandeur d'Antoine, l'ermite égyptien du IIIe siècle devenu, comble du paradoxe, le patron des cochons pour avoir, du fond de son désert, lutté contre les tentations symbolisées par les porcs. Certes, les marchands étaient là, nombreux, mais on trouvait plus de saucisses, de pâtés et de bouteilles de vin que de taffetas et de colifichets. Quant aux vendeurs de tissus, ils offraient surtout du gros drap de chanvre, de la toile pour le linge de maison. Et lorsqu'ils proposaient des étoffes plus fines, tant de femmes s'agglutinaient autour des étals que Jeanne ne pouvait pas s'approcher. La place était noire de monde mais cette foule n'était pas, comme elle l'avait imaginé, chamarrée de belles toilettes et de chapeaux à dentelle. Des gens simples, des paysans endimanchés, c'était tout.

Rosalie acheta un tortillon, gros pain brioché en forme de tresse et couvert de grains de sucre, qu'elle partagea équitablement entre les six enfants. « À la maison, elle n'aurait pas été aussi généreuse », pensa Jeanne. Cécile avait lu dans ses pensées : « Elle fait la gentille pour se faire bien voir. Ça doit lui tordre le ventre. » Un peu plus loin, les poupées de porcelaine dont elle avait rêvé avec Cécile hypnotisaient toutes les petites filles. Jeanne et ses sœurs tirèrent la tombola les unes après les autres, le cœur battant. Perdu… Déçue, Jeanne reporta son attention sur les animaux et se dirigea vers les enclos. Son père était déjà dans les parcs à cochons avec l'oncle Claude. Des porcelets aux soies douces la réjouirent tout d'abord. Elle se demandait comment ils parvenaient à voir avec des yeux si petits : deux traits minces allongés vers les oreilles, bordés de cils blancs.

Midi approchait. C'était l'heure des achats. Philibert et son frère avaient fait le tour des nombreux élevages et porté leur choix sur un mâle à peine adulte. Ils marchandaient avec le maquignon quand on entendit un cri terrible. La foule se resserra autour de deux hommes affairés auprès d'un porc couché sur le flanc et dont les pattes avaient été ligotées. Ses premiers cris avaient été ceux de la peur, une peur qui portait la mémoire ancestrale du sacrifice. Les cris qui suivirent étaient ceux de la douleur. Les hommes ne se contentèrent pas d'égorger l'animal. La mort devait être lente, la souffrance déchirante. Il fallait que les cris soient à la hauteur des raffinements de la mise à mort, à la hauteur de leur jouissance de bourreaux. Cet animal martyrisé payait pour la misère des gens de la terre. Jeanne, en voyant les mines réjouies des hommes, des femmes et même des enfants que personne ne songeait à éloigner, se demandait si elle assistait bien à la même scène que toute cette population solidaire soulevée de rires et excitée par la cruauté. Certes, il s'agissait d'un cochon. Mais la douleur et la peur étaient-elles moindres chez les animaux ? Elle voyait bien que non. D'ailleurs, on lui avait raconté que les foules se précipitaient avec la même avidité pour voir tomber la tête des hommes condamnés à la guillotine. Une fois encore, elle avait le sentiment, jusqu'au malaise, de ne pas faire partie de ce monde. Pour elle, la souffrance était une chose insupportable, révoltante, inacceptable. Ce n'étaient plus les images de poupées qui peuplaient ses yeux, mais celles du sang qui éclaboussait sa tête.

Philibert, tout content de son achat, voulait que ses enfants se divertissent et il les poussa vers les attractions. Jeanne ne trouva aucun plaisir au spectacle de « l'homme aux grimaces » qui gagnait quelques sous dans les rues à rendre son visage monstrueux, et encore moins au « ballet des monstres » mettant en scène la valse grotesque du nain et de la géante, de la femme à barbe et du bossu, de l'homme sans bras et de sa cavalière éléphantiasique. Plus loin, des jongleurs et des chanteurs de rue commençaient à rapprocher Jeanne de ses semblables, quand son père entraîna toute la famille jusqu'à un attroupement devant l'hôtel-restaurant des voyageurs. Des bohémiens forçaient trois ours à se tenir debout en tirant leur museau par une chaîne reliée à une muselière montée sur un collier étrangleur. Ils faisaient avancer les bêtes comme des pantins et le bâton tombait dru sur leur dos. Les gens applaudissaient. Jamais jusqu'alors Jeanne n'avait souhaité la disparition d'un être humain. Mais là, elle rêvait à la grande révolte des ours, se libérant de leurs chaînes et piétinant leurs maîtres jusqu'à ce que mort s'ensuive.

6

Ruptures

Malgré ces impressions décevantes, douloureuses parfois, Jeanne était reconnaissante à son père de prendre davantage soin d'elle et de Cécile. Mais toutes deux payaient ces attentions de brimades accentuées de la part de Rosalie. Pendant plusieurs mois, elles les supportèrent avec patience.

Les jours de repos, quand Philibert était à la maison, tout se passait bien. Un dimanche, comme tous les autres à la belle saison, le barbier traversa le hameau en appelant la clientèle. Les candidats à la taille sortirent leurs chaises qu'ils alignèrent le long des maisons, au bord de la route. Les hommes en chemise attendaient leur tour en causant au soleil. Le barbier, un homme jeune aux cheveux blonds très courts, faisait mousser son savon dans le plat à barbe, rasait, taillait. Jeanne se sentait toute joyeuse, amusée par cet alignement de moustaches. Elle disparut soudain dans la maison, ressortit avec une chaise et s'assit entre son père et un voisin que le barbier finissait de raser. Avec des yeux malicieux, elle tendit son museau, le menton en avant, faisant mine d'attendre son tour. Et le barbier fit mousser le savon sur ses joues et sur le bout de son nez, déclarant qu'il lui en coûterait dix francs car rien n'était plus difficile que de raser les petites filles ! À la tombée de la nuit, Jeanne aperçut Cécile accroupie sur le talus, une forme roux, noir et blanc à ses genoux. Trois-Couleurs avait la tête renversée, un peu de sang séché sous son nez. Celle qui embellissait la vie de ses frémissements et de sa chaleur n'était plus qu'une chose raide et froide. Jeanne prit dans ses bras le corps alourdi de la chatte. Partir avec elle, ne plus supporter cette vie qui faisait si mal... Cécile, aussi affectée que sa sœur, alla chercher un panier, y plaça la chatte qu'elle recouvrit d'un morceau de toile. Il fallait la porter chez Ninette. N'ayant pas vu Trois-Couleurs de la journée, elle qui ne s'éloignait jamais, Eugénie comprit tout de suite la raison de cette visite tardive. Quand les fillettes retournèrent chez elles, la chatte reposait dans le jardin de leur voisine, et Jeanne se dit qu'un morceau de son enfance était encore parti dans ce petit carré de terre.

Pour la première fois peut-être, ce fut Jeanne qui s'inquiéta pour sa sœur, dont la tristesse semblait aller au-delà du chagrin. Jamais elle ne l'avait vue si pâle, si languissante. Elle eut peur qu'elle ne tombât malade. Mais non, elle n'avait pas de fièvre. Que Jeanne se rassure, ce n'était que sa peine, ça passerait. Ce soir-là, elles s'endormirent l'une à côté de l'autre, partageant comme toujours le même lit et, au creux des draps, les mêmes tracas et les mêmes espérances. Cécile se leva la première, après une mauvaise nuit. Sa chemise de nuit était trempée de sang, les draps tachés. Jeanne prit sa tête dans ses mains, les yeux fixés sur les marques rouges. Elle le savait bien que sa sœur était malade ! La voilà qui se vidait de son sang. Le coin de sa propre chemise était souillé. Les yeux de Cécile se remplirent de larmes. Elle se recoucha, ne sachant que faire. Elle se dit que la mort allait venir la prendre. Après tout, elle ne serait qu'une victime de plus de la fatalité familiale. Pour un peu, elle aurait joint ses mains sur sa poitrine, s'offrant avec docilité à la volonté divine. Mais Jeanne, après quelques instants de stupeur, opposa son instinct de vie au glissement funèbre de sa sœur.

— Père, Rosalie, Cécile est en sang, c'est grave, venez vite !

À sa grande surprise, ni Philibert ni Rosalie ne s'affolèrent ; ils se levèrent comme d'habitude. Philibert resta en retrait pendant que Rosalie s'approchait du lit avec un petit sourire en coin.

— Alors, ma fille, tu as marqué, t'es une femme maintenant. Tu saigneras comme ça chaque mois pendant une semaine. Mais ce n'est pas une raison pour rester couchée. Allez, t'es pas malade et il faut que tu nettoies tout ça.

Elle prit des linges dans l'armoire, lui expliqua comment s'en servir, et ce fut tout. Jeanne resta interdite. Cécile n'était pas malade malgré tout ce sang ! Et c'est vrai qu'elle n'avait pas l'air souffrant. Puisqu'on pouvait saigner ainsi sans inquiéter personne, il fallait admettre cette chose étrange. D'ailleurs, Rosalie, qui exigeait que le linge soit lavé immédiatement car « le sang, ça ne peut pas attendre », ne laissa pas à ses belles-filles le temps de s'interroger et elle les poussa vers le lavoir. Malgré le « ça va, on connaît, pas de quoi s'émotionner » de Rosalie et de Philibert, Jeanne s'empressa toute la journée auprès de Cécile, lui demandant à tout instant comment elle se sentait. Et puis le sang s'effaça de son esprit comme il s'était détaché du linge, cédant la place à d'autres inquiétudes.

Il fallut deux semaines pour que le doute se transforme en certitude : le ventre de Rosalie se refusait une fois de plus à rester plat. Une rondeur qui n'était pas celle de son embonpoint habituel.

— Encore un, avait lancé Cécile avec consternation. Il faudra bientôt qu'on couche dehors.

Philibert paraissait très soucieux. Il était redevenu sombre, distant, et se disputait souvent avec Rosalie. Ce fut alors le retour à des jours opaques n'ouvrant sur aucune perspective, dressant toujours le même mur de fureur, de faim, d'absence. Comme à chacune de ses grossesses, Rosalie devenait insupportable. Jeanne n'entendait même plus ses colères, ses caprices, ses paroles dures. Elle se sentait habitée d'une étrange tristesse venue peut-être plus des profondeurs de son être que des misères de sa vie. Un soir, elle pensa à ces histoires que l'on racontait de femmes disparues dans les eaux du canal. C'était vers l'eau que les femmes allaient quand elles ne voulaient plus vivre. Les hommes se pendaient, les femmes se noyaient. Il y avait même, en aval du bief du moulin, un passage qu'on appelait « le trou des suicidées ». C'est là, disait-on, que la femme de l'aubergiste s'était donné la mort. Ne pourrait-elle pas elle aussi se jeter dans l'eau ? Oui, mais il y avait Cécile, qui lui adressait des sourires fragiles. La faible lueur du soir estompait sa silhouette, assombrissait ses yeux. Elle se sentit touchée par cet air vulnérable, elle qui n'avait su voir en sa sœur que la force. Elle prit conscience que Cécile avait besoin d'elle et chassa ses pensées morbides. Le lendemain, toutes deux repartaient chez leur grand-mère, mais au grand jour cette fois, sans crainte et sans culpabilité. Quelque temps plus tard, Marie dut les renvoyer chez elles. Personne ne vint les chercher. À leur retour, Philibert les remarqua à peine, ne leur dit rien. Rosalie explosa : des paresseuses qui lui avaient laissé tout le travail ! Leur père était bien trop gentil, trop faible. Une bonne correction, voilà ce qu'elles méritaient ! Seuls les enfants les avaient accueillies avec le sourire. Le petit Léon était tout content de revoir ses demi-sœurs, Jeanne surtout, dont il appréciait beaucoup la bonté et la patience qui manquaient à sa mère.

Cécile n'allait plus à l'école depuis plus d'un an et Jeanne savait bien qu'elle-même ne fréquenterait plus, d'ici peu, l'école religieuse. Peut-être son père la placerait-il comme bergère dans une ferme voisine. Elle userait ses jours auprès des troupeaux avec sans doute un mari et des enfants. Une vie en gris. Elle pensait que Cécile quitterait la maison. Et elle pensait juste, Cécile partit même plus tôt qu'elle ne l'avait prévu.

Des cousins, les Theuriet, que les Rozerot n'avaient pas revus depuis les secondes noces de Philibert, avaient écrit qu'ils leur rendraient visite. Les Theuriet étaient marchands de bestiaux et leurs affaires les conduisaient dans le secteur de Créancey. Il avait été décidé qu'ils viendraient le dimanche de Pâques pour un déjeuner festif. Leur voiture, guettée depuis une bonne heure, s'arrêta enfin devant la demeure des Rozerot. Après les félicitations d'usage sur la bonne maison, les beaux enfants – et le prochain qui ne manquerait pas d'être aussi charmant –, après un petit tour dans le potager, l'inspection des volailles et du cochon – une belle bête, les marchands savaient de quoi ils parlaient –, on se mit à table. Les conversations allaient bon train, mais les Theuriet ne pouvaient s'empêcher d'attarder leurs regards sur l'entassement des lits, la pauvreté et l'exiguïté de la pièce contenant huit personnes, bientôt neuf ! Les murs étaient noircis par la fumée de la cheminée trop grande pour cette petite pièce humide. La cousine Theuriet ne trouvait guère convenable que parents et enfants fussent confinés dans le même espace, les enfants mêlés à l'intimité du couple. Elle était surtout frappée par la tension palpable entre Cécile et sa belle-mère. Pour détendre l'atmosphère, cette dernière ne trouva rien de mieux à dire que si Philibert avait eu des garçons au lieu de deux filles, ils auraient dormi dans la mansarde, sur la paille, ce qui aurait économisé un lit. D'ailleurs, ajouta-t-elle, des garçons auraient su aider la famille en travaillant dur au lieu de perdre leur temps à l'école.

Cécile, qui depuis le début du repas apportait les plats, servait les invités et aidait Jeanne à faire manger les petits, fixa sa belle-mère d'un regard si incendiaire que Philibert prit peur. À ce moment, il crut sa fille capable du pire. Mais Cécile resta très calme. Sans rien dire, elle posa sur la table, devant Rosalie, la pile d'assiettes qu'elle était allée chercher dans le buffet et quitta la maison. Jeanne ne savait que faire. Se désolidariser de sa sœur en restant à table, ou la rejoindre et tourner le dos à toute la famille ? En quatre mots, « je vais chercher Cécile », formule fédératrice qui lui permettait de concilier l'idée du partir avec celle du retour, elle se sortit d'affaire. Léon lui donnait déjà la main avant qu'elle atteignît la porte, quand il fut sévèrement rappelé par sa mère. Le sort de Cécile se jouait. Témoins embarrassés des brouilles familiales, les Theuriet proposèrent à leurs cousins de prendre l'aînée chez eux. Leur maison était grande, ils étaient assez aisés et Cécile leur plaisait. Tout en acquiesçant aux récriminations de Rosalie, ils prenaient parti pour la jeune fille dont ils avaient apprécié la dignité et le courage. Elle n'était pas du genre à rechigner à l'ouvrage et serait utile à la maison. L'affaire fut vite conclue. Lorsque les deux sœurs rentrèrent dans la maison, Cécile fut surprise par la sérénité de Rosalie. Aucun reproche. On la fit asseoir et la voix du père se voulut solennelle :

— Cécile, les cousins t'offrent de te prendre chez eux. Qu'en dis-tu ?

Cécile eut un regard vers sa sœur qui se tenait debout à côté de la porte, sa natte versée sur sa poitrine et tombant jusqu'à la taille. Elle restait immobile, les paumes serrées sur sa jupe. Malgré ses larmes, elle fit un signe d'acquiescement à Cécile, qui s'élança vers elle et prit sa main. Toutes deux savaient bien que l'aînée ne pouvait rester à Beaume, et mieux valait l'éloignement chez les Theuriet, qui paraissaient pleins de bonnes intentions, que le placement chez des inconnus. Elle revint vers la table, remercia ses cousins et déclara qu'elle était heureuse de partir chez eux.

Le départ de Cécile fut précipité. À peine le temps d'aller dire au revoir à Ninette et aux voisins, de réunir quelques vêtements, et Cécile était installée dans la voiture, les larmes aux yeux, envoyant des baisers à Jeanne et aux petits. Pour Jeanne, privée maintenant de sa sœur, une nouvelle vie s'ouvrait. Une vie d'ombre traversée de temps à autre par un trait de lumière : une personne ayant croisé Cécile et qui donnait de ses nouvelles, une lettre d'elle... Le temps était maintenant celui de l'attente. L'école, l'affection de ses frères et sœurs lui donnaient la force de supporter ces jours languissants, et grâce aux lettres de Cécile, elle posait la vie de sa sœur contre la sienne. Dans les premières, d'abord glissé entre les lignes puis clairement désigné, un certain Édouard, le fils des Theuriet, occupait de plus en plus de place. Cécile le décrivait comme un gentil garçon, prévenant, gai, faisant rire son monde avec des histoires drôles et un peu gênantes qu'elle ne comprenait pas toujours. Quelques mois plus tard, Édouard était placé au premier plan et le ton des lettres avait changé. Les moments forts se déplaçaient des fourneaux astiqués de la cuisine ou de la salle à manger vers les coins sombres, les entre-deux, les appentis. Les mots de Cécile laissaient entendre les chuchotements, les frôlements de vêtements, les murmures. Ils disaient aussi sa peur, son dégoût de cette ombre poisseuse sans cesse collée à son corps. Puis ce fut le silence. Jeanne eut beau prier, supplier sa sœur de lui répondre, elle resta plusieurs mois sans nouvelles.

La naissance de sa demi-sœur, Jeanne-Eugénie, au petit matin du 6 juin 1880, avait mit fin à sa scolarité. La rentrée d'octobre s'était faite sans elle. Il est vrai que l'éducation donnée par les sœurs ne se prolongeait guère au-delà de l'enseignement déjà reçu par la jeune fille.

Pendant une année, les journées s'étirèrent à l'image des eaux de Créancey, tantôt lourdes et noires, tantôt claires et agitées, toujours dans l'absence. Comme Jeanne était bien utile à la maison et qu'elle adoucissait par sa patience et son calme la vie de la maisonnée, son père ne formait aucun projet professionnel pour elle. Nul doute que sa beauté attirerait bientôt un prétendant dont elle deviendrait dans quelques années l'épouse. C'était compter sans Cécile qui, du fond de sa détresse, travaillait à son avenir et à celui de sa sœur. Tout ce qu'elle n'avait pu dire à Jeanne, elle l'avait confié dans une lettre à sa tante maternelle, Élisabeth. L'aînée des Permann avait particulièrement souffert de la disparition d'Adèle, sa cadette de onze ans, aussi elle n'oubliait jamais l'anniversaire de ses deux nièces. De temps à autre, elle revenait au pays pour rendre visite à Marie, qui l'entretenait de la vie difficile de ses petites-filles. Élisabeth n'ignorait rien du comportement de Rosalie à leur égard. Elle ne les avait rencontrées que de façon fugitive, mais sa générosité, sa tendresse s'étaient inscrites dans la mémoire des sœurs. Cécile se sentait en confiance avec cette mère pleine de tendresse pour ses six enfants, mais qui savait aussi se montrer solide, énergique. En 1876, à la mort de son mari, Jean-Louis Joseph Guligag, un boulanger de Courbevoie, il lui avait fallu beaucoup de courage pour surmonter son deuil tout en assumant seule les charges du commerce.

Dans sa lettre, Cécile lui avait décrit sa situation, les harcèlements brutaux et quotidiens de ce cousin qui s'était amouraché d'elle et ne supportait pas qu'elle lui résiste. Elle l'avait défié : s'il voulait d'elle, qu'il l'épouse ! Mais la famille Theuriet ne l'entendait pas de cette oreille. Cécile était une gentille fille, on voulait bien l'aider, mais pas question d'un mariage entre leur fils et cette petite sans dot. La lettre de Cécile était un appel au secours : sa tante pouvait-elle l'aider à fuir ses cousins, lui trouver une place à Courbevoie ou dans la région proche ? L'aînée n'oubliait pas Jeanne. Elle plaidait sa cause comme une désespérée qui n'a plus rien à perdre : sa tante pourrait-elle intervenir auprès de Philibert pour qu'il accepte que celle-ci quitte la maison et apprenne un métier ?

La réponse d'Élisabeth fut très rapide. Elle était prête à accueillir ses deux nièces chez elle, elle s'occuperait de leur avenir. Les choses furent rondement menées. Elle écrivit à Philibert qui accepta la proposition de sa belle-sœur. Jeanne était folle de joie. Retrouver sa sœur, vivre chez la tante de Courbevoie, « la tante boulangère » comme on l'appelait, et aller si près de Paris ! La nuit qui avait suivi l'annonce de son départ, elle avait fait un rêve étrange. Elle était enfermée dans une pièce vide, obscure et sans air. À l'autre bout de cette pièce, une ouverture, mais si aveuglante qu'elle ne pouvait se diriger vers elle. Ce rêve l'avait mise mal à l'aise. Elle ressentait comme une urgence de partir, comme si la porte sur une autre vie n'allait s'entrouvrir qu'un instant pour se refermer à tout jamais.

Cécile était revenue à la maison amaigrie, ralentie. Elle sursautait dès qu'on lui adressait la parole, souvent perdue dans ses pensées. Il était temps qu'elle voie de nouveaux horizons. Le départ était prévu pour la semaine suivante. Les derniers jours à Beaume, les deux sœurs accueillirent Catherine-Philiberte, que Rosalie avait mise au monde le 18 mars de cette année 1882. Jeanne ne tenait plus en place, s'échappait le plus possible de la maison. Elle avait envie de courir dans les vallées vaporeuses des premières rosées de printemps, d'absorber les soupirs embaumés de la terre. Sa jeunesse trop longtemps mise en cage se libérait brusquement, frémissait du désir d'aimer, de s'ouvrir au monde. Avec Cécile, elle décida de se rendre une dernière fois sur les hauteurs de l'Auxois, en haut du mont Pouilly, dans ce lieu prestigieux qui repousse les limites visibles de l'horizon jusqu'aux mers lointaines et que chacun nommait avec déférence la ligne de partage des eaux. De là, elles contemplèrent les trois pentes : l'une, exposée au sud, qui déverse ses eaux vers la Méditerranée via le Rhône, l'autre, au nord, dont les eaux vont vers la Seine et la mer du Nord, et la troisième, à l'ouest, vers la Loire. Les jeunes filles se tenaient par le bras et s'amusaient à tourner ensemble et à décrire le trajet des gouttes suspendues aux brins d'herbe. Face au nord, elles suivaient les aventures d'« un petit diamant d'eau », comme elles disaient, glissant sur les lichens argentés, ondulant sur la douceur des reliefs tout en croisant des milliers d'autres gouttes qu'il absorbait jusqu'à former un cours d'eau, à son tour englouti par les flots tumultueux de la Seine. Jeanne pensait que, comme la petite goutte, elle allait être poussée par la vie de sa Bourgogne natale vers les bords de la Seine. Toutes les attentes de sa jeunesse se diffusaient dans son esprit. Elle savourait ce moment de contemplation où elle abandonnait ses rêves aux souffles du monde et du temps.

Il fallut ce jour du grand départ et le moment des adieux pour que Jeanne prenne pleinement conscience de l'affection que lui portaient ses demi-frères et sœurs. Des larmes, des embrassades, des « t'en va pas »... Le petit Léon, du haut de ses cinq ans, se fâchait, tapait du pied, passait de la colère aux sanglots. Jeanne le prit dans ses bras, promit qu'elle reviendrait et lui rapporterait un beau jouet. La veille, avec Cécile, elle était passée à Rouvres embrasser sa grand-mère. Marie louait sa fille de son geste. Elle ne voulait pas penser à sa peine, à sa solitude, tout à son soulagement de savoir ses petites-filles auprès de leur tante. Élisabeth saurait les aider à entrer dignement dans leur vie d'adulte.

À Essey, Philibert les laissa dans le train, ému mais sans inquiétude, car après un arrêt à Épinac-aux-Laumes, le trajet était direct jusqu'à Paris. Élisabeth serait là avec un ou deux de ses fils pour les accueillir à la gare et les emmener à Courbevoie. Jeanne n'avait pas peur et elle se demandait bien pourquoi son cœur se serrait ainsi. Tout allait pour le mieux, elle était avec Cécile, et leur tante les prendrait en charge à Paris. Cette tension désagréable n'était qu'une sale bestiole installée au fond d'elle, malgré et contre elle. Peu à peu, elle sentit son corps s'engourdir. Elle lutta un bon moment contre le sommeil car elle voulait profiter des paysages qu'elle traversait. Cécile ne disait rien, songeuse, tandis que la fatigue accumulée des derniers jours emportait Jeanne. Elle s'endormit et commença en rêve sa nouvelle vie.

DEUXIÈME PARTIE

APPRENTISSAGES

1

Un papillon dans la ville

« Étourdie », c'était le mot employé par Jeanne pour répondre à sa tante qui lui avait demandé comment elle se sentait. L'adjectif avait fait rire Élisabeth et ses deux fils venus chercher leurs nièces et cousines à la gare Saint-Lazare. Élisabeth avait de beaux yeux gris mais, à la différence de ceux de sa mère, ils étaient constellés de petites taches brunes qui reflétaient, chez cette femme de quarante-huit ans, l'alliance de la douceur et de l'énergie. Jeanne était en admiration devant son petit chapeau élégamment incliné sur la tempe droite, orné de plissés en dentelle de tulle, de nœuds et de fleurs de satin qui mettaient en valeur son visage à la fois rond et fin. Ses cheveux châtains relevés en chignon frisottaient sur son front, ce qui lui donnait par moments un air gamin.

Elle avait déjà confié à ses garçons les valises les plus lourdes et entraînait tout le monde vers le quai de la ligne Paris-Saint-Cloud qui passait par Courbevoie. Là, il fallut descendre une petite pente assez raide bordée de poteaux de bois donnant sur la rue Sébastopol. Un commis les y attendait dans une voiture à cheval. On alla jusqu'à la rue de Colombes où la voiture s'arrêta au numéro 2. Le nom « Guligag successeur » était inscrit en gros à l'entrée de la boulangerie.

Après leur avoir fait visiter la salle à manger, la cuisine prolongée par une grande arrière-cuisine, le fournil et la boutique, Élisabeth conduisit ses nièces dans leur chambre, à l'étage. Une chambre ! Jeanne en avait souvent rêvé à travers les descriptions des feuilletons dans les journaux. Et cette chambre ressemblait à celle des demoiselles des romans : deux lits à rouleau garnis de draps fins, de taies d'oreillers et de traversins brodés, deux tables de nuit aux tiroirs à boutons dorés assortis à l'armoire en noyer, une coiffeuse à tablette de marbre avec cuvette et broc à fleurs roses, des rideaux de cretonne rouge venant réchauffer cette pièce claire et douce. Élevées dans la pauvreté et le dénuement, Jeanne et Cécile furent touchées par les attentions raffinées d'Élisabeth, qui avait déposé un bouquet de tulipes et du papier à lettres sur la table pliée en demi-lune contre le mur, des sachets de lavande dans l'armoire où elles commençaient à ranger leurs affaires, une savonnette parfumée sur un porte-savon en faïence. Leur regard détaillait chaque objet et se posait avec reconnaissance sur leur tante qui les observait, amusée.

— Allez, on va se faire un p'tit thé avec des gâteaux. C'est dimanche, après tout ! Venez, on va causer.

Du thé… À vrai dire, les jeunes filles ne savaient guère ce que c'était. Chez les Rozerot, on n'en buvait pas. En regardant leur tante sortir le service en porcelaine avec la « théière à gros ventre », les assiettes à dessert et le plat à gâteaux, Jeanne et sa sœur surent qu'elles apprécieraient la boisson. Élisabeth n'était pas bien riche, mais « elle n'aimait que le beau », ce dont elle s'enorgueillissait, et témoignait de la même délicatesse de goûts et de manières que sa mère. Elle proposa simultanément à ses nièces les gâteaux et un métier.

— Il va falloir penser à ce que vous voulez faire dans la vie. Cécile, tu es la plus âgée. Tu pourrais, si tu le veux, travailler à la boulangerie avec moi. J'ai besoin d'une vendeuse. Tu peux essayer. Qu'en dis-tu ?

Cécile reposa la tasse qu'elle allait porter à ses lèvres.

— Ça me plaira. J'en suis sûre !

C'était dit avec beaucoup d'entrain et de conviction.

— Et toi, Jeanne, que dirais-tu d'apprendre la couture ? Je connais un atelier à Paris dont les patrons pourraient te prendre en apprentissage. Je leur en ai parlé. C'est vrai que c'est un dur métier… On peut réfléchir à autre chose, si tu veux.

Jeanne ne la laissa pas poursuivre.

— À l'école, j'étais une des meilleures en couture. Mais on ne m'a pas beaucoup appris. Il y a longtemps que j'ai envie d'apprendre ce métier… Il faudra que je parte d'ici ?

— Non, ne t'inquiète pas. Tu rentreras tous les jours, ce n'est pas loin. Alors, c'est décidé ?

En signe d'acquiescement, Jeanne leva sa tasse et toutes les trois trinquèrent à leur vie future.

Jeanne se sentait comme un papillon libéré de sa chrysalide. Elle voulait laisser son passé derrière elle. Elle allait être une jeune fille de la ville, une Parisienne !

La tante Élisabeth s'occupait des commandes, tenait les comptes, servait à la boutique. Elle avait l'œil sur tout, de la livraison des denrées à la vente, sans oublier la propreté des locaux. Elle était bien secondée dans ses tâches par ses fils, qui étaient nés « les bras dans la farine », et ravie de la présence de Cécile dont elle appréciait le sérieux, la vivacité, la gaieté, et qui s'était tout de suite sentie à l'aise dans son travail de vendeuse. Elle aimait le va-et-vient et les dialogues avec les clientes. La boulangerie, c'était le royaume des mots. Jeanne voyait sa sœur prendre part aux badinages, virevolter de pains en viennoiseries, demander des nouvelles des uns et des autres. Elle la voyait devenir heureuse. Leur vie au village avait été dominée par le silence et la lourdeur ; elles se laissaient porter par l'agitation et la légèreté d'un quotidien souriant.

Jeanne allait bientôt commencer son apprentissage. En attendant, elle aidait à apporter la marchandise à la boutique, à ranger, à nettoyer, à effectuer les livraisons avec le commis. C'est au cours de ces tournées qu'elle prit conscience de sa beauté. Dans les maisons fortunées, à travers le regard des maîtres d'hôtel, des dames de la bonne société, des cuisinières. Dans la rue aussi, à travers les compliments des marchandes, les éloges amusés et les sifflets admiratifs des passants – des hommes. Quand elle portait le pain au restaurant voisin, on l'accueillait comme l'enfant chérie du quartier. Invariablement, le patron saluait son arrivée par un : « Tiens, voilà notre princesse de la rue de Colombes ! », ajoutant : « Demain, je demande ta main à ta tante ! » Jeanne s'était toujours imaginé une capitale habitée de figures anonymes. Or elle découvrait un petit peuple animé et communicatif. Au bout de la rue de Colombes, la place de l'Église était un haut lieu de conversation. Des bonnes, reconnaissables à leurs robes noires et leurs bonnets blancs, se regroupaient par deux ou trois en un froissement d'étoffes éphémères, le temps de quelque commérage.

Au bout d'un mois, Jeanne et Cécile maîtrisaient le plan de la ville et ne se perdaient plus aux détours des avenues et des carrefours. Aux heures creuses, elles se promenaient au-delà de leur quartier, passaient devant l'église Saint-Pierre, descendaient vers la mairie dont elles admiraient l'imposante architecture, et continuaient jusqu'au pont de Neuilly. De là, elles suivaient des yeux le tracé de la Seine où des mouettes aux reflets cendrés se laissaient glisser sur les eaux calmes. De temps à autre, des sternes tombant tout droit des nuages rayaient le ciel comme un trait de craie, frôlant la surface des eaux pour repartir à l'oblique. Les deux sœurs s'amusaient parfois à remonter le cours du fleuve jusqu'à l'originelle goutte d'eau de leurs collines bourguignonnes. Elles partagèrent bientôt leurs moments de liberté avec d'autres jeunes filles. Marguerite, la petite-fille des derniers vignerons de Courbevoie, qui vivaient en face de la boulangerie, fut la première amie des sœurs Rozerot, de Jeanne surtout. C'est par leur chat que

Jeanne avait fait sa connaissance. En revenant d'une course, elle avait repéré un beau matou tigré à taches blanches. Caresses, mots tendres... L'animal l'avait entraînée jusqu'à l'immeuble où vivait le couple. Assis sur une chaise, dans une cour où trônait une charrue, ils triaient des haricots au milieu de paniers. La vieille dame, un gros chat à poils mi-longs sur les genoux, l'invita à s'approcher.

— Tu aimes donc les chats, petite ?

Jeanne sourit.

— Ce qu'ils sont beaux !

Et, se baissant pour caresser son guide :

— J'habite chez ma tante, Mme Guligag.

— On le sait, et ta sœur travaille au magasin. Elle est bien mignonne aussi.

L'échange des banalités se poursuivit jusqu'à ce qu'une gamine aux yeux verts étoilés de points roux, la peau laiteuse, les cils et les sourcils aussi roux que les cheveux, fît une entrée bondissante dans la cour. Jeanne, intimidée, allait sortir quand la grand-mère la retint.

— Vous ne vous connaissez pas toutes les deux. Marguerite habite rue de l'Alma. Elle vient nous voir souvent.

Huit jours plus tard, la pétillante jeune fille avait fait sa place dans la vie de Jeanne. Âgée de seize ans, orpheline de père, elle vivait seule avec sa mère depuis que ses deux frères avaient quitté la maison. Elle avait déjà occupé plusieurs emplois, le dernier dans une usine de parfums, mais, avec son caractère bouillonnant, elle avait eu vite fait d'envoyer promener ses patrons et cherchait une nouvelle place. Vive, enjouée, un peu délurée, elle aidait Jeanne à sortir de sa réserve, à faire connaissance avec d'autres jeunes filles, à devenir femme.

— Ma petite chatte, tu en as des choses à apprendre, déplora-t-elle un jour. Heureusement que le Bon Dieu t'a mise sur mon chemin !

Jeanne n'aurait pas parié que leur rencontre fût le fruit d'une quelconque volonté divine, mais elle s'amusait de l'audace et du franc-parler de son amie.

Le dimanche qui précéda son entrée à l'atelier, on passa l'après-midi à flâner sur les berges de la Seine. Élisabeth et deux de ses fils, Victor, âgé de quinze ans, et Alfred, de deux ans son cadet, Cécile et Jeanne, Marguerite et une nouvelle amie, Marie-Pierre, accompagnée de son frère, se laissaient aller au plaisir de cette journée éclairée d'un soleil tiède. Les yeux fermés, Jeanne offrait son visage au souffle parfumé des marronniers en fleur. Elle avançait doucement, renversant sa tête en arrière comme pour mieux s'abandonner aux fragrances du printemps. De temps à autre, elle entrouvrait ses paupières, réduisant son champ de vision à quelques détails qui prenaient alors une valeur singulière. Il y eut des protestations autour d'elle : elle marchait trop lentement ! Élisabeth serrait Alfred contre elle. C'était le plus fragile de ses garçons, celui qui avait le plus souffert de la mort de son père. Il était souvent malade, toujours un peu triste. Jeanne aimait bien ce cousin délicat et secret. La place du Port fut vite atteinte. De jolies maisons anciennes l'entouraient, parmi lesquelles de nombreuses boutiques, fermées en ce dimanche. De la place, le petit groupe prit la Rampe-du-Pont qui permettait l'accès au port entre les ponts de Courbevoie et de Neuilly, et servait en même temps d'abreuvoir pour les chevaux. Quand ils atteignirent le pont de Neuilly, le cœur de Jeanne se serra un peu. De là, l'horizon parisien lui faisait anticiper la journée du lendemain, sa première à l'atelier. Son désir d'apprendre un métier ne suffisait pas à estomper sa peur de l'inconnu. Mais la beauté de cette perspective sur Paris, le charme du temple de l'Amour sur l'île du Pont, ce joli monument que tous les promeneurs, appuyés sur la balustrade, contemplaient, confortèrent sa confiance dans un avenir heureux.

2

L'atelier

Mlle Titreville était une femme imposante, « une femme de tête », disaient ses clientes. Grande, brune, les paupières un peu tombantes, les lèvres très pâles et minces, elle commençait toujours ses phrases par « je veux dire » et les achevait par un « naturellement » qui ponctuait la plupart de ses ordres. Rien n'était en effet moins naturel, bien que légal, que d'imposer aux ouvrières sur le point de quitter l'atelier, sans les en avoir averties, une « veillée » qui les obligerait à reprendre leur travail le soir, jusqu'à minuit, voire une heure du matin. Depuis longtemps, les employées savaient que, même après ces veillées, si elles arrivaient le lendemain avec plus de cinq minutes de retard, les portes seraient fermées et une demi-journée décomptée de leur salaire.

Chez les Titreville, on était couturière de mère en fille, et même de mère en fils, puisque le frère de Mlle Titreville, Henri, exerçait le métier de brodeur. Le frère et la sœur, tous deux célibataires, avaient repris l'atelier de leur mère, près de la gare Saint-Lazare. Ils l'avaient agrandi, modernisé et, peu à peu, avaient conquis une clientèle huppée de bourgeois fortunés. Une dizaine d'ouvrières y travaillaient, sans compter les deux ou trois apprenties que l'on formait en permanence. Élisabeth avait accompagné Jeanne le premier matin. Elle connaissait bien Mlle Titreville dont elle était cliente depuis dix ans. Le trajet était court : un quart d'heure de train et, de la gare, cinq minutes à pied.

Plusieurs ouvrières attendaient déjà devant la maison Titreville. Elles reconnurent la boulangère et la saluèrent. Toutes savaient que Jeanne était sa nièce et qu'elle entrait en apprentissage. Jeanne se sentait gênée devant les employées qui lui jetaient des regards condescendants. La porte s'ouvrit et tout le monde s'engouffra à l'intérieur du bâtiment. Jeanne, restée en retrait, fut impressionnée par la vaste pièce qui constituait l'atelier. Elle était séparée en deux parties par une allée centrale avec, à gauche, une longue table de coupe autour de laquelle des ouvrières s'installaient déjà, et, à droite, un alignement de machines. Mlle Titreville avait l'air d'une institutrice accueillant ses élèves dans la classe. Tout juste si elle ne tapait pas dans ses mains pour imposer le silence. Elle s'approcha d'Élisabeth avec un grand sourire.

— Chère dame, tellement heureuse de la revoir !

Puis, reculant d'un pas pour considérer Jeanne des pieds à la tête :

— Dieu qu'elle est grande !

Et, s'adressant à Jeanne :

— Je veux dire… Elle a déjà appris la couture ?

— Je sais ourler, surjeter, repriser, border une boutonnière… J'ai fait un peu de broderie.

— C'est un début ! Je veux dire… Elle apprendra le métier de lingère brodeuse. Que du linge fin, chez nous. À partir de sa deuxième année, elle touchera 0,50 franc par jour. Et pas de veillée tant qu'elle est apprentie. Douze heures, c'est tout ; pas de travail le dimanche.

Jeanne acquiesça. Mlle Titreville, qui, par pudeur, ne s'adressait à ses interlocuteurs qu'à la troisième personne, fit signe à la jeune fille de la suivre.

— Sa tante connaît déjà la maison !

Au fond de la pièce, derrière une rangée de mannequins, une porte donnait sur un salon d'essayage très coquet, avec deux grandes tables en angle recouvertes de matériel de couture, plusieurs glaces sur pied, un sofa en velours bleu et deux chaises assorties. Sur le mur, en miroir, un tableau représentait un cabinet d'essayage avec, au centre, une jeune femme tout en dentelle et satin devant une psyché, une couturière à ses genoux.

Jeanne et sa nouvelle patronne rejoignirent Élisabeth dans l'atelier. Mlle Titreville désigna son frère :

— Monsieur Titreville est brodeur, c'est lui qui apprendra à Jeanne à se servir de la machine. Je veux dire... Elle vient de sa campagne. Alors il faudra se débrouiller dans Paris pour les courses, naturellement.

Élisabeth la remercia et se dirigea vers la sortie avec un geste d'encouragement en direction de sa nièce. Petites mains, ouvrières, observant un instant la nouvelle, repiquèrent du nez sur leur ouvrage. Jeanne remarqua leurs gestes rapides. Elle passa sa journée ballottée de droite à gauche, portant les tissus de la coupe au montage, passant épingles et ciseaux aux couturières qui essayaient les robes sur les mannequins, balayant les chutes de fils et de tissus.

C'était la pleine saison. Pendant plusieurs semaines, personne n'eut le temps de s'occuper d'elle. Elle était cependant utile par tous les petits services qu'elle rendait, les corvées, les courses à pied ou en fiacre. Quand Mlle Titreville, après lui avoir indiqué les grandes directions, lui demandait si elle n'allait pas se perdre, Jeanne la rassurait. Mais à peine dehors, elle ne savait quelle rue prendre, tremblant à l'idée que, des fenêtres de l'atelier, on la vît hésiter ou prendre un mauvais chemin. Grâce aux passants qui lui indiquaient sa route et à un plan de Paris, elle parvenait toujours, mais au prix de combien d'angoisses, à atteindre son but. Elle transportait une sorte de grand panier sur roulettes dans lequel elle rapportait du linge, des draps, des tissus. Quand les courses étaient trop importantes, elle partait avec une nouvelle ouvrière, Amélie, surnommée Lili.

Ce furent les meilleurs moments de son apprentissage. Lors de ses tournées avec Amélie, Jeanne sut tout sur tous : de Mlle Titreville, une femme exigeante, pas mauvaise au fond, même si elle se montrait souvent dure, travaillant beaucoup elle-même pour satisfaire une clientèle capricieuse et pressée, et s'épuisant autant que ses ouvrières lors des veillées ; de M. Titreville, énigmatique et sombre mais gentil et paisible, s'en remettant aveuglément à sa sœur ; de Victorine, dite « les Oreilles », la plus âgée des ouvrières, dont il fallait se méfier avec sa sournoise tendance à « laisser traîner ses oreilles dans tous les coins ». Et puis de Marie, surnommée Marinette, célèbre pour ses amoureux à la semaine, qui disparaissait parfois un jour ou deux « pour faire passer ses maux de ventre ». Et encore de Gasparine, « la Fringale », dont le maigre salaire ne permettait pas d'assouvir une faim sans fond qu'elle tentait de calmer en parlant cuisine et en suçant des bâtons de réglisse. Toutes les femmes de l'atelier furent ainsi passées en revue. Amélie parlait et Jeanne écoutait ; elles se dérobaient l'une à l'autre, sans laisser de place à l'échange. Il leur fallut plusieurs mois pour s'apprivoiser, se libérer de leur timidité, parler non plus des autres mais d'elles-mêmes.

Sans doute Jeanne aurait-elle préféré « faire la mode » plutôt que les trousseaux, mais le travail du linge fin et des tissus de belle qualité qu'impliquait l'apprentissage de lingère brodeuse compensait sa déception de ne pas être couturière. À la morte-saison, Mlle Titreville entreprit enfin de lui apprendre son métier : d'une part l'entretien du linge, de l'autre la broderie, qui s'exécutait surtout à la machine. Au bout de deux mois, elle fut familiarisée avec son fonctionnement : la partie supérieure avec le support de l'aiguille et le mécanisme qui le fait mouvoir verticalement ; la partie inférieure avec la navette longue, et la ronde. Elle apprit à réaliser les différents points en usage pour la broderie de blanc, à huiler correctement son outil, à l'ajuster pour la reprise. M. Titreville était content d'elle. Cette jeune fille consciencieuse convenait parfaitement à son tempérament. Un après-midi, surchargé de travail, le patron avait arrêté un moment sa machine. Il avait relâché son dos contre le dossier de sa chaise et, regardant Jeanne avec un air un peu grave, lui avait dit très bas :

— Tu as les mains fines, Jeanne, aussi fines que ton âme est douce.

Jeanne lui avait rendu son sourire, baissant derechef la tête sur son ouvrage.

M. Titreville était asthmatique et ses crises, provoquées par le contact avec certains tissus pelucheux, cols de cygne ou bandes de fourrure, l'obligeaient parfois à déserter l'atelier. Dans ces moments-là, dès que la patronne disparaissait avec une cliente, les ouvrières relâchaient leur attention et s'interpellaient. Des misères du monde à la gaudriole, les conversations s'entrecroisaient dans le plus grand désordre, avec la fièvre d'une parole trop longtemps contenue. Le travail manquait depuis quelques semaines. Quatre ouvrières avaient été mises au chômage et l'une d'elles seulement avait trouvé une place dans une fabrique. Thérèse, une jeune couturière qui risquait de se retrouver aussi sans travail, fixa Victorine :

— Tu pourras lui dire à la patronne : si on continue à trimer comme des bêtes à deux francs cinquante par jour pour se retrouver deux mois de suite sans travail, on fera comme les mineurs de Blanzy et de Montceau-les-Mines. Toutes en grève ! Ils verront, les patrons !

— Et tu te retrouveras en prison, répliqua « les Oreilles » que l'idée de voir Thérèse derrière les barreaux réjouissait au plus haut point. Ça va mal finir pour les mineurs. On va poursuivre les agitateurs en justice.

— Toi, sûr que t'irais pas soutenir tes sœurs de misère. T'irais plutôt dans le camp ennemi, comme ces traîtres d'Italiens. Tiens, tu mériterais qu'on t'appelle Triplice !

Tout le monde sourit à ce sobriquet, autre nom de la Triple-Alliance par laquelle l'Italie, pourtant aidée par la France dans la construction de son unité, avait rejoint l'Allemagne et l'Autriche-Hongrie. On passa à des sujets plus légers. Jeanne s'amusait de voir ces adultes se comporter comme des gamines à l'école quand la maîtresse n'est pas là. Marinette parla du prochain « bal des filles ». Deux fois l'an, une dizaine de femmes du quartier organisaient un bal gratuit pour les messieurs. Les dames choisissaient leur cavalier, excluant les mal vêtus, les mal rasés et les ivrognes. Les organisatrices, dont Marinette faisait partie, s'y prenaient à l'avance pour recueillir les cotisations nécessaires à la location de la salle, aux gages des musiciens, à l'achat des boissons et des viennoiseries. Les jeunes filles étaient admises à partir de quinze ans et, à cet âge, l'entrée était gratuite. Jeanne fut conviée.

Le retour de Mlle Titreville à l'atelier mit fin aux conversations. Plus Jeanne pensait à ce bal, plus elle se tracassait. Il n'y aurait peut-être aucune jeune fille de son âge, et danser, ce qu'elle n'avait jamais fait, avec un jeune homme inconnu lui paraissait relever de l'interdit. Les images mêlées de mauvaises filles et de demoiselles distinguées tournoyaient dans sa tête. Dans les romans de la presse quotidienne, les premières dansaient pour se dévoyer et les secondes pour faire de beaux mariages. Y avait-il de la place pour elle, qui n'était ni délurée ni demoiselle de bonne famille ? Les bals parisiens, en salle, n'avaient sûrement rien à voir avec les danses sur les places des villages, qui mélangeaient, en présence du maire, les générations et les classes sociales pour fêter le 14 Juillet ou les louées. Sa tante saurait la conseiller. Elle se fierait à son avis.

Mlle Titreville, elle aussi, commençait à apprécier Jeanne qui, maintenant, apprêtait et repassait le linge fin. Rien à voir avec la tâche des blanchisseuses à qui l'on ne confiait que le « gros ». Les draps, les taies et la lingerie étaient entretenus selon des techniques précises. Jeanne en était à l'apprentissage de l'amidonnage. Il fallait fabriquer l'amidon en mélangeant des préparations faites avec de l'eau de riz, et tremper le linge déjà lavé dans cet empois avant de le faire sécher. Le résultat devait être, selon la patronne, « raide comme un sergent-chef ». Cela promettait de laborieux repassages. Amélie, elle, avait déjà l'expérience d'une lingère accomplie et Jeanne se demandait comment cette jeune femme de dix-neuf ans, si pâle et si maigre, les yeux cernés et l'air souffreteux, parvenait à soulever et manier les masses de linge mouillé et à enchaîner les soirées de travail et les journées déjà harassantes.

Un matin de novembre, Amélie ne vint pas à l'atelier. Personne n'avait été prévenu de son absence. Mlle Titreville, inquiète et impatiente face aux nombreuses commandes qui risquaient fort de n'être pas honorées en temps voulu si Lili manquait, décida d'envoyer Jeanne chez elle. Amélie habitait au sixième étage d'un vieil immeuble. Certaines marches de l'escalier en bois s'étaient effondrées et il fallait passer sur le côté ou les enjamber. Jeanne croisa une locataire qui lui indiqua la chambre louée par Amélie. Personne ne répondit quand Jeanne frappa à la porte.

— Lili, c'est moi, Jeanne, tu m'entends ?

Elle cogna plus fort et, n'obtenant aucune réponse, entrouvrit la porte. Amélie était étendue en travers d'une paillasse. Sa couverture était tombée à terre. Jeanne la secoua doucement par l'épaule. Amélie ouvrit les yeux, des yeux qui ne voyaient rien, qui n'identifiaient pas plus Jeanne qu'ils ne reconnaissaient le peu d'objets de ce réduit à peine éclairé d'une tabatière, petite lucarne dans le toit. Jeanne la replaça dans le lit et étendit la couverture sur elle. La chambre ne disposait d'aucun chauffage, il y faisait presque aussi froid que dehors. Seul un poêle à charbon dans le couloir permettait aux locataires de se chauffer et de faire un peu de cuisine. Jeanne disposa le manteau d'Amélie sur la couverture et courut chercher du secours. Lorsqu'elle revint, la jeune fille avait recouvré ses esprits, mais elle ne put boire le lait chaud qu'une voisine venait d'apporter. On alla chercher un médecin.

Jeanne avait peur que la patronne ne se fâche d'une trop longue absence. Elle laissa son amie et reprit le chemin de l'atelier. L'image de cette mansarde glacée, sans cheminée, restait gravée en elle. Jamais Amélie ne lui avait parlé du dénuement dans lequel elle vivait. Elle ne lui avait confié que les grandes lignes de son passé : la mort de son père à ses onze ans ; sa mère qui s'était retrouvée seule pour élever ses trois enfants et travaillait dans une fabrique de chaussures. Après une formation de lingère, grâce à l'aide d'un oncle, Amélie s'était placée comme domestique dans une maison bourgeoise, mais elle avait quitté cet emploi pour travailler chez les Titreville.

Le soir, Jeanne, Mlle Titreville, Thérèse et une autre ouvrière, Marie-Louise, se rendirent chez Amélie. Sa mère était auprès d'elle. Les voisins lui avaient rapporté l'avertissement du médecin qui diagnostiquait une pneumonie aggravée d'une anémie sévère.

— Elle est malade de faim, de froid et de fatigue. J'espère qu'elle pourra guérir avec du repos, une bonne nourriture et de la chaleur. Mais si elle reste dans cette chambre, je ne réponds de rien.

La mère ne savait que faire. Elle-même et ses deux autres enfants ne disposaient que d'une chambre, qu'on pouvait certes chauffer, mais qui était trop petite pour contenir une quatrième personne. Mlle Titreville connaissait une maison de charité tenue par des sœurs qui accueillaient les malades indigents. Elle accomplit les démarches pour que la jeune fille y fût reçue et soignée. Les jours suivants, hantée par son regard fané, ses mains maigres et desséchées, ses veines saillantes, Jeanne ne cessa de penser à son amie. Elle s'était toujours figuré que l'on vivait mieux à Paris qu'à la campagne. Or, depuis son entrée à l'atelier, elle avait vu des logements délabrés et insalubres, des mendiants et des miséreux de toute sorte dans les rues. Elle savait que le sort d'Amélie était loin d'être un cas isolé : bien qu'elle fût mieux payée que la plupart des lingères débutantes, ses dix francs cinquante hebdomadaires ne pouvaient suffire à ses besoins. Jeanne découvrait avec angoisse qu'une lingère, comme d'ailleurs la majorité des ouvrières de l'aiguille, même les plus expérimentées et les mieux payées, ne gagnait pas assez pour vivre. Si l'on voulait y parvenir, il fallait trouver du raccommodage, du repassage ou de la couture à faire le soir, ou plutôt la nuit, et le dimanche. Et il y avait pis. Toutes les histoires de « lingères légères », de couturières coureuses et autres grisettes revenaient à son esprit. À l'atelier circulaient parfois des chansons aux couplets tantôt apitoyés, tantôt insultants, sur le thème de « la jeune fille tombée à la rue ». « La Sage », nouveau surnom de Jeanne à l'atelier, se sentait solidaire de ces femmes poussées à la prostitution par l'instinct de survie, souvent pour élever seules leurs enfants, parce qu'elles vivaient dans un monde qui ne leur offrait pas d'autre choix. Un grain de révolte avait germé en elle, bientôt pourri par l'impuissance et le renoncement.

3

Le bal des filles

1882 s'acheva par un événement qui fit grand bruit dans tout le pays. Il était d'importance. En novembre, Gambetta s'était blessé en maniant une arme à feu, blessure qui devait entraîner sa mort le mois suivant. L'année avait déjà été marquée par la prise de pouvoir du ministère Freycinet le 23 janvier, remplaçant le gouvernement Gambetta après seulement soixante-treize jours d'exercice. Gambetta avait échoué à la fois dans son projet de révision constitutionnelle et dans celui de rachat des chemins de fer par l'État, et sa mort mettait un point final à ses tentatives. *Le Petit Journal*, le quotidien le plus populaire, et *Le Figaro*, que Jeanne lisait chez sa tante, consacraient comme tous les autres leur une à ce décès.

À Paris, Jeanne et Cécile se sentaient beaucoup plus concernées par la vie de la nation qu'au fond de leur Bourgogne natale, où l'on ne suivait les informations que de loin en loin. L'âge aidant, une certaine conscience sociale et politique se faisait jour en elles. Elles avaient suivi les grands événements : le krach de l'Union générale, une banque catholique qui avait cessé ses paiements le 28 janvier 1882 et ruiné une partie de sa clientèle ; la loi qui rendait l'enseignement primaire obligatoire et laïque ; la mort de Garibaldi, le 2 juin, et la grève des mineurs. Diatribes contre politiciens, regrets des temps anciens, lamentations sur la misère du monde : la presse alimentait les conversations et faisait verdir le vocabulaire des couturières. Une fois de plus, Jeanne éprouvait un malaise à se sentir différente des autres. Non qu'elle eût voulu ressembler à ces femmes qu'elle aimait bien d'ailleurs, mais elle n'avait pas de ces certitudes, de ces jugements à l'emporte-pièce sur toute chose. Elle préférait sa réserve et son langage vierge de toute vulgarité aux gouailleries et aux grossièretés qui fusaient dans l'atelier. Heureusement, sa grand-mère, sa tante, Cécile, Ninette et aussi Amélie, à qui elle rendait souvent visite, ourlaient d'élégance et de tendresse les contours de son univers. Le soir, surtout, était le temps des confidences avec sa sœur, et c'est avec bonheur que Jeanne retrouvait sa chambre, son « petit cocon de soie ». Elle en avait besoin comme d'un refuge contre les violences et l'inconfort du monde auxquels les multiples figures parisiennes la confrontaient. Ce soir-là, Jeanne ne se sentait pas bien. Elle avait mal à la tête et son dos était rompu de douleurs et de fatigue par les heures de repassage. Inquiète, sa tante la dispensa de toute aide ménagère et l'expédia après souper dans sa chambre.

— Tu es toute pâle, ma grande, va dans ton lit si tu veux recommencer demain... Tu es bien délicate pour ce métier !

— Ne t'inquiète pas, on m'a dit qu'il faut le temps que le corps s'habitue. Comme dit Mlle Titreville, le métier rentre par le dos... Je suis forte, tu sais.

Elle se hâta quand même de grimper l'escalier, prise de ces nausées qui accompagnaient parfois ses migraines. Du rez-de-chausséc, Élisabeth s'écria :

— Je passerai te voir tout à l'heure !

À peine arrivée dans sa chambre, Jeanne se jeta sur son lit. Une fois allongée, les nausées se calmèrent mais son sang battait dans ses tempes. Elle préférait garder les yeux ouverts, espérant qu'en laissant errer son regard sur le dessin des rideaux elle ressentirait moins la souffrance. Quand Cécile la rejoignit, ses maux avaient presque disparu. Jeanne n'osait pas bouger, de peur que la douleur ne se réveille, mais elle sourit à sa sœur. Cécile s'assit au bord du lit et caressa ses cheveux.

— Élisabeth est montée te voir, tu paraissais dormir. Elle m'a dit de t'embrasser, dit-elle en déposant un petit baiser sur la joue de sa sœur.

Toujours sans bouger d'un centimètre, Jeanne l'observa se déshabiller, défaire son chignon, brosser ses cheveux mi-longs, entreprendre sa toilette du soir. Elle se sentait heureuse d'être là, tout simplement, heureuse du simple fait d'exister sans souffrir, de regarder sa sœur. Cécile se coucha. Jeanne garda les yeux entrouverts sur l'ombre arrondie que formait la jeune fille dans le lit. Elle la vit se tourner vers elle, accoudée sur l'oreiller.

— Ma vie est meilleure que la tienne. Ton travail est bien plus difficile et fatigant que le mien.

— Ne dis pas ça, j'aime bien ce que je fais. C'est dur, mais ça me plaît, je t'assure.

Cécile poursuivit, hésitante :

— Écoute, Jeanne, j'ai quelque chose à te confier…

— Alors ? J'écoute !

— Je crois… que je suis amoureuse d'Étienne. Depuis un moment, il me regarde d'une drôle de façon. Au début, ça me gênait, et maintenant, j'ai le cœur qui se serre quand je le vois. On se regarde dans les yeux sans rien se dire… Je pense à lui tout le temps. Jeanne, tu m'as dit que tu avais peur d'aller seule au bal des femmes du quartier Saint-Lazare. Si tu veux, fais-moi inviter. Je choisirai Étienne comme cavalier et je serai avec toi, tu n'auras plus peur. Élisabeth aussi sera rassurée.

Jeanne se tourna vers sa sœur, guettant le retour des clous dans sa tête. Mais rien ne vint. Elle était à la fois soulagée et meurtrie. Les douleurs étaient parties mais voilà que les mots de sa sœur s'enfonçaient à leur place, presque aussi violemment. Ce qu'elle éprouvait était de l'ordre du deuil, du « plus jamais ». Le petit ruban bleu allait s'envoler vers un autre cœur. Un homme était venu s'immiscer entre elles et volerait leur complicité. Elle avait bien vu, elle aussi, les regards insistants d'Étienne Walck, un des garçons boulangers employés par sa tante, en direction de sa sœur. Elle avait remarqué le trouble de Cécile, ses rougissements succédant aux pâleurs soudaines, ses airs vagues suivis de sourires qui avaient l'air de soleils. Elle s'était étonnée du temps que Cécile passait à sa toilette depuis quelques semaines. Elle poudrait maintenant son visage, relevait son chignon. Mais Jeanne n'avait pas voulu y penser davantage. Ainsi c'était donc ça ! Cécile n'avait pas de chagrin et se préoccupait seulement du bal ! Plongée dans ses pensées, Jeanne ne répondit rien à sa sœur qui comprit ce qui se passait dans son cœur.

— Toi aussi, Jeanne, tu seras amoureuse un jour et tu partiras pour te marier. Ne t'inquiète pas, je t'aimerai toujours autant. Et puis, je ne sais pas si je vais m'entendre avec Étienne. Il me plaît, mais je ne le connais guère.

Jeanne ne retint que ces mots : « je t'aimerai toujours ». Elle voulait dormir maintenant, oublier Cécile amoureuse, les fers à repasser, le tulle plissé, les plis piqués, se réfugier dans ses rêves.

— On reparlera de tout ça demain. Dors bien !

Sa nuit fut hélas loin d'être paisible. Elle rêva de linge brûlé par sa faute et de Mlle Titreville l'injuriant ; elle rêva de Cécile transformée en mégère, qui se moquait d'elle en s'éloignant au bras d'Étienne... Toute la journée du lendemain, elle fut hantée par ces cauchemars, persuadée qu'à tout moment le pire allait arriver. Mais M. Titreville lui prodigua avec sa douceur habituelle des conseils pour mieux exécuter le point de bourdon, et sa patronne la félicita sur ses progrès dans l'art du plissé creux et des tuyautés. Jeanne s'inscrivit au bal et obtint sans difficulté deux autres inscriptions pour Cécile et son amie Marguerite, la petite-fille des voisins vignerons qui ne rêvait que de sorties et de fêtes. Jeanne réfléchit : il était bien normal que sa sœur « fréquente », comme on disait. Il fallait que les choses de la vie suivent leur cours. Tout irait bien.

Comme tous les ans, et pour la sixième fois, le bal eut lieu à l'automne, dans une grande salle louée à la mairie. Des tables et des chaises étaient disposées sur le côté pour que chacun puisse se reposer entre deux danses, se restaurer et boire du cidre et des sirops, le vin étant banni pour ne pas échauffer les esprits. À la demande des organisatrices, Élisabeth avait fait confectionner des tartes aux fruits, des brioches dont elle n'avait demandé que le règlement de la « marchandise », et elle avait offert cinq gros pains sur les dix commandés pour accompagner charcuteries et fromages. En remerciement, Jeanne avait pu inviter gratuitement Cécile, Marguerite et Marie-Pierre, une ancienne élève de l'œuvre des Violettes, fondée par Adélaïde Barnabé, où les jeunes filles apprenaient à fabriquer des fleurs artificielles. Une foule de garçons se pressait dans la salle, pour la plupart maris et fiancés qui étaient déjà désignés comme cavaliers par leur épouse et fiancée. Mais d'autres, candidats esseulés, souvent les plus jeunes, espéraient être choisis le temps d'une danse et, qui sait, d'une vie.

Jeanne vivait ce bal comme une étape obligée de sa jeunesse, mais il suscitait en elle plus de malaise que de plaisir. Elle n'avait pas été habituée à la foule, ni au bruit qu'elle n'aimait pas plus que les plaisanteries grasses. Sa timidité s'accommodait mal de ce monde et de cette effervescence, bien qu'elle eût du goût pour la musique et les chansons et qu'elle se fût volontiers abandonnée au son des instruments, au rythme des airs à la mode.

Beaucoup de couples s'étaient déjà formés et les jupes tournoyaient autour des pantalons noirs. Les têtes tournaient aussi, ivres de chavirements, de volupté et de rires. De jeunes garçons se plantèrent devant Jeanne, espérant une invitation de la jeune fille. Il faut dire qu'elle ne passait pas inaperçue, avec sa cascade brune de cheveux bouclés dont elle avait relevé les côtés par des peignes à petites perles, cadeau de sa grand-mère pour ses quinze ans. Ses grands yeux mélancoliques et doux, sa mince et haute silhouette mise en valeur par sa robe bleu clair à col de dentelle la faisaient admirer de tous. Un ruban de satin d'un bleu plus soutenu ceinturait sa taille que plus d'un homme aurait désiré enserrer. Malgré son envie de danser, elle n'osait même pas regarder les candidats en attente, encore moins leur adresser un signe.

Au contraire de Jeanne, Marguerite, de nature extravertie, adorait le monde et l'agitation. Elle avait besoin de gaieté, de mouvement, et courait d'une fête à l'autre avec ravissement. Elle plaisait, avec ses yeux verts en amande, ses cheveux roux tout mousseux, son insolence qui ne dissimulait pas son grand cœur, sa sensibilité, sa gentillesse, et elle s'amusait à passer de bras en bras. Jeanne l'enviait de rire ainsi, de saisir avec tant de simplicité chaque instant de plaisir. Tout d'un coup, Marguerite abandonna son cavalier du moment et entraîna son amie dans la danse. Les crinières rousse et brune se confondirent avec sensualité, nombre de danseurs s'interrompirent pour les regarder. Cette fois, Jeanne oublia sa réserve et se libéra de ses peurs. Tout aussi soudainement, Marguerite la poussa dans les bras d'un beau jeune homme et Jeanne, sans avoir le temps de réfléchir, se laissa aller au plaisir de danser et de séduire. Elle conserva le même cavalier, déjà amoureux d'elle, jusqu'au soir. Épuisée, elle finit par s'arrêter, le salua et se laissa tomber sur une chaise, bientôt rejointe par Marguerite et Marie-Pierre. Toutes trois étaient trop fatiguées pour se parler. Jeanne observait sa sœur suspendue aux bras d'Étienne sur la piste de danse, comme décollée de la terre. Ils semblaient mus par une force étrangère à eux-mêmes, comme s'ils subissaient une attraction invisible qui faisait bouger leurs jambes malgré eux. Ils ne se souciaient de personne. Cécile avait oublié sa sœur, et Jeanne n'avait plus aucun doute : ces deux-là se marieraient bientôt et feraient leur chemin ensemble.

4

Passages

Assise sur son lit, les mains serrées entre ses genoux et les jambes ballantes, Jeanne ne pouvait détacher ses yeux du vide que laissait Cécile à la place de chaque objet, de chaque vêtement qu'elle retirait pour les placer avec soin dans les deux valises ouvertes. Cécile s'était mariée le mois précédent, mais elle était restée chez sa tante le temps que le logement prévu pour les jeunes mariés se libérât. Elle allait vivre à Paris avec Étienne. Jeanne se dirigea vers la fenêtre. Elle appuya son front sur la vitre, et les passants, la carriole à cheval arrêtée sur la place de l'Église lui apparurent à travers un brouillard. Elle ne savait d'ailleurs pas trop si c'était la buée de la vitre ou les larmes qui troublaient sa vue. Cécile s'approcha de sa sœur et posa sa tête sur son épaule.

— Je ne te quitte pas, Jeanne. On ne sera pas loin l'une de l'autre, tu le sais bien. On se verra souvent et on aura plein de choses à se raconter !

— Tu vois comme je suis bête… Je suis contente pour toi, j'ai l'espoir que tu seras heureuse, et pourtant, l'idée de ne plus retrouver les choses comme avant et de ne plus t'avoir toujours avec moi me fait mal.

Cécile se fâcha gentiment.

— Jeanne, tu as ta vie à construire de ton côté !

— Je sais bien que tu as raison. J'ai beau me raisonner, me dire toute la chance que j'ai d'être ici... À côté de la vie à Créancey ou de celle d'Amélie... Mais j'ai toujours peur d'être seule. Je ne sais pas comment te l'expliquer. J'ai l'impression qu'il y a un grand vide en moi que seule la présence à mes côtés des gens que j'aime vraiment parvient à remplir. Dès que l'un d'entre eux s'en va, ça se creuse à nouveau dans mon ventre ou dans ma tête, je ne sais pas. Grand-mère, Ninette me manquent. Et maman m'a tellement manqué...

— Je connais ça aussi. Allez, aide-moi à ranger, ça vaudra mieux que de me regarder en pleurant ! Quand je pense qu'on t'appelle la Sage ! Jolie comme tu es, c'est toi qui vas bientôt m'abandonner pour un bel amoureux !

Jeanne soupira. Tout le monde voulait toujours qu'elle ait un amoureux ! Pourtant, aucun garçon ne lui avait jamais déclaré sa flamme et jamais elle n'avait ressenti les émois éprouvés par les jeunes filles dans les romans ou les battements de cœur dont Marguerite lui parlait avec délices. Sans doute, avec le jeune homme du bal, avait-elle vécu quelque chose d'inconnu jusqu'alors, mais ce n'était que l'effet de la danse, la surprise du premier contact avec un corps d'homme. Ni son cœur ni ses sens n'étaient en quête d'amoureux.

Quelques heures plus tard, Élisabeth à son côté, un bras entourant son épaule, Jeanne regardait la carriole emporter sa sœur. Un instant abîmée dans une contemplation inquiète, elle se demanda si elle aussi partirait un jour au bras d'un mari, si ces tendresses furieuses, ces attentes fébriles que l'on décrivait dans les feuilletons et que l'on chantait à longueur de ritournelle s'éveilleraient bientôt en elle.

Ses questionnements furent bientôt chassés par de nouvelles préoccupations. Sa grand-mère était malade. Marie Guillier, qui allait avoir soixante-dix-huit ans, avait écrit à sa fille une lettre dans laquelle elle lui avouait une grande fatigue et un amaigrissement important, avec des douleurs diffuses. Le médecin avait diagnostiqué une tumeur du côté du ventre. Sa voisine, Mme Maloir, l'aidait de son mieux, faisait le gros du ménage, lui apportait à manger. Élisabeth avait remarqué combien l'écriture de Marie avait changé. Les lettres étaient mal formées, tremblotantes, certaines phrases n'étaient pas achevées. Elle prit aussitôt sa décision : elle irait chercher sa mère et la soignerait chez elle. Le jour même de la réception de la lettre, elle la prévint par un télégramme qu'elle viendrait avec Alfred le dimanche suivant, et pria Mme Maloir de s'occuper des bagages.

Jeanne eut peine à reconnaître sa grand-mère dans la vieille dame au teint cireux, aux joues creusées et au regard absent qui arrivait à la maison, soutenue par Élisabeth et Alfred. Son énergie, ses sourires s'étaient envolés. Elle semblait courbée sous le poids de sa maigreur, comme si ses os étaient trop lourds à porter pour son corps privé de muscles et de chair. Alors que Jeanne s'attendait à ce que sa grand-mère manifeste sa joie de la retrouver par une caresse ou un baiser, Marie sembla à peine la voir, se laissa embrasser sans réagir, pressée d'arriver à sa chambre, concentrant son attention et ses efforts sur la mobilité de ses jambes. Ce fut pour Jeanne un effondrement. Les larmes qu'elle s'efforçait de retenir lui brûlaient les yeux. Cécile et elle s'étaient toujours raccrochées à cette racine solide et profonde dans leurs moments de détresse. Élisabeth, qui partageait et comprenait ce que Jeanne ressentait, tenta quelques paroles d'apaisement.

— Ta grand-mère est fatiguée par le voyage. Elle va se reposer, tu pourras lui parler demain.

Elle l'installa dans sa propre chambre, où un deuxième lit avait été installé. Dès lors, la vie s'organisa autour de Marie et de sa santé. Les bons jours, elle allait de la chambre à la cuisine, réclamant des légumes à éplucher ou essayant de reprendre les intrigues compliquées de Jeanne Fortier dans *La Porteuse de pain*, si alambiquées qu'elle devait toujours recommencer sa lecture. Les mauvais, la vieille femme se recroquevillait dans son lit sans qu'on réussît à la soulager de ses maux.

Jeanne avait retrouvé Amélie à l'atelier. Grâce aux bons soins des sœurs, elle la trouva guérie. Mlle Titreville, qui avait contribué à sa prise en charge par les religieuses – ses dons annuels n'y étaient pas étrangers –, se sentait tout de même une part de responsabilité dans la maladie de la jeune fille. Ses employées avaient beau être mieux payées qu'ailleurs, elle était consciente de la difficulté de vivre avec d'aussi bas salaires et poussait Amélie à se marier. Jeanne s'en amusait. Le soir, en sortant de l'atelier, elle prenait Amélie par le bras et contrefaisait la voix pointue de leur patronne :

— Je veux dire… Elle devrait bien épouser un bon garçon. Elle serait moins en peine de gagner sa vie. Elle n'est pas comme Jeanne qui a sa chèèère tante pour veiller sur elle !

Les deux jeunes filles riaient et Jeanne désignait tous les beaux garçons qu'elles croisaient comme autant de fiancés possibles. La guérison d'Amélie adoucissait sa peine. Elles s'échangeaient de temps en temps des chapitres de romans découpés dans les journaux. Les rubriques de « rez-de-chaussée* » offraient les feuilletons du moment. Jeanne et Amélie affectionnaient *Le Petit Parisien* ou *Le Petit Journal*, qui publiaient régulièrement trois rez-de-chaussée. Amélie avait ainsi prêté à Jeanne un roman d'Émile Zola qui avait fait grand bruit à l'époque de sa publication, en 1879 dans *Le Voltaire*. Elle lui avait raconté l'énorme publicité dont avait fait l'objet ce livre, « appelé, comme l'avait écrit Jules Laffitte, le directeur du journal, à produire une énorme sensation ». Le nom de Nana avait couvert tous les murs de Paris. Jeanne n'avait pas aimé ce roman. Trop cru, trop osé. Elle avait été choquée par certaines scènes, par cette prostituée mangeuse d'hommes, et n'avait été

* Quart du bas de page d'un journal.

touchée que par Nana retrouvant toute la pureté de l'enfance à la campagne, ou mourant dans la décomposition de ses chairs. Ce Zola, qui se complaisait dans le sordide, devait être un affreux personnage, et ce n'était sans doute pas pour rien que les caricaturistes le représentaient en gros homme ridicule avec son lorgnon, sa tête énorme et disproportionnée.

Jeanne en était encore à réfuter les arguments d'Amélie défendant Nana quand elle arriva à la boulangerie. Elle pressa le pas, espérant trouver sa grand-mère levée. La veille, elle était restée couchée mais elle ne souffrait pas ; elle avait même pris un peu de bouillon et une assiette de compote dans la soirée. Avant de partir à l'atelier ce matin, Jeanne avait jeté un coup d'œil dans la chambre d'Élisabeth. Marie dormait. Mais quand elle poussa la porte et vit sa tante venir au-devant d'elle en pleurant, puis la prendre dans ses bras, Jeanne comprit. Marie reposait, inerte, sur son lit.

Élisabeth caressa les cheveux de sa mère.

— Quand je suis allée la voir ce matin pour lui porter ses remèdes avec son café, elle était morte. Elle a dû s'éteindre très tôt ce matin. Elle semblait dormir quand je me suis levée, je ne me suis aperçue de rien.

Jeanne embrassa sa grand-mère et laissa un moment sa joue posée contre la sienne. Ce 20 mars 1885, cette étreinte glacée fut son dernier adieu.

L'apprentissage de Jeanne touchait à sa fin. Elle était parvenue à parfaire aussi bien sa pratique de la broderie que celle du repassage. Elle avait passé une partie de la semaine à monter des coins d'oreiller fixés avec des jours, à exécuter différents genres de reprises : reprises satinées, damassées, perdues à la machine ou rendues invisibles dans le drap, art délicat que peu de lingères maîtrisaient. Pour ce dernier travail, elle utilisait ses propres cheveux, plus solides et plus discrets que les fils, même de soie. Les ouvrières l'observaient du coin de l'œil lorsqu'elle détorsadait son chignon ou dénattait sa magnifique chevelure brune. Toutes auraient aimé brosser ces cheveux dont elles rêvaient, mais c'était le privilège de M. Titreville qui déroulait les longues mèches jusqu'au bas des reins et les peignait avec mille précautions. Il fallait récupérer les cheveux avec la racine dont Jeanne se servait pour enfiler l'aiguille. La reprise perdue exigeait beaucoup de minutie. Après avoir coupé le tissu abîmé au rasoir, car le ciseau aurait enlevé tout le duvet qui devait retomber sur la couture pour l'estomper, elle insérait la nouvelle pièce de drap en la fixant par des points de surjet, puis introduisait son cheveu dans l'aiguille qu'elle enfilait à deux ou trois millimètres du bord. Sans la faire ressortir de l'étoffe, elle la glissait dans l'épaisseur même du drap, enfermant son cheveu dans l'écrin d'étoffe.

M. Titreville pouvait désormais lui confier la broderie de blanc pour la garniture de la lingerie et des objets de toilette : essentiellement la broderie en relief au point de feston et au plumetis avec lesquels elle marquait la lingerie d'initiales et de monogrammes. Le patron, quant à lui, se réservait les tâches les plus sophistiquées à la machine : broderies anglaise, Renaissance, Richelieu, et la vénitienne que lui commandait une clientèle aisée. Il créait ses propres dessins, avait le même talent que sa sœur pour composer des modèles de robes ou pour jouer avec la mousseline et monter des manches à dentelles à la fois simples et somptueuses.

Jeanne se disait souvent qu'il était bien dommage que son patron, un homme rassurant, patient et respectueux, ne se fût jamais marié. Peut-être était-ce la cause de son air un peu triste. Comme l'avait dit Marinette, il était pourtant fait pour rendre une femme heureuse. Gasparine, songeuse, avait ajouté :

— Mlle Titreville a été fine mouche. Elle a préféré un frère comme lui à un mari… (Elle ne trouvait pas de qualificatif.) Un mari, quoi !

Jeanne s'attendait à ce que Mlle Titreville lui propose maintenant de l'engager comme petite ouvrière. Elle pouvait espérer gagner enfin deux francs cinquante par jour. Mais elle n'osait pas prendre les devants et demander son changement de statut. Mlle Titreville s'attardait parfois autour d'elle. Jeanne avait l'impression qu'elle cherchait à lui parler, mais les choses en restaient là. Un soir, pourtant, la patronne s'approcha d'elle. Elle avait eu une journée chargée, ayant passé beaucoup de temps avec des clientes indécises, une particulièrement, qui avait exigé un corsage froncé sur empiècement de guipure avant de repousser le résultat avec un air dédaigneux en demandant un corsage blousé avec une berthe en dentelle. D'autres avaient réclamé des retouches impossibles à effectuer.

— Je veux dire… Il faut que je vous parle.

C'était la première fois que Mlle Titreville s'adressait à elle autrement qu'à la troisième personne, et cela n'augurait rien de bon.

— Je ne vais pas pouvoir vous garder comme ouvrière.

Jeanne eut une impression de vertige ; elle eut d'abord très chaud, puis très froid. Son cœur cognait. Mlle Titreville poursuivit :

— Même si les commandes peuvent vous paraître nombreuses en ce moment, puisque c'est la haute saison, nous subissons la crise. Vous le savez, Jeanne, les industries textiles sont touchées. Nous sommes obligés de facturer nos commandes bien plus cher et une partie de la clientèle ne suit pas. La Samaritaine et le Printemps nous rétribuent de plus en plus mal. Actuellement, il ne nous est pas possible de payer une ouvrière de plus.

Son visage était soucieux, fatigué. Elle évitait le regard de Jeanne.

— J'aurais aimé vous garder, vous êtes habile et sérieuse, et mon frère a un vrai chagrin de vous perdre.

Elle s'interrompit, en la regardant cette fois, et reprit :

— Vous trouverez facilement autre chose dans un plus grand atelier, je vous ferai un bon certificat. Notre maison est réputée et ce sera un atout pour vous d'avoir fait votre apprentissage ici.

Jeanne était restée sans bouger et sans rien dire. Quand Mlle Titreville l'avait abordée, elle était sur le point de sortir et avait déjà enfilé son manteau et pris son parapluie, qu'elle avait gardé à la main durant l'entretien. Elle s'en alla, son parapluie toujours à la main, comme si le temps s'était arrêté quelques instants, comme si elle avait entendu ces paroles en songe.

5

La maison Hédouin

Jeanne ne pouvait pas ignorer la situation économique du pays en cette année 1885. L'inquiétude était générale, entretenue par la presse qui décrivait une crise frappant toutes les industries, en particulier celle du textile, touché par la hausse des prix des cotonnades, du lin, de la laine et de la soie, qui privait de travail une main-d'œuvre surtout féminine. Les hommes, eux, subissaient l'effondrement de 40 p. 100 des activités du bâtiment à Paris, tandis qu'un cinquième des métallos se retrouvait sans travail. Jeanne la Sage, Jeanne la sérieuse, la travailleuse, ne se montrait pas pour autant soumise à un ordre social enrichissant les uns de façon scandaleuse et condamnant les autres à la misère. La situation d'Amélie l'avait meurtrie et révoltée. Elle avait aussi entendu parler d'une jeune lingère qui, bien que travaillant dur, vivait si misérablement qu'elle s'était donné la mort en se jetant du sixième étage d'un immeuble dont elle occupait une mansarde qu'elle ne pouvait plus payer. Jeanne avait une pleine conscience des injustices économiques et sociales, les yeux grands ouverts sur les grèves qui agitaient le monde du travail, s'étonnant même de la timidité des ambitions de nombreux revendicateurs qui ne visaient qu'à défendre la sauvegarde de salaires très bas pour de longues journées de labeur. Mais elle savait aussi que des patrons comme les Titreville vivaient dans une aisance toute relative en s'épuisant eux-mêmes à la tâche et en se battant chaque jour pour équilibrer les comptes et maintenir leurs maigres bénéfices.

Elle consacra les jours suivants à consulter les petites annonces affichées aux portes des boutiques ou des ateliers. Des couturières étaient recherchées, mais elle ne trouva qu'une seule offre de lingère, avec une proposition de salaire si faible qu'elle ne se présenta même pas. Marguerite, qui gagnait maintenant sa vie comme modèle pour des peintres, lui conseilla d'aller tenter sa chance auprès d'un grand atelier de la rue de la Paix.

— Je te préviens, ma cocotte, ça n'est pas pour rien qu'il y a souvent de l'embauche dans cette maison. Des vieux radins, à ce qu'on m'a dit, qui pensent te faire un cadeau avec leurs deux francs et qui te payent à la journée sans faire la différence entre les jours et les nuits. Ils ne te méritent pas, mais je sais bien que les temps sont durs.

— Je vais tenter quand même, je ne veux pas rester sans travail à la charge de ma tante.

Marguerite, un peu moqueuse, s'agenouilla aux pieds de Jeanne, les mains jointes.

— Sainte Jeanne, priez pour moi, j'en ai bien besoin !

Elle leva son petit menton pointu vers son amie, réconfortée par le vert malicieux de ses yeux et le roux éclatant de ses cheveux.

— Il y a des moments où j'aimerais être une coquine comme toi. Tu ressembles à une chatte, tu es aussi maligne que câline.

— Et toi, il faudra que tu apprennes à griffer un peu. Sinon, avec tes airs de petit oiseau tombé du nid, tu seras une proie facile pour les gros matous.

La maison Hédouin, rue de la Paix, recherchait en effet une lingère. Jeanne fut embauchée par l'une des trois responsables, guère prodigue de formules d'accueil. Ces trois « chefs » étaient elles-mêmes employées par des patrons que l'on ne voyait jamais. À peine Jeanne eut-elle décliné son bref curriculum que la responsable la conduisit devant les tables de repassage, lui lançant en chemin, comme un détail sans importance, qu'elle serait rétribuée « normalement » : deux francs par jour.

Jeanne entrait dans un nouveau monde où le labeur réduisait les femmes à l'état de bêtes de somme. Avec des machines installées par rangées à distance les unes des autres, les couturières ne pouvaient pas se parler. De toute façon, le bruit et le rythme de travail étaient tels qu'elles auraient eu peine à échanger un mot. Elles étaient de surcroît encadrées par des surveillantes qui faisaient envier la prison où là, au moins, elles auraient été nourries sans avoir à s'épuiser à la tâche. Elles ne disposaient que d'un quart d'heure à midi pour manger sur leurs genoux ce qu'elles apportaient. Et les veillées succédaient aux journées de douze heures sans même leur laisser le temps de dîner.

Dans la salle de repassage, les poêles en fonte sur lesquels on mettait à chauffer les fers dégageaient une température si élevée que les lingères étaient souvent prises de malaises. Beaucoup souffraient d'œdèmes, de douleurs aux jambes et au dos. Le poids des fers, la répétition quotidienne des mêmes gestes déformaient leurs articulations et rendaient souvent leurs poignets et leurs épaules infirmes. La déshumanisation était l'arme de la direction. Où et comment ces ouvrières entretenues dans l'abrutissement auraient-elles trouvé la force de se révolter ? Leur seul salut était de quitter cet enfer. La majorité le faisait assez rapidement, vite remplacées par d'autres qui connaissaient le même sort et partaient à leur tour. Les ouvrières n'avaient pas le temps de se connaître, d'être solidaires les unes des autres et de s'organiser pour résister. Pendant plus d'un an, Jeanne se coula dans ce moule qui façonnait des êtres fossilisés sur leurs machines, vivant côte à côte, invisibles aux autres et à eux-mêmes.

La vie de Jeanne avait bien changé. Ce nouveau travail, trop éloigné de Courbevoie, l'avait obligée à quitter le domicile de sa tante pour s'installer chez sa sœur. La rue du Champ-de-

DEVAL

Mars, où habitaient Cécile et Étienne, était à vingt minutes de la rue de la Paix, et Cécile lui avait proposé d'occuper une petite chambre libre dans son logement. Étienne n'y avait rien trouvé à redire. D'ailleurs sa belle-sœur n'était guère encombrante. Partie très tôt le matin, rentrée au mieux vers huit heures, sa silhouette ne faisait que glisser fugitivement de la cuisine à la chambre, présence discrète et fragile.

Le dimanche, Jeanne avait peur de déranger l'intimité du couple et elle s'arrangeait pour s'éloigner. Elle retrouvait parfois Amélie, Marguerite ou encore des camarades de l'atelier, mais la plupart du temps elle marchait seule, s'achetait un petit pain et une barre de chocolat qu'elle allait manger sur un banc au parc du Champ-de-Mars. Elle restait longtemps à regarder passer les jeunes couples qui s'enlaçaient, s'embrassaient en riant, les familles avec leurs enfants endimanchés promenant des poupées, poussant un cerceau, tirant un petit cheval sur roulettes. Tout ce monde avait l'air bien à l'aise dans la vie ; les gens paraissaient sûrs d'eux, soudés, joyeux. Il n'y avait que les vieux, pensait-elle, qui soient comme elle, assis, seuls et un peu tristes sur un banc. Elle se dit une fois de plus qu'elle n'était pas comme tout le monde, qu'il n'était pas normal qu'une jeune fille de son âge passe des dimanches aussi mélancoliques. Encore que, au fond d'elle-même, elle se sente bien en contemplatrice de la vie parisienne. Elle aimait se laisser distraire par le passage des oiseaux qui portaient en eux l'infini du ciel, le mystère des espaces lointains. Splendeurs et misères du monde. Car les oiseaux, gelés et affamés l'hiver, qui se chamaillaient pour une miette de pain, tremblotaient dans le givre ou s'immobilisaient dans la raideur de la mort, incarnaient sur les planches de leur théâtre tragique et charmant la condition et le destin des hommes.

Jeanne était traversée confusément par toutes ces pensées, mais une autre revenait de façon précise et obstinée : elle n'avait pas de fiancé. Elle allait sur ses vingt ans, tout le monde lui disait combien elle était jolie et gentille, elle se faisait siffler dans les rues et courtiser assidûment dans les quelques bals où on la conviait, mais rien n'y faisait : elle ne tombait toujours pas amoureuse. Aucun garçon fréquenté ne l'avait séduite, aucun d'eux ne ressemblait aux hommes délicats, poètes, romantiques qui faisaient chavirer les cœurs féminins dans les feuilletons.

Bientôt, ses moments d'errance solitaire le dimanche se multiplièrent avec l'éloignement de ses amies. Marguerite, qui venait de se mettre en ménage avec un peintre dans le quartier des Batignolles, côtoyait maintenant la bohème, et Amélie allait épouser un maçon veuf et père d'une petite fille. Une solitude accrue par la période d'hiver où, pour éviter les retours la nuit, elle espaça les visites à sa tante.

Avec le printemps revinrent les envies de distractions, de légèreté, de rencontres. À l'atelier, Jeanne s'était liée d'amitié avec Sandrine, une petite main employée depuis peu qui l'invita à se rendre avec elle à la grande fête foraine qui avait lieu tous les premiers dimanches de mars vers la place de l'Opéra. La plupart des ouvrières allaient tous les ans s'y distraire ; c'était devenu un rituel. Cette proposition tombait au bon moment et Jeanne vit arriver ce premier dimanche de mars comme le signe d'un renouveau aussi mystérieux qu'imprécis.

Toute la journée, elle joua et se laissa tourner la tête avec les chevaux de bois ; elle se laissa fasciner par les oiseaux exotiques qui avaient l'éclat de ses songes. En soirée, elle se retrouva avec des couturières de la maison Hédouin sous un chapiteau où l'on avait installé des tables et des chaises et où l'on pouvait commander un cornet de pommes de terre frites accompagné d'un verre de vin chaud. Peu à peu, les conversations glissèrent des amusements de la journée aux entrailles de l'atelier, dont l'évocation flétrit les visages. Andrée, une des plus anciennes, regardait Jeanne avec une bienveillance inquiète.

— Tu veux que je te dise, Jeanne, si tu ne te sauves pas de cette maison, tu seras vieille dans dix ans.

Louise, une des lingères, ne la laissa pas poursuivre.

— Arrête de lui faire rêver je ne sais quoi, c'est partout pareil. On est des bêtes à travail partout.

— Tu as raison. Les filles qui sont parties n'ont rien trouvé de mieux. Et Rose, qui est installée à son compte, travaille dix-huit heures par jour.

Personne ne répliqua à cette dernière vérité de Francinc, une ouvrière confirmée qui avait connu de nombreuses maisons à Paris. Jeanne, elle, se revoyait dans la salle de repassage, soulevant par la tige les fers en forme de boule qui avaient chauffé sur les poêles pour repasser cols, bonnets ou manchettes, selon la technique du tuyautage. Combien de tuyautés réalisés dans une journée ! Il lui arrivait souvent, quand elle se mettait au lit, de conserver, collées à ses yeux, les images de ces tuyaux juxtaposés ornant les plissés et les arrondis de manches ballon ou de bonnets. Il lui fallait un moment pour parvenir à détendre son dos encore douloureusement crispé dans la position de travail. Jeanne s'abîmait ainsi dans des pensées moroses quand un homme s'approcha.

— Je suis Antoine, vous me reconnaissez ? Le livreur de chez Baudu. C'est moi qui apporte les étoffes et les draps le lundi chez Hédouin. On ne s'est jamais parlé, mais je vous connais, allez !

Il s'assit à côté d'elle. Il avait un visage doux et franc, des yeux clairs et deux fossettes qui gravaient sur ses traits l'innocence de l'enfance. Jeanne ne savait que lui dire, mais elle n'en fut guère embarrassée : le jeune homme était intarissable. Antoine, qui côtoyait quotidiennement le monde des couturières, lui confia que le rythme et la charge de travail imposés dans la plupart des maisons, ainsi que l'insignifiance des salaires l'indignaient. Mais il ajouta que les ateliers où le labeur était moins harassant et mieux payé existaient. En nuançant son propos, sans le savoir, il venait d'allumer en Jeanne une lueur d'espoir.

La nécessité de mieux gagner sa vie se fit bientôt plus pressante. Cécile était enceinte. La venue prochaine d'un bébé au domicile de sa sœur rendrait impossible qu'elle y demeurât plus longtemps, même si celle-ci tentait de la persuader du contraire. Sa décision était prise : dès que sa sœur aurait accouché, elle chercherait une chambre à louer. Faisant fi des gardes-chiourme de la maison Hédouin, Antoine ne manquait pas, à chacune de ses livraisons, de traverser les ateliers en sifflotant et de lancer des compliments à la cantonade sous les regards furibonds des chefs. Ce matin-là, c'est Jeanne qui eut les honneurs du jeune livreur.

— Ah, vous dirai-je, belle Jeanne, ce qui cause ma sérénade…

Tout en tournoyant autour d'elle, il lui glissa à l'oreille :

— J'ai quelque chose d'important à vous dire. Je vous attendrai ce soir, place de l'Opéra.

Il venait d'apprendre qu'une cliente de ses patrons, qui se plaignait de sa domesticité, avait besoin d'une lingère habile car elle avait la passion du beau linge et des armoires parfaitement remplies. En cheminant vers la place de l'Opéra, Jeanne était loin d'imaginer que ce rendez-vous allait changer sa vie. Elle pensait qu'Antoine avait trouvé l'adresse d'une chambre à louer. Ou bien, étant donné son caractère fantasque et son penchant manifeste pour elle, avait-il inventé un prétexte pour la courtiser ?

Tout se passa très vite. Rendez-vous, entrevue avec les patrons d'Antoine. Avoir fait son apprentissage chez les Titreville était déjà un gage de qualité. Un excellent certificat, une élégance discrète doublée d'une allure sage et sérieuse achevèrent de convaincre les employeurs du jeune homme que la demoiselle pourrait bien convenir à leur cliente.

Nouveau rendez-vous, nouvelle entrevue et grande émotion pour Jeanne. La dame, la riche bourgeoise à l'allure sévère mais qui l'avait regardée avec bonté, s'appelait Alexandrine Zola. Madame Émile Zola.

Troisième partie
UN GREUZE

1

Médan

Dans le train qui la conduisait à Médan, Jeanne repensait aux jours qui venaient de s'écouler, un peu comme si elle cherchait à se souvenir d'un rêve. Les images s'emmêlaient, se superposaient d'une façon étrange. Tel un puzzle inachevable, elle ne pouvait assembler avec cohérence tous les épisodes de la semaine. Elle revoyait le patron, M. Baudu, l'introduisant dans un petit salon où l'attendait, assise sur un sofa rouge, « la dame ». M. Baudu les avait laissées. D'un geste de la main, Mme Zola l'avait priée de s'asseoir en face d'elle. Ses lèvres minces, son nez droit, tombant presque jusqu'aux lèvres, lui donnaient un air un peu sévère, énergique en tout cas. Mais ses yeux, longue fente brillante aux extrémités tirant légèrement vers le bas, la dotaient d'un regard à la fois perçant et souriant qui mettait en confiance. La dame avait de beaux cheveux bruns, épais, qui formaient comme un diadème au-dessus de son front et se rassemblaient en un chignon haut, fixé par de jolies épingles. La jeune fille était frappée par l'intelligence de son visage qui faisait d'elle, en dépit de sa corpulence, une belle femme.

L'entretien avait été de courte durée. Aux excellentes appréciations des Titreville, Jeanne avait joint un certificat très flatteur, lui aussi, de la maison Hédouin. Mme Zola lui avait demandé de lui retracer son parcours. Avait-elle un fiancé ? Pourquoi avait-elle voulu quitter sa place ? Elle lui avait expliqué ce qu'elle attendait d'elle : un travail soigné de lingère, et des services de femme de chambre. Contrairement à ce qu'avait pensé Jeanne, ce n'était pas à Paris qu'elle serait employée. Si elle acceptait la place qui lui était proposée, elle irait vivre à un peu moins de vingt-cinq kilomètres de Paris, à Médan, un village de deux cents habitants au nord-ouest de Paris, sur la rive gauche de la Seine, entre Poissy et Triel. Cela faisait tout juste dix ans, avait ajouté Mme Zola, que son mari et elle en étaient propriétaires.

— Nous sommes en pleine campagne, vous serez dans un cadre reposant !

Reposant ou pas, ce coin de campagne ferait l'affaire. Jeanne était prête à partir pour ce bourg qui ne l'éloignait guère de Paris. À peine avait-elle reçu l'information d'Antoine qu'elle avait donné son congé chez Hédouin. Il lui fallait retrouver au plus vite un travail, et celui-ci ne pourrait pas être pire qu'à l'atelier. La rétribution offerte par sa future patronne lui convenait et elle était décidée à la suivre.

Trois jours plus tard, elle était au rendez-vous que lui avait fixé Mme Zola, gare Saint-Lazare. Celle-ci avait tenu, en partie dans la crainte que Jeanne ne lui échappe, à accompagner sa nouvelle lingère à Médan. Cela lui permettrait aussi de faire connaissance avec elle, de lui présenter la région, le village. Assise en face de Jeanne dans le wagon de tête, Alexandrine Zola affichait la même satisfaction que lorsque la jeune ouvrière lui avait déclaré qu'elle serait heureuse de travailler pour elle. Jeanne était sensible à l'élégance de sa patronne, assise le buste bien droit. Une main posée sur ses genoux tenait une paire de gants fins. Elle portait un chapeau recouvert de tulle que soulignait sur la droite une arabesque de fleurs blanches, illuminée de quelques perles. Jeanne identifiait chaque pli de son corsage, dévoilé par l'échancrure de la veste cintrée, au col orné d'un jabot de mousseline. Mais ce qu'elle admirait le plus, c'était le regard de celle qui serait maintenant pour elle « Madame », regard à cet instant perdu dans les lointains du paysage défilant mais qui trahissait autant la détermination et la droiture que l'interrogation, l'attendrissement, mêlés d'une vague inquiétude. Les sourcils doucement arqués et les cernes sous ses yeux formaient comme l'ombre d'une souffrance lointaine. Jeanne l'écoutait parler de son amour du beau linge, d'une robe qu'elle s'était confectionnée elle-même, de tout le travail que lui donnait la propriété de Médan, sans qu'elle s'en plaignît d'ailleurs. Elle répondait timidement à ses questions mais n'osait pas elle-même en poser. Elle verrait bien, de toute façon, ce qu'on lui demanderait de faire et comment s'organiseraient ses journées.

Quand Jeanne s'imaginait à Médan en présence du maître de maison, une onde douloureuse lui traversait la poitrine. Il y avait d'abord l'intimidation, la peur de croiser un homme célèbre qui côtoyait les plus grandes personnalités de la vie parisienne et dont chaque livre se vendait par dizaines de milliers d'exemplaires. Mais il y avait aussi la peur de ce romancier qui n'écrivait pas que des belles choses, comme le disaient les journaux. Elle n'avait d'ailleurs pas osé lire son dernier roman, *La Terre*, tant il avait été décrié par la presse lors de sa parution : « Ignoble, immonde, ordurier, obscène, littérature putride ». Elle voyait l'écrivain très laid, gros, avec, derrière ses lorgnons, des yeux de vieux chien triste. Enfin, elle ne le rencontrerait guère dans la lingerie que lui avait décrite Mme Zola. À peine le croiserait-elle de temps à autre.

Plus les deux femmes se rapprochaient de leur destination, plus le cœur de Jeanne se serrait. Pourtant, rien de plus doux, de plus paisible que cette campagne en bord de Seine. C'était un damier de coteaux verdissants, de vergers offrant au ciel leurs promesses de délices sucrées. Fraîcheur et ondoiement des prairies, rubans soyeux de noyers, petites maisons paysannes... Six ans qu'elle avait quitté sa campagne, et voilà qu'elle retrouvait son élément originel. Mais les champs de céréales, les prés, les vignes ne composaient pourtant pas le même univers. On était proche de Paris et Mme Zola lui avait donné des précisions sur Médan et ses habitants : les paysans, qui constituaient la majorité de la population, étaient propriétaires de leurs parcelles, petites ou moyennes, et vivaient dans une relative aisance en vendant leur production sur les marchés de Poissy ou de Meulan. Une campagne qui n'avait pas la dureté de celle de son enfance.

Comme six ans plus tôt à la gare de Courbevoie, une carriole les attendait à la station de Villennes. Deux kilomètres plus loin, l'aide-jardinier qui menait l'attelage s'engagea dans une longue allée de tilleuls donnant sur le côté droit de la propriété. Mme Zola fit descendre Jeanne, l'air pressé.

— Venez, je vais vous faire visiter la maison.

À peine Jeanne eut-elle le temps de jeter un coup d'œil sur le parc – petit jardin à la française devant la maison, agrémenté d'un bassin rond, et, plus loin, jardin anglais parsemé d'allées, de massifs, de bosquets et de tonnelles – qu'elle se trouva face à une construction originale, à la fois solide et raffinée. Au milieu, une petite maison avec une porte centrale encadrée de deux fenêtres au rez-de-chaussée, et un étage à trois fenêtres, surmonté d'une double fenêtre sous le toit d'ardoise. À droite et à gauche de ce bâtiment, deux tours avaient été accolées. Mme Zola expliqua qu'il n'existait que la partie centrale lorsque son mari et elle avaient acquis la maison dix ans plus tôt, les tours ayant été édifiées par la suite. Émile Zola en avait été l'architecte. La tour de droite, carrée, comportait deux étages avec, au dernier, une grande baie vitrée de douze carreaux et un étroit balcon de même largeur. Celle de gauche, à pans coupés, comptait un seul étage, et trois hautes fenêtres au rez-de-chaussée. Chacune des tours était recouverte d'une toiture en terrasse à l'italienne. Mme Zola, voyant Jeanne le regard attiré vers la tour de gauche, s'approcha d'elle :

— C'est la lingerie où vous travaillerez. Elle occupe la moitié de l'étage. Vous logerez dans l'autre moitié. Tenez, je vous y emmène.

Alexandrine, depuis son arrivée, avait changé de visage. Elle redevenait la patronne, menant la visite tambour battant. Elle invita Jeanne à la suivre vers la cour d'entrée. Après avoir franchi une étroite porte, les deux femmes s'engagèrent dans un couloir d'un mètre de large. À gauche, un escalier montait au premier étage où se trouvaient plusieurs chambres. En empruntant le petit escalier du bâtiment central, elles accédèrent au palier du deuxième étage. Mme Zola, en maîtresse de maison fière de son intérieur, précisa :

— Deux chambres à gauche, à côté, la penderie. Et voici maintenant la lingerie, dit-elle en s'avançant dans la tour prolongeant la partie centrale.

Jeanne s'efforçait de conserver un air appliqué, de se montrer intéressée par l'aspect fonctionnel de la pièce. Avec une mine de professionnelle, elle observait la grande table rectangulaire recouverte de tissus et de matériel de couture, la machine à coudre près de la fenêtre, les hautes armoires en sapin. Mais au fond, elle avait envie de sauter de joie. Cette lingerie où elle passerait tant d'heures était accueillante, gaie, très claire avec ses trois fenêtres donnant sur le jardin. C'était un de ces lieux propices à la confidence, au rêve, où elle se sentait à l'abri.

— L'autre moitié de l'étage est réservée au logement des gens de maison. Vous y aurez votre chambre, reprit Mme Zola.

Jeanne vit que ses affaires y avaient déjà été déposées. Sa patronne lui montra le chemin pour redescendre au rez-de-chaussée. En passant, elle désigna les trois chambres du premier étage : celle de Mme François Zola, Émilie Aubert, la mère du romancier, morte ici même le 17 octobre 1880, une chambre d'amis et celle des maîtres de maison. Mme Zola poursuivit la visite dans la tour carrée. « La tour Nana », précisa-t-elle. Elle introduisit Jeanne dans la cuisine au beau carrelage bleu et blanc sur les murs et le plafond, magnifiquement équipée d'une rôtissoire, d'une cuisinière en fonte et de toute une série de casseroles et de plats en cuivre pendus au mur. Jeanne fut surtout impressionnée par le vitrail ornant la porte, qui représentait un homme en veste grenat et pantalon bleu, tenant un pain de quatre livres qu'il était sur le point d'engloutir. Elle apprendrait peu après qu'il s'agissait du comédien Dailly, acteur de la pièce tirée de *L'Assommoir*. De la salle à manger, Jeanne n'eut que le temps d'apercevoir la richesse du mobilier. Tant de choses l'étonnaient ! Des fleurs de lis au plafond, des carreaux de Delft aux murs encadrant un tapissage de cuir... Et encore des vitraux à figurines. Mme Zola lui avait dit religieusement, en levant la tête, qu'au-dessus de la salle à manger se trouvait le cabinet de travail de son mari. Du coup, Jeanne avait eu envie de quitter la pièce, comme si les pieds de l'écrivain risquaient de lui écraser la tête.

Elle suivit sa patronne, qui traversait la maison pour lui montrer la salle de billard au rez-de-chaussée de la tour opposée. La « tour Germinal ». Un salon, puis une autre pièce qui servait d'antichambre, et Mme Zola fit un geste de la main pour faire entrer Jeanne dans la salle de billard. La jeune fille sentait toute sa fierté à lui faire découvrir une telle pièce. Elle en comprit la raison. Après avoir franchi une ouverture dont un rideau de perles tenait lieu de porte, Jeanne ne sut plus où donner du regard : dallage de mosaïque en marbre blanc décoré de fleurs et d'une salamandre devant la cheminée, plafond peint de fleurs de lis d'or, piano, palmier en pot, armes, bahuts, tapisseries anciennes, armoiries à l'angle du plafond et des murs...

Mais Jeanne était surtout fascinée par les splendides vitraux représentant, côté jardin, des arbres débordant de fleurs, libellules, papillons, animaux, oiseaux, dont un paon à queue non déployée, et, côté cour, un arbre stylisé portant sur la plus haute branche une chouette avec, au pied, un paon, queue en éventail.

Mme Zola, réclamée par un livreur, laissa un instant une Jeanne stupéfiée par l'extravagance et la richesse du décor, dont elle admirait l'audace et la magnificence. Les images de la petite maison de Créancey, dont elle ressentait encore l'humidité, la noirceur, l'exiguïté, vinrent s'entrechoquer avec celles, lumineuses et magnifiques, de la maison de Médan. Incompréhension, stupéfaction face à cet assemblage de mondes si opposés… Restée seule, Jeanne rencontra le couple de jardiniers, Pierre, dit Octave, et Léonie Lenôtre, avec leur petit garçon de deux ans, René, ainsi que la cuisinière, une femme ronde coiffée d'un bonnet blanc, et son époux, le valet de chambre.

Mme Zola, ayant pris congé du livreur, poursuivit la visite des lieux. Une chatte noire, marquée d'une tache blanche qui formait comme une perle sur son cou, bondit dans l'escalier, intriguée par la nouvelle venue qu'elle observa à distance de ses yeux flambant d'or. Un autre chat, tigré roux, dormait sur un canapé du salon. Le froissement des robes lui fit entrouvrir un œil, juste une fente oblique, le passage des deux femmes ne valant pas, à son goût, la peine de s'éveiller davantage. Jeanne, frustrée de la compagnie des animaux depuis le début de sa vie parisienne, pensait qu'elle aurait le plaisir de côtoyer ceux-là, qui rendaient cette demeure luxueuse plus rassurante et chaleureuse. Mme Zola remonta à la lingerie, toujours accompagnée de Jeanne.

— L'ouvrage ne va pas vous manquer, Jeanne. À droite, sur la table, ce sont les draps et les serviettes à ourler en priorité. Je vous montrerai le modèle des initiales à broder. Vous aurez aussi ce linge à repasser, là-bas. C'est délicat, je vous fais confiance. Installez-vous d'abord, il est tard, vous commencerez demain.

Cette claire matinée de juillet, bleue, déjà chaude, était de celles qui rendent les heures légères et souriantes. Tout en chantonnant, penchée sur son repassage, jetant de temps à autre un coup d'œil satisfait sur la pile de linge « à faire » qui diminuait, Jeanne se reportait deux mois plus tôt, lorsqu'elle avait croisé pour la première fois le maître de maison. C'était d'abord un petit chien clair à poils longs tout frétillant qu'elle avait vu se précipiter vers elle alors qu'elle s'avançait dans le couloir. Tandis qu'elle se baissait pour caresser l'animal qui se dressait sur ses genoux, elle avait entendu une voix douce et enjouée.

— Fanfan, sois sage, reviens ici !

En relevant la tête, Jeanne s'était retrouvée face à un homme dont elle n'avait d'abord remarqué que le sourire timide, le petit chapeau rond de toile beige qu'il s'était empressé de retirer, le lorgnon dont le cordon barrait d'un côté des joues un peu creuses. Il était resté quelques secondes à la regarder.

— Vous êtes Jeanne, avait-il simplement dit.

Elle s'était sentie au supplice, ne sachant que répondre ni que faire, n'osant lever les yeux vers lui, embarrassée par ses bras dont elle ne savait si elle devait les laisser pendre le long du corps ou les replier contre elle. Mme Zola qui, comme son mari, rentrait du jardin les bras chargés de glaïeuls, de roses remontantes et de belles-de-jour, avait rejoint son époux.

— Je voulais te présenter Jeanne, eh bien, c'est chose faite.

Elle portait dans la grande poche de son tablier de jardin une brassée de lavandes qu'elle avait désignées à sa lingère.

— Je vous laisserai le soin de les faire sécher et d'en remplir les petites pochettes que je vous ai montrées.

À ce moment-là, Jeanne avait osé regarder Émile Zola, qui débarrassait Alexandrine de ses fleurs. Cet homme avait belle allure. Sa silhouette était élégante, plutôt mince. Rien à voir avec l'homme gras et mou des journaux. Elle repensait au regard qu'il avait porté sur elle. Même lorsqu'elle s'était tournée vers sa patronne pour se saisir des lavandes, ne faisant plus face à l'écrivain, elle avait senti ses yeux la suivre, détailler ses gestes, frôler sa peau.

Pendant ces deux mois, beaucoup de choses s'étaient modifiées en elle. Elle avait d'abord été émerveillée, heureuse de vivre dans ce cadre où tout était conçu pour et en fonction du beau, de la douceur de vivre, du luxe et du confort. Tous les matins elle ressentait le même plaisir à retrouver la lingerie, dont la fenêtre avait déjà été ouverte sur le jardin. La prison étouffante et épuisante qu'avait été l'atelier de la rue de la Paix n'était plus qu'un souvenir pénible. Son travail l'occupait toute la journée, mais à un rythme tranquille, dans des conditions agréables. Elle se sentait respectée, estimée même, en tant qu'employée mais aussi en tant que personne. Elle avait retrouvé sa gaieté, chantonnait à la lingerie ou en traversant la maison. Quelques ombres tout de même ternissaient ce tableau lumineux. Sa vie lui semblait un puzzle dont elle ne parvenait pas à retrouver l'unité. Les pièces, impossibles à assembler, restaient isolées et elle ne savait où se situer dans ces morceaux de vie juxtaposés. La brutalité des cours de ferme boueuses ou d'une Rosalie se heurtait au raffinement de sa famille maternelle ; le monde des ouvriers dont elle avait fait partie était encore un univers à part, auquel s'était accolé de façon tout aussi incohérente la maison dorée de Médan. Qui était-elle au fond ? Elle ne s'identifiait ni à la paysanne, ni à l'ouvrière ; elle n'était pas davantage une « demoiselle ». Elle ne se reconnaissait d'aucun milieu. À Médan, sa sœur, sa tante, ses amis lui manquaient. Elle était privée de confidences, de papotages, de l'intimité des conversations entre femmes, même si la gentillesse des Médanais et l'attitude affectueuse d'Alexandrine Zola à son égard adoucissaient ses frustrations.

Celle-ci, dans une autre vie, avait elle-même appris le métier de lingère chez sa tante Marguerite. Elle avait toujours aimé coudre ses robes, appliquer des dentelles, monter des rideaux ou exécuter les points de tapisserie. Elle venait souvent travailler auprès de Jeanne. Au début, elle surveillait, contrôlait toutes les activités de la jeune fille, mais les sourires confiants avaient bientôt détendu son visage. Elle se contentait maintenant de distribuer le travail, s'en remettant même à Jeanne dont elle avait mesuré la compétence dans l'art de la broderie et du reprisage, et dont elle appréciait l'esprit d'initiative. Elle bavardait librement avec sa jeune lingère, l'interrogeait sur son passé, lui confiait ses fatigues, ses tracas domestiques, certaines de ses attentes.

Au fil des jours, Jeanne se trouvait investie d'un autre rôle que celui pour lequel elle avait été embauchée. Lingère, mais aussi femme de chambre, dame de compagnie, et peut-être même, dans une certaine mesure, dame de cœur... Jeanne avait conquis tout son monde, et même si cela heurtait sa modestie, elle sentait bien que sa présence égayait la maison et qu'elle était aimée. Mme Zola, souvent soucieuse face aux multiples tâches que lui imposait son statut d'épouse d'un écrivain célèbre et de maîtresse de maison accomplie, se détendait avec Jeanne, qu'elle traitait un peu comme une lointaine parente orpheline qu'on eût recueillie. Elle le lui disait en riant :

— Je ne peux plus me passer de vous !

Jeanne s'était parfois étonnée de la gravité émue, de l'attention particulière que manifestait sa patronne en l'interrogeant sur son enfance et sur les moments forts de sa jeunesse. Il lui semblait alors qu'Alexandrine, soudain muette, les mains crispées, le regard perdu dans une vague contemplation du jardin, rentrait en elle-même et s'enfermait avec ses secrets.

Au cours de sa nouvelle vie à Médan, Jeanne découvrait une autre société, celle des écrivains et des artistes, à travers les amis des Zola, souvent invités aux beaux jours à partager déjeuners et dîners au jardin et même, pour certains d'entre eux, à rester dormir dans le pavillon Charpentier, du nom de l'éditeur de Zola, bâtiment construit à droite de la maison pour loger, outre la famille Charpentier, les amis chers à l'écrivain. Elle ne faisait que croiser des figures qui lui devenaient familières ou entendre de loin les rires et les conversations aimables, mais elle aimait vivre à côté de cette bourgeoisie différente de celle qu'elle avait pu connaître à Courbevoie ou à Paris, plus jeune, plus libre, plus gaie et plus fantaisiste aussi. Elle parvenait à identifier les plus familiers : ce bel homme un peu grave, la moustache droite, le regard à la fois fier, profond et doux, c'était Henri Céard, qui parlait souvent seul à seul avec Zola. Son préféré était un certain Paul Alexis, toujours distrait, bavard, plutôt drôle avec ses cheveux rigoureusement séparés en deux par une raie impeccablement tracée au milieu du crâne, son petit lorgnon et sa moustache tombante. Il s'habillait souvent de façon curieuse, un peu excentrique, et Jeanne se demandait s'il s'agissait de distraction, de négligence ou d'une volonté d'originalité. Il la saluait d'un « Mademoiselle Jeanne » apparemment plein de déférence, mais son œil coquin et l'excès d'affectation qu'il mettait dans ce salut n'étaient que la version galante des sifflets admiratifs entendus dans les rues de Paris. Mme Alexis était la première à s'amuser de ce jeu, hommage frivole à cette jeune beauté qui séduisait les hommes et meurtrissait les femmes. Comme si la délicatesse, les bonnes manières, l'éclat et la finesse de la jeune fille allaient la mettre elle-même en valeur, Mme Zola s'arrangeait, en lui demandant maints petits services inutiles, pour qu'on la voie et, peut-être sans se l'avouer, qu'on lui en fasse compliment. Elle en était arrivée à avoir parfois plus besoin de sa présence que de son travail.

Jeanne était à la fois reconnaissante et flattée de ce traitement de faveur, mais sa timidité, son humilité, sa discrétion foncière souffraient de cette exposition à la lumière de personnalités qui l'impressionnaient par leur position sociale, leur culture, voire leur célébrité. Bien plus que dans l'instant même, elle ne savourait pleinement le privilège de côtoyer cette société brillante qu'à distance, quand elle se retrouvait seule à la lingerie, ou le soir, dans son lit. Elle repensait alors aux propos qu'elle avait saisis par bribes sur la vie de chacun des invités et se sentait émue, intéressée, grandie d'une certaine manière, à l'idée d'évoluer dans ce monde qui la considérait autrement qu'une simple ouvrière au service des Zola.

Mais d'autres pensées, d'autres rêves agitaient ses nuits. Des nuits où s'exacerbaient l'attente et le désir. Une onde chaude s'engouffrait dans sa chair, inondait tout son corps, ruisselait dans sa poitrine et dans le creux de son ventre. Certaines de ses nuits ressemblaient à un chant d'amour psalmodié pour celui qui saurait la prendre dans ses bras et l'aimer, et qui prenait tour à tour le visage de ce commis boulanger qui l'avait si souvent regardée d'une drôle de façon, celui d'Antoine, ou même celui d'inconnus qu'elle avait croisés et trouvés séduisants. Parfois, elle roulait son oreiller et le serrait contre elle, amoureux de plume sur lequel elle posait sa joue et qu'elle embrassait. Mais ce n'était pas à Médan, dans ce milieu fermé, qu'elle pouvait rencontrer l'homme de sa vie, le mari tant attendu. Sans doute à l'automne prochain, lorsque les Zola quitteraient Médan, Alexandrine, comme elle le lui avait laissé entendre, l'emmènerait-elle à Paris. Il lui serait alors plus facile de retrouver ses amies à l'occasion de quelques sorties et de faire des rencontres.

Souvent, elle avait remarqué les regards appuyés du maître de maison. Il lui arrivait même de rougir lorsqu'il se trouvait en face d'elle. Elle s'en était amusée. Mais méfiance. Inépuisables étaient les récits qui lui étaient parvenus, de servantes engrossées par leur patron. Des bonnes renvoyées impitoyablement par une bourgeoise offusquée qui n'avait aucune envie d'ouvrir les yeux sur l'identité de l'amant. Elle était une fille honnête. Pas question de se laisser salir et rejeter de la société par un maître qui ne pouvait que l'abandonner. D'ailleurs, elle laissait trop courir son imagination. Émile Zola n'avait eu aucun geste déplacé, ne lui avait fait aucune proposition. Peut-être même se faisait-elle des idées sur le trouble de l'écrivain. Peut-être aussi l'amour n'appartenait-il qu'au monde des rêves…

2

Royan

En ce début du mois d'août 1888, Alexandrine avait annoncé la nouvelle à sa jeune lingère : elle les accompagnerait à Royan à la fin du mois. Depuis deux ans, le couple prenait là quelques semaines de vacances, rejoint par une bande d'amis pour profiter des plaisirs de la baignade et des excursions, des parties de pêche, des dîners et des fêtes. En 1886, ils y avaient retrouvé les Charpentier qui les avaient invités à *La Guadeloupe*, la villa qu'ils avaient louée en attendant que la construction de leur propriété, *Le Paradou*, fût achevée. L'année suivante, les Zola, invités au *Paradou*, avaient préféré louer une villa toute proche, le *Chalet Albert*. Cette fois, ils séjourneraient à la villa *Les Œillets*, près de celle des Charpentier.

Jeanne était stupéfaite : elle allait voir la mer ! Elle qui, enfant, en avait rêvé à travers les descriptions des livres et des journaux, elle qui avait souvent eu envie de se laisser porter de rivière en fleuve jusqu'à la mer, allait voir ses désirs d'infinis bleutés, de rochers, de coquillages se concrétiser. Alexandrine Zola lui avait laissé entendre qu'elle aurait en charge le soin du linge, mais qu'elle pourrait se promener et profiter largement du bord de mer.

Jeanne trouva bien longues les quelques semaines qui la séparaient du départ. Elle avait préféré ne pas voir les photos de Royan prises l'an passé par Victor Billaud, le directeur de *La Gazette des bains de mer de Royan*, comme le lui proposait Alexandrine, voulant garder neuves toutes ses émotions et le plaisir de la découverte. Son refus poli avait fait sourire Alexandrine : « Je vous comprends, vous avez raison. »

À Médan, les contacts avec les amis se multipliaient. On s'organisait, on programmait les retrouvailles, on répartissait les logements des uns et des autres, et Jeanne se sentait étourdie par cette effervescence. Elle entendait parler des Desmoulins, des Laborde, des Duret et de bien d'autres. Mme Zola, en femme de tête, prévoyait tout, pensait à tout, et Jeanne était mise à contribution. Émile se montrait en pleine forme, ragaillardi par la perspective de ces vacances. Il se promenait plus longtemps dans le jardin, conversait avec Jeanne dès qu'il la rencontrait, prenait d'autorité son panier de draps qu'il portait courtoisement jusqu'à la lingerie, lui faisait compliment de son joli teint, de ses mains « si fines malgré tout l'ouvrage qu'elles accomplissaient chaque jour ». Dans ces instants de légèreté et d'attente heureuse, Jeanne ne voulait plus se poser de questions, elle prenait les choses comme elles venaient et tant mieux si l'on était courtois, attentionné à son égard.

Le matin du 26 août, après douze heures de chemin de fer, Jeanne, qui n'avait guère trouvé le sommeil dans le train, aperçut enfin la gare de Royan. À la sortie, plusieurs calèches attendaient les voyageurs. Les Zola se firent transporter, avec Jeanne et deux domestiques qui les accompagnaient, au quartier du Parc. Jeanne se laissa griser par les effluves de pins dégagés par une brise douce et déjà tiède en ce début de matinée. Elle n'aurait su dire ce qu'elle éprouvait. Désir de mer, de liberté, d'inconnu ; besoin de sentir son corps traversé par la chaleur dorée de l'été, de respirer l'air marin… Elle savait bien que seule une partie des joies promises par cette jolie ville balnéaire lui serait accessible. Elle n'était pas une dame et n'oubliait pas, du fond de ses rêves, qu'elle serait surtout spectatrice. Il n'était pas possible, dans sa situation d'employée au service des Zola, qu'elle envisage d'enfiler un costume de bain ! Mais c'était bon déjà d'être plongée dans cette atmosphère heureuse et de se dire qu'elle pourrait, comme l'en avait assuré Alexandrine, se promener parmi les vacanciers, contempler la mer, admirer les beaux hôtels. Malgré l'heure matinale, les vacanciers animaient déjà les rues. La journée s'annonçait belle et chaude.

La première semaine la transporta dans un autre monde. À la villa *Les Œillets*, située au bord de la mer et sur la lisière du parc, à l'extrémité de la grande plage vers Saint-Georges-de-Didonne, Jeanne disposait d'une pièce qui lui servait à la fois de chambre et de lingerie, où Alexandrine déposait les vêtements et le linge à entretenir. Mais le travail était réduit et, après avoir aidé à l'installation dans la maison, Jeanne se retrouva libre la plus grande partie de ses après-midi. Elle passa ses premières heures de liberté à se promener sur la Grande Conche, longeant la mer, flânant entre les cabines de bain et les tentes de toile sous lesquelles les dames, assises sur leur pliant, papotaient en surveillant leurs enfants. Elle ramassa des coquillages comme autant de souvenirs qui inscriraient à jamais cette journée dans ses jardins secrets. Elle aurait voulu s'allonger dans l'eau, se laisser porter par les vagues, nager, mais elle se contenta de quitter ses chaussures et de marcher dans le clapotement des vaguelettes en relevant ses jupes jusqu'aux genoux, bravant sa crainte de paraître indécente.

Une voix à côté d'elle, un peu en arrière, la fit sursauter. Elle se tourna et son cœur se mit à cogner. Tremblante, les jambes lourdes, elle découvrit Émile Zola comme elle ne l'avait jamais vu, tout de blanc vêtu, élégant, coiffé d'un canotier. Avec ses traits reposés, son teint un peu hâlé, on aurait dit un jeune homme. C'était comme si elle ne l'avait jamais rencontré : ce n'était plus le maître de Médan.

— Je peux vous accompagner un moment, Jeanne ?

Pourquoi ces mots la troublèrent-ils autant ? Pourquoi son cœur s'emballa-t-il ainsi ? Peut-être était-ce à cause de ce rêve la nuit passée. Un rêve dont elle avait honte mais dont elle n'avait cessé toute la journée de se remémorer les images avec délices et émotion. Et pourtant, ce rêve aurait plutôt dû lui apparaître comme un cauchemar. Elle se trouvait à Médan en haut de l'escalier de la tour Nana et elle voyait Zola monter les marches. Mais plus il montait, plus l'escalier se rétrécissait. Il devenait si étroit qu'arrivé à la hauteur de Jeanne, Émile se retrouvait tout contre elle, son corps plaqué contre le sien. Il la prenait alors dans ses bras, elle posait sa tête sur son épaule et il l'embrassait dans le cou en lui disant qu'il l'aimait... Et ce qu'elle avait toujours redouté, rejeté, condamné lui avait donné tant de plaisir qu'elle avait mille fois revécu la scène.

Elle se rendit compte qu'elle tenait toujours sa robe relevée et sortit en hâte de l'eau. Pour une fois – était-ce l'effet du rêve ? –, elle osa regarder l'écrivain dans les yeux. Ce qu'elle vit la bouleversa. Un regard d'une gravité presque douloureuse, un regard où se lisaient le désarroi, l'espoir, l'admiration. L'amour. Elle ne se serait jamais crue capable de rester face à lui, les yeux dans les siens, avec une envie folle de revivre son rêve. Était-ce cela, être amoureuse ? Cela pouvait-il être si soudain, ou plutôt avoir été enfoui si longtemps en elle sans même qu'elle s'en rendît compte ? Elle était bien consciente de sa beauté, tous les hommes croisés sur la plage comme ailleurs le lui faisaient comprendre. Pour son séjour à Royan, sa tante lui avait fait cadeau d'une jolie robe jaune à manches volantées qui dégageait le haut de ses épaules et qu'elle portait aujourd'hui. Une robe ajustée qui serrait un peu sa taille de guêpe, comme on lui disait toujours, et soulignait la rondeur de ses seins. Depuis un moment, le vent de mer avait fait tomber son chignon qu'elle s'était promis de refaire une fois à l'abri. Mais à cet instant, sa lourde masse de cheveux bruns et bouclés qui n'avaient conservé de sa coiffure que deux longues nattes fines sur les côtés retomba bien en dessous de sa taille, vola autour d'elle en mouvements de houle. Elle savait à quel point elle était belle et désirable, et cette certitude l'emplissait elle-même de désir.

Jeanne et le romancier marchèrent un moment côte à côte, sans se parler. La jeune fille se disait qu'il était tout de même curieux qu'un écrivain qui avait tant de mots à sa disposition déclarât son amour par des silences ! Ils remontèrent vers le Parc et les seuls mots de Zola furent :

— Vous êtes la jeune fille de mes rêves.

Il se disait heureux que le travail de Jeanne soit « un service de vacances », comme disait Alexandrine, car elle n'avait guère la tête à son ouvrage et aurait eu bien du mal à se concentrer sur des points de broderie, des apprêts ou des repassages compliqués. Elle avait peur de ce qu'elle vivait, peur de se trouver à nouveau face à Émile Zola, mais elle ne désirait pourtant que cela, dans la fièvre d'une attente agitée.

Entre baignades et parties de pêche, entre deux fêtes avec ses amis, Zola s'arrangeait pour rejoindre Jeanne dans ses promenades. À peine sortie, elle le cherchait des yeux, mais il arrivait le plus souvent à sa hauteur sans qu'elle s'en aperçût. Elle lui souriait alors avec une grâce tranquille, réservée, tandis que son cœur battait à lui faire mal, que ses mains tremblaient et que ses jambes lui semblaient soudain trop faibles pour la porter. Zola, qui avait perdu sa timidité médanaise, osa lui avouer, tel un homme jouant ses dernières cartes, combien elle le troublait, combien sa présence avait soufflé sur lui cet air frais et doux qui l'enchantait, l'élan de vie qu'il attendait depuis si longtemps.

Ces rencontres, furtives au début des vacances, s'allongèrent de façon imprévue. Mme Zola, de santé fragile et qui, les deux années précédentes, avait tenté sans grand résultat des cures au Mont-Dore pour soigner son asthme et ses rhumatismes, était à nouveau victime de ces malaises qui la terrassaient et la condamnaient à garder la chambre. Comme elle ne voulait pas que Zola, à qui ces vacances réussissaient à merveille, trouvait-elle, eût à souffrir de ses indispositions, elle pria Jeanne d'accompagner Émile dans ses sorties.

— Je vous confie mon mari. Il a besoin de se divertir et de se détendre. Vous lui tiendrez compagnie dans ses promenades. Votre jeunesse est contagieuse, Jeanne, vous le rajeunissez !

Jeanne se sentit très mal, comme une enfant prise en faute, face à la confiance aveugle de son employeuse, d'autant plus désarmante qu'elle la chargeait de cette « mission » avec un visage pâli et des traits tirés. Un sentiment de culpabilité qui portait violemment à sa conscience la situation vers laquelle risquait de l'entraîner ce qui n'était encore que de l'ordre du rêve et des désirs. Elle comprenait maintenant les regards noirs que lui jetait depuis son arrivée à Médan Amélie Laborde, la cousine d'Alexandrine, qui devait d'ailleurs les rejoindre aux *Œillets* le 2 septembre avec ses deux enfants, Élina et Albert. Elle s'était bien souvent demandé pourquoi cette femme lui paraissait si hostile. Sans doute avait-elle instinctivement anticipé la situation dont Jeanne sentait l'imminence. Il était encore temps de ne pas aller plus loin, de se laisser aimer avec une certaine distance, de ne vivre son amour que par l'échange des regards et des pensées.

Le 4 septembre, une grande réception se préparait au *Paradou*, chez les Charpentier, pour célébrer les fiançailles de Georgette, la fille aînée de l'éditeur, avec l'écrivain Abel Hermant. Alexandrine avait déjà commandé la somptueuse corbeille de roses blanches et de bouvardias qu'elle ferait envoyer au *Paradou*, mais il lui manquait les confiseries qu'elle voulait apporter, et une voilette en tulle de soie à pois chenillés pour compléter sa toilette qu'elle devait prendre dans un nouveau magasin de modes de Royan. Elle comptait aussi offrir à la jeune fiancée une eau de toilette Lubin – Jeanne la connaissait, il y avait une parfumerie Lubin à Courbevoie –, et une jolie broche destinée à la ravissante Georgette, qu'elle avait aperçue dans une boutique fréquentée par la clientèle huppée de vacanciers dont faisaient partie M. et Mme de Rothschild, le prince de Galles, ainsi que des artistes renommés en villégiature à Royan. Allongée dans une chaise longue, la tête calée sur un oreiller, elle confia à sa lingère le soin d'accompagner et de guider son mari dans ces achats.

— Grâce à vous, Jeanne, je suis tranquille et je vais pouvoir me reposer pour être sur mes deux jambes pour les fiançailles de Georgette. C'est que je veux être de la fête, moi aussi ! Émile est déjà parti, il ne tenait plus en place. Il est au courant pour les courses et il vous attend au jardin du parc, vers le kiosque. Sauvez-vous, jeune fille !

Jeanne voulait se contenter d'obéir. Elle avança comme un automate, se refusant à penser. Mais sa gorge se serra et son cœur se mit à battre lorsqu'elle aperçut l'écrivain adossé à un arbre, très élégant dans son habit blanc, observant des enfants assis autour d'un théâtre de Guignol. Il sentit soudain la présence de Jeanne à ses côtés et elle le vit se retourner vers elle, les yeux tout attendris, sans qu'elle puisse savoir si c'était par le seul spectacle des enfants. Elle balbutia :

— Madame Zola…

Émile ne la laissa pas poursuivre.

— Je sais, Jeanne, nous avons de rudes responsabilités. On ne plaisante pas avec les courses de Mme Zola ! Heureusement que vous êtes là…

— Je ne sais pas si c'est si bien que cela que je sois là.

Zola ne répondit rien. Ils se mirent en route, prirent le petit tramway tiré par un cheval, flânèrent encore un peu avant d'effectuer les achats. Jeanne ne cessait de se mentir : elle ne faisait rien de mal, elle marchait seulement au côté de Zola en répondant à ses questions. Et c'est sa patronne elle-même qui le lui avait demandé ! Mais sans vouloir se l'avouer, elle savait bien ce qui se passait en elle, combien cet homme, dont elle s'était plutôt amusée auparavant, la touchait et la troublait maintenant. Ils rejoignirent le port et Jeanne confia à celui qui s'intéressait à elle avec tant de profondeur et de sincérité son attirance pour l'eau.

— Vous qui êtes si savant, comment expliquez-vous que l'eau me fasse autant rêver ? Quand j'observe une rivière, je vois toujours plus loin, très loin… et le monde me paraît infini. D'ailleurs, c'est drôle, je ne sais pas si l'eau m'emmène au bout du monde, ou au fond de moi.

Elle s'arrêta un moment, songeuse, et poursuivit :

— Quand j'étais petite, j'avais l'impression que les cours d'eau étaient comme des fils qui auraient pu, si je les avais suivis, me conduire jusqu'à ma mère. Vous ne pouvez pas vous imaginer à quel point j'ai rêvé de voir la mer ! Grâce à vous…

Elle se tourna vers le romancier et ne put achever sa phrase devant l'extrême émotion de son regard.

— Si vous saviez à quel point j'ai rêvé d'une femme comme vous…

Il dit cela doucement, gravement. Jeanne osa poser sa main sur la sienne. Elle ne savait pas trop si c'était pour le consoler ou l'encourager, mais sa main disparut aussitôt dans deux autres qui la pressèrent passionnément. La gorge nouée, Jeanne contempla les bateaux de pêche et les goélands qui tournoyaient au-dessus d'eux en guettant les poissons et les déchets rejetés par les pêcheurs jusqu'au moment où ils fonçaient sur cette manne qu'ils se disputaient sans merci. Zola s'était perdu dans la même contemplation et tous deux savouraient cette communion amoureuse.

Le retour à la villa fut beaucoup plus bavard. Zola questionna Jeanne sur sa famille, son village, son travail à Courbevoie. Alexandrine avait déjà confié à son mari les grandes lignes de l'enfance et du passé plus récent de Jeanne, mais Émile voulait tout savoir de sa bouche. Il voulait capter toutes les sources de cette personnalité si fine, si délicate et sensible. Il fit part à Jeanne de son étonnement.

— Sans doute devez-vous vos qualités, votre distinction à cette mère qui vous a tant manqué, à l'éducation et aux bonnes manières de votre grand-mère. Tout de même, vous êtes un personnage de roman, Jeanne !

Cette dernière remarque déclencha chez la jeune fille un rire clair.

— Pas des vôtres, j'espère !

— Mais si, il y a de beaux portraits de jeunes filles dans mes livres, vous ne les avez pas tous lus !

— J'ai lu *Nana* !

Zola se mit à rire à son tour.

— Tenez, vous êtes une méchante fille. Il faudra que vous lisiez mon dernier roman, *Le Rêve*, vous verrez ! Et puis, il y a Miette, Denise… et Pauline Quenu ! Des jeunes filles orphelines, comme vous, courageuses, comme vous…

Ils poursuivirent leur chemin, en parlant de leur amour des bêtes après avoir vu un très beau cheval noir tirant une voiture de promenade. Jeanne aurait aimé le romancier rien que pour ce qu'il lui disait du bouleversement que provoquait chez lui la souffrance des animaux. Combien de fois, lui confiait-il, n'avait-il pu trouver le sommeil pour avoir dans sa journée croisé un chien maltraité ou perdu…

— On doit faire preuve de compassion envers les animaux, déclara-t-il, comme envers tous les êtres dans l'incapacité de se défendre et d'exprimer leur souffrance.

Il touchait là un des points les plus sensibles chez Jeanne, le cœur de ses révoltes d'enfant. Elle s'était souvent dit qu'elle ne pourrait jamais faire sa vie avec un homme qui tuerait des animaux pour d'autres raisons que le seul besoin de se nourrir et qui ne voudrait pas de leur compagnie. Émue, elle s'immobilisa.

— Ce que vous dites là, je l'ai toujours ressenti, mais je ne sais pas expliquer cet amour des bêtes que je partage avec vous et qui m'a fait souffrir alors que tant de gens l'ignorent. Pour beaucoup, les animaux ne sont bons que pour nourrir les hommes ou travailler pour eux.

— L'amour des animaux, Jeanne, c'est un amour qui s'ajoute à d'autres : l'amour divin, l'amour filial, l'amour amoureux... Il a comme les autres ses douleurs et ses joies, et ceux qui ne l'éprouvent pas ne peuvent pas le comprendre.

À nouveau, ils se turent. Ils s'assirent sur un banc et se mirent à rire en voyant un petit chien blanc se dresser fièrement devant eux, un bout de bois dans la gueule. Zola s'exclama :

— Il a dû entendre notre conversation !

C'était un signe : le monde qui les entourait se faisait complice de leurs échanges. Jeanne n'avait guère envie de rentrer, d'autant moins qu'Amélie Laborde devait être arrivée et qu'il lui faudrait affronter ses sourcils hauts, son regard froid. Elle pensait surtout aux heures qui allaient la séparer de sa prochaine escapade aux côtés du romancier. Dans deux jours, on fêterait les fiançailles de Georgette Charpentier. Jeanne se sentit très lasse, comme si la seule idée de cette fête l'avait déjà vidée de ses forces.

À seize ans, Georgette était une jeune fille très séduisante. Un visage de chatte espiègle qui rappelait celui de Marguerite avec son petit menton fin, un peu pointu, des sourcils hauts, bien dessinés, une bouche qui ne demandait qu'à rire, des traits expressifs et attirants qu'elle mettait en valeur par d'élégants chapeaux. Seize ans et déjà fiancée ! se disait Jeanne. Il est vrai qu'avec son allure décidée, son aisance et ses manières de femme elle n'était déjà plus une enfant et ne paraissait pas trop jeune pour être bientôt mariée. Son fiancé avait dix ans de plus qu'elle, et Jeanne trouvait qu'il avait bien de la chance d'être aimé d'une si attachante et charmante jeune fille.

Les journaux parisiens, *Le Figaro* en tête, avaient annoncé la grande et fastueuse réception, à laquelle près de quatre cents invités étaient conviés. Le *Paradou* était l'une des plus belles villas de Royan, imposante avec sa rotonde vitrée donnant sur le parc et son balcon, au premier étage, qui se poursuivait sur toute la façade. Les Charpentier avaient ainsi baptisé leur propriété en hommage au roman de Zola, *La Faute de l'abbé Mouret*, du nom de la maison habitée par Albine et son oncle, l'athée Jeanbernat, dont le jardin sauvage et luxuriant devait abriter les amours du prêtre Serge Mouret et d'Albine.

La maison s'était transformée en un jardin de fleurs coupées. Jeanne aida les employés des Charpentier et les dames elles-mêmes, Alexandrine, Marguerite, Amélie et les autres, à disposer les bouquets de façon harmonieuse, associant les formes et les couleurs. Mais rapidement, les brassées de roses, de jasmins et autres lis recouvrirent tous les meubles dans un chaos étourdissant de parfums et de couleurs. La journée, effervescente, fut soûlante de compliments, de rires, de va-et-vient continuels dans un tournoiement de jupes volantées, de chapeaux à fleurs et de costumes clairs. Les invités s'agrégèrent en groupes changeants, à l'image des bouquets du salon. Loin de Paris, les barrières tombaient, et lorsqu'on annonça le dîner, ce fut une joyeuse ruée vers la somptueuse table, dans le parc. Il avait été décidé que tout le monde serait de la fête, y compris les domestiques qui, libérés de leurs tâches par le recrutement d'un personnel affecté spécialement au service du dîner, se retrouvèrent autour d'une table installée non loin de celle des invités pour partager eux aussi un repas fin.

Jeanne avait bien du mal à participer aux conversations de cette tablée dont elle faisait partie. D'ailleurs, intimidés par un rapprochement qui leur paraissait incongru avec ce beau monde distingué, un autre monde à côté duquel ils se sentaient gauches et mal à l'aise, les voisins de la jeune fille ne se montraient guère bavards. Ils mangeaient quand même de bon appétit, contrairement à Jeanne qui, étourdie par le ballet des serveurs, l'éclat des couverts, l'annonce par le maître d'hôtel de plats sophistiqués et de vins prestigieux, émerveillée par les jeux de lumière produits par les guirlandes illuminant la maison, par les verres de couleur disséminés dans le parc et les lanternes vénitiennes suspendues aux arbres, se désintéressait du contenu de son assiette. De sa place, elle voyait Zola de profil, assis à côté d'un homme à la barbe blanche, Enrico Cernuschi, grand amateur d'art et ancien directeur de la Banque de France. L'écrivain se tournait régulièrement vers elle, l'appelant en secret par des regards brillant d'amour et de bon vin. Des vacanciers, des passants s'étaient groupés devant la propriété, attirés par le luxe, les lumières et la gaieté, admirant les belles toilettes, cherchant des yeux les personnalités annoncées par la presse. Le dîner achevé, l'assistance fut invitée au concert donné dans les jardins par l'harmonie de Royan en l'honneur des fiancés. Puis la musique se fit plus joyeuse, destinée cette fois à la danse. Les notions de temps, de génération, de rang social se dissolvaient dans la nuit. Les danseurs ne savaient plus qui était leur cavalier ou leur cavalière. L'éditeur dansait avec la femme de chambre, la cuisinière avec l'écrivain, la riche bourgeoise avec le valet de chambre.

Zola prit les mains de Jeanne et l'attira vers lui, enlaça sa taille et se mit à tourner avec elle qui, surprise, se tint tout d'abord un peu raide, le dos et la tête bien droits. Tous deux s'éloignèrent doucement de la lumière et du monde. Jeanne fut saisie d'une ivresse jusqu'alors inconnue. Ils ne se disaient rien, laissant parler leurs corps qui se rapprochaient, leurs poitrines qui se pressaient, tournant encore un peu. Jeanne ne sut pas comment le mouvement s'interrompit, comment sa tête, comme dans son rêve, se posa sur l'épaule de son cavalier, ni comment elle sentit soudain le goût du baiser.

Quelques jours après la soirée de fiançailles, Zola avait fixé leur point de rencontre devant l'église de Médis. En apercevant Jeanne, il avait eu un geste d'admiration. Il s'était arrêté devant elle, l'avait observée longuement et, plongeant ses yeux dans les siens, il avait eu ces mots :

— Vous êtes un Greuze !

À ce moment-là, Jeanne, qui ne connaissait pas ce pastelliste, ignorant tout de la peinture, n'avait pu apprécier le compliment.

La jeune fille connut d'autres promenades, d'autres baisers, des serments enflammés. Des moments de solitude aussi, une solitude aux couleurs de l'abandon. Zola en excursion, Zola à la pêche, Zola sur les parcs à huîtres, Zola à la fête, Zola photographe... autant de distractions auxquelles répondait l'écrivain sans cesse sollicité par ses amis. Jeanne éprouvait un pincement au cœur quand elle le voyait partir si gai pour d'autres plaisirs. Mais elle savait instinctivement que cet homme l'aimait comme elle avait toujours rêvé d'être aimée. Elle savait qu'il était avec elle sur le bateau, en excursion, sur les parcs à huîtres, et qu'elle était associée à sa passion naissante pour la photographie. C'était grâce à elle et pour elle que, pour la première fois, il oubliait sa devise : *Nulla dies sine linea*, « pas un jour sans une ligne », inscrite en latin sur le manteau de la cheminée de son bureau.

Ce séjour au bord de la mer, que Jeanne avait rêvé comme une parenthèse insouciante de découverte et de liberté, toute relative fût-elle, elle le vivait désormais comme une alternance d'exaltation fiévreuse et de remords glacé. Plus rien de la légèreté d'une société en vacances à laquelle elle s'était trouvée mêlée. Lorsqu'elle était avec Zola, le monde n'avait plus qu'un seul visage, un seul corps, une seule voix composant une réalité qui comblait ses espérances lointaines. Mais quand elle se retrouvait seule dans sa chambre, des bouffées d'angoisse lui serraient la gorge. Comment avait-elle pu oublier Alexandrine ? Qu'allait-il se passer ? Quelle folie, cet amour pour un homme marié ! Insupportables, maintenant, le regard confiant et chaleureux de Mme Zola, le ton affectueux de ses paroles. La veille encore, l'épouse de l'écrivain l'avait trouvée assise dans le jardin, songeuse, grave, en train d'exécuter une de ses reprises invisibles sur la doublure d'une veste du « maître ». Elle était venue vers elle, avait doucement frotté son épaule en lui souriant.

— Je veux que tout aille bien pour vous, Jeanne. Si quelque chose vous chagrine, il faut vous confier à moi comme à une amie.

Jeanne avait senti le froid et le chaud. Comment Alexandrine avait-elle pu interpréter les larmes qui avaient fait briller ses yeux, la pâleur soudaine de ses joues, les fines gouttes qui avaient mouillé son front ? Elle l'avait invitée à assister en compagnie de son mari, d'elle-même et de leurs amis, en l'occurrence Théodore Duret, Fernand Desmoulins et les Charpentier, à un spectacle de Pietro Bono sur le champ de foire. Jeanne n'avait pu refuser cette gentillesse, déchirée à l'idée de se retrouver au milieu du couple Zola, entre amour et trahison...

Les vacances allaient prendre fin, mettant un terme à sa vie de Pénélope détricotant la nuit ce qu'elle construisait le jour malgré les interdits, s'engageant à redevenir dès son retour à Médan la jeune fille sérieuse et sage qu'elle avait toujours été. Le mercredi 3 octobre, dans l'après-midi, ce fut le départ pour Paris, où l'on arriva le lendemain matin. Le vendredi, Céard fut invité à dîner, et le 5 octobre, tout le monde repartit pour Médan. En retrouvant la grande maison aux deux tours, elle revit la même allée d'arbres par laquelle elle était arrivée quelques mois plus tôt, le même jardin à la française et son bassin aux poissons rouges, les mêmes armoires pleines de linge... Et pourtant, elle avait l'impression que tout avait changé. Elle ne reconnaissait plus rien, ne se reconnaissant plus elle-même. Mme Zola lui semblait plus distante, Émile aussi lui paraissait changé. De la lingerie Jeanne l'apercevait parfois, déambulant dans le jardin, les mains derrière le dos, s'asseyant une minute sur le banc orienté face à la maison, se relevant nerveusement pour recommencer mécaniquement sa marche. Lui, l'homme de l'action, du travail sans relâche, errait depuis son retour de vacances comme un homme désœuvré.

La vie à Médan ne pouvait plus être ce qu'elle avait été. Il y avait un avant et un après Royan. Jeanne avait abandonné ses résolutions nocturnes de rupture, sachant d'instinct qu'elle n'aurait pas la force de renoncer à celui qui donnait vie à ses rêves et sans qui l'existence n'était plus que vide et ennui. L'éloignement l'un de l'autre sous le même toit n'était plus possible, et Zola profita d'une demi-journée de congé accordée à Jeanne pour lui donner rendez-vous dans les jardins du Luxembourg. Elle s'y rendit bien avant l'heure, s'assit sur un banc à l'endroit convenu, guettant chaque allée, chaque passage par lesquels il pouvait arriver, croyant le voir sous chaque nouveau chapeau s'avançant vers elle. Enfin, ce fut lui. Main pressée dans les siennes, regards affolés de désir, enlacements et baisers cachés sous le sombre des arbres…

La décision déjà mûrie par Jeanne fut arrêtée par Émile. Dès qu'il aurait trouvé un logement parisien pour la jeune fille, elle quitterait son service. Il s'occupait de tout, elle n'aurait à s'inquiéter de rien, il pourvoirait à tous ses besoins sans qu'elle se soucie de travailler. Jeanne leva la tête vers le ciel, ivre d'espérance, offrant à la lumière d'octobre son front lisse et ses joues soyeuses. Elle s'unissait à l'ocre de cette fin d'été, savourant avec grâce ces fiançailles immatérielles, promesse d'autres lumières.

3

66, rue Saint-Lazare

Alexandrine resta silencieuse lorsque Jeanne, blanche, la bouche sèche, mais d'une voix calme et posée, tenta de justifier sa résolution.

— Je dois quitter votre service, madame. Des raisons personnelles, ma famille qui me demande... J'en suis désolée.

Elle avait dit cela d'un trait, comme une leçon apprise, puis s'était tue en baissant les yeux, ne pouvant soutenir le regard lourd de reproche de sa patronne. La surprise passée, Mme Zola s'était fâchée : on ne quittait pas ainsi une maîtresse de maison qui vous avait formée et avait pris soin de vous. Et puis, Jeanne ne faiblissant pas, elle avait compris l'inutilité de ses protestations. Visiblement émue, ne cachant pas sa tristesse, elle avait changé de ton.

— C'est votre vie, Jeanne, vous en faites ce que vous voulez, mais je ne vous comprends pas. Je suis déçue.

— Je vous demande pardon, avait simplement répondu Jeanne, seule à mesurer la portée de cette prière.

Mme Zola était loin d'imaginer en effet que son mari allait installer sa jeune lingère au quatrième étage du 66, rue Saint-Lazare, à un quart d'heure à pied de la rue de Bourgogne, où se trouvait le domicile parisien des Zola. Jeanne se sentait poussée, précipitée dans une autre vie un peu malgré elle. Elle s'abandonnait aux ordres d'une destinée qui avait placé sur son chemin un homme exceptionnel, aussi grand par le cœur, par la pensée, que socialement prestigieux. La vie lui faisait un cadeau qu'elle ne pouvait refuser, même si elle devait le payer de souffrances certaines. De toutes les manières, elle ne voulait pas de ces amours ancillaires de vaudeville qui la frottaient jour après jour au mensonge et au mépris d'elle-même. En quittant sa place, elle ne s'exonérait pas de la trahison, mais chacun y gagnait en dignité. Elle vivait dans l'idée que Mme Zola ne savait rien, qu'elle ne saurait peut-être jamais rien, et ne souffrirait donc pas. Si elle se refusait à l'amour et aux espoirs d'Émile Zola dont elle mesurait l'intensité, c'est lui, l'homme aussi fragile et tourmenté que puissant, l'homme qu'elle aimait et admirait tant, qui souffrirait...

Restait la question du travail. Jeanne avait résolu de se faire embaucher par d'autres patrons, même si la perspective de l'atelier l'effrayait désormais par son inhumaine dureté. Mais pour Zola, ce retour au monde ouvrier était inconcevable. Comment la femme qu'il chérissait pourrait-elle user ainsi son corps et sa vie ? Il l'aimait et cela suffisait à faire d'elle une dame. D'ailleurs, comment se verraient-ils si elle devait passer douze heures par jour à travailler, sans compter les veillées ? Cela blesserait son honneur d'homme, tout simplement, et c'était pour leur bonheur à tous deux qu'elle le laisserait veiller sur elle. Jeanne se laissa convaincre. Les images de la chambre misérable de son amie couturière lui étaient revenues à l'esprit. Elle risquait de se retrouver dans la même situation, le cas d'Amélie n'étant, hélas, pas isolé. Une force vitale la poussait à accepter. La détermination venue du fond de son enfance d'échapper à la pauvreté, le désir d'être disponible pour les moments de rencontre avec Émile l'emportèrent sur ses premières réticences face aux images de maîtresse et de femme entretenue qui heurtaient sa probité et ses principes nourris par toute une jeunesse de travail.

Elle devait quitter Médan quelques jours avant le retour des Zola à Paris, fixé au 21 octobre. Cela avait laissé fort peu de temps à Émile pour trouver et meubler l'appartement de la rue Saint-Lazare mais, dix jours après ses premières recherches, l'appartement était loué et joliment meublé. Le jour où Jeanne devait emménager, elle alla au rendez-vous fixé par le romancier, en bas de l'immeuble situé à l'angle de la rue Saint-Lazare et de la rue Blanche. Zola l'attendait, tout fier de lui faire visiter « son petit chez-elle ». La montée des quatre étages accomplie, il lui remit la clé en embrassant ses cheveux qui avaient, lui dit-il, « la douceur et le parfum du miel ».

Jeanne entra dans un vestibule qui donnait sur un petit salon très clair. Au milieu de la pièce, sur une table ronde, un magnifique bouquet de roses blanches semblait tendre ses pétales vers la jeune fille. Zola avait choisi un mobilier à l'image de Jeanne, tout en délicatesse et en douceur : des meubles en bois de rose, des tentures aux tons pastel, deux reproductions de tableaux préraphaélites. L'un des deux représentait une jeune femme mince et élancée, à la longue chevelure brune torsadée sur l'épaule. Elle ressemblait à Jeanne. Le salon s'ouvrait à gauche sur une salle à manger un peu plus grande qui communiquait elle-même avec une cuisine aux murs carrelés à mi-hauteur, avec des ustensiles en cuivre accrochés au-dessus de l'évier. En apercevant la cafetière en porcelaine, la pile de bols et de tasses dans le vaisselier, Jeanne se vit déjà devant son bol de café du matin, un de ses moments préférés de la journée, assise à la table de la salle à manger, devant la fenêtre donnant sur le jardin de la Trinité.

Elle courut d'une pièce à l'autre, répétant à chaque découverte un « c'est trop beau pour moi » qui ravissait Zola. Jeanne resta bouche bée, en revanche, en entrant dans la chambre à coucher en bois de palissandre, devant le lit à baldaquin aux rideaux de taffetas changeant rouge et or, le dessus-de-lit en dentelle de coton blanc, la coiffeuse à glace mobile ovale et, posés sur le marbre, un pot et une cuvette en faïence à fleurs rouges. Elle s'approcha du meuble sur lequel Zola avait placé, à droite de la cuvette, une brosse à cheveux, un poudrier et une brosse à habits en argent gravés de ses initiales, et, à gauche, une jolie boîte à bijoux décorée d'un angelot ceinturé d'une guirlande de fleurs. La chambre donnait sur un cabinet de toilette équipé d'un lavabo et d'un tub en cuivre entouré d'un rideau blanc. Jeanne se tourna brusquement vers Émile et se blottit contre lui. Il embrassa doucement ses lèvres, caressa sa joue de la sienne.

— Ma grande Jeanne, ma petite fille...

Cette fois, ce fut Jeanne qui l'étreignit, l'embrassa sans comprendre ce qui se passait en elle, submergée par la reconnaissance, l'admiration et la fierté qu'elle éprouvait d'être aimée d'un grand écrivain, célèbre dans le monde entier. Au mur de la chambre, le portrait de Sophie Arnould, une reproduction d'un tableau de Greuze, peintre cher à Zola, renvoyait à Jeanne sa lumière d'innocence et mêlait avec une complicité bienveillante son impalpable respiration aux souffles ardents des amoureux.

Jeanne connut alors, pour la première fois de sa vie, le goût de la liberté, des journées sans obligations et sans travail. Depuis qu'elle vivait à Paris, elle voyait régulièrement sa sœur. Cette année-là, Cécile avait eu son premier enfant, une fille qu'elle avait prénommée comme elle. Il y avait maintenant deux Cécile dans la famille Walck. Bien que cette naissance eût resserré les liens distendus depuis quelques mois entre les deux sœurs, Jeanne n'avait rien dit à Cécile de sa relation avec Émile. Il lui semblait difficile de faire comprendre sa nouvelle situation à ses proches. Comment justifier auprès des autres ce que seule la force de ses sentiments légitimait ? Son entourage ne pouvait avoir qu'une vision commune, extérieure et réductrice des choses : Jeanne incarnait l'histoire d'une jolie fille du peuple profitant de ses charmes pour séduire et se faire entretenir par un riche bourgeois. C'était bien ce que lui renvoyait le regard mi-méprisant mi-outragé de quelques-unes de ses voisines, qui protégeaient leur couvée d'une immorale contamination par une accélération soudaine lorsqu'elles croisaient Jeanne dans l'escalier. Seul son voisin de palier, un jeune homme célibataire se désolant en secret de ce qu'une aussi belle jeune fille soit tombée dans les bras d'un si vieux monsieur, et une veuve dont les trois enfants volaient de leurs propres ailes, lui adressaient un sourire aimable, quelques mots banals et gentils.

Comment réagiraient Cécile et sa tante au bouleversement qu'impliquait sa liaison avec Zola d'un ordre moral et social fondé sur le travail et le mariage ? Ne seraient-elles pas, malgré tout leur amour pour elle, choquées, déçues, inquiètes ? Quel que soit leur sentiment, il faudrait bien qu'elle leur apprenne rapidement la vérité, leur donne sa nouvelle adresse. Et que dirait son père ? Elle écrivait régulièrement à Créancey. Philibert, peut-être plus par curiosité que par souci pour elle, aimait qu'elle lui donne les détails de son quotidien. Tôt ou tard, elle devrait lui expliquer pourquoi elle ne travaillait plus. Elle entendait déjà sa belle-mère triompher : ses belles-filles étaient des pas grand-chose, des feignantes – car Cécile, bien que mariée, serait immanquablement associée à l'opprobre –, des Marie-couche-toi-là.

Ce matin de novembre, elle se rassura : tant pis pour ce que dirait son père. Elle lui écrirait tout d'abord qu'elle n'était plus au service des Zola, mais qu'on veillait sur elle et que tout allait bien. Elle ne répondrait pas aux questions plus précises que ne manquerait pas de lui poser son père, et elle verrait par la suite ce qu'il lui faudrait révéler de sa vie. Jeanne serait claire, en revanche, avec sa sœur et sa tante, chez qui elle devait déjeuner le dimanche suivant. Les décisions fermes, aussi difficiles soient-elles, sont apaisantes et libèrent du poids des incertitudes, se dit Jeanne, qui se sentit plus légère. Tout d'un coup, elle eut envie de se faire belle pour Lui, de ressembler à cette dame qu'elle observait de sa fenêtre et dont la marche gracieuse faisait balancer les plis de sa capeline bleue. Elle jeta un coup d'œil sur sa chambre impeccablement tenue et rangée, et rêva un instant d'un amoncellement d'étoffes, de rubans, de fils de soie sur son lit. Elle voyait sa taille si mince enserrée dans un corsage du même bleu que la capeline qu'elle venait d'admirer, et que mettrait en valeur le bouffant des manches ballon. Elle placerait de jolis boutons nacrés sur le devant, peut-être une bande de dentelle aux poignets, et se plaisait déjà dans sa parure d'amoureuse. Elle ferma les yeux et frissonna en imaginant les baisers d'Émile dans son cou, ceux qu'elle préférait, les mains d'Émile autour de sa taille, osant même envisager d'autres caresses.

Il ne viendrait la voir que le lendemain ; il lui fallait tromper son attente, toucher, empoigner des étoffes à défaut d'autres étreintes, peut-être aussi s'étourdir, emprisonner ses peurs dans les étalages. Elle sortit précipitamment. Direction : rue de Rivoli, au Louvre, un grand magasin de la rive droite de Paris, réputé pour son luxe, le raffinement de ses marchandises, mais aussi pour sa pratique de l'affichage des prix, qui évitait les tromperies des vendeurs et celles des « rendus » permettant aux clientes de rapporter les articles achetés sur un coup de tête. Jeanne avait décidé de s'y rendre à pied ; elle rentrerait en voiture. Chemin faisant, elle sourit de son emballement et de la vitesse à laquelle elle avançait. Si Émile la voyait ! Lui qui avait précisément décrit, dans son roman *Au Bonheur des Dames*, la fièvre des achats, la folie des femmes se jetant sur les nouveautés, qu'aurait-il pensé s'il l'avait vue, elle aussi, courir vers le grand magasin, poussée vers la tentation et l'excitation des emplettes ? Du coup, elle ralentit le pas de peur de ressembler à certaines clientes du roman… Non, elle n'avait ni la rage dépensière de Mme Marty ni la folie kleptomane de Mme de

Boves. Zola pouvait être tranquille : elle s'identifiait plutôt à la raisonnable Mme Bourdelais, qui savait tirer le meilleur parti des bonnes occasions, même si elle se reconnaissait très coquette et très sensible au raffinement des toilettes.

En pénétrant dans le hall du magasin, elle repensa aux impressions de Mme de Boves admirant l'exposition des ombrelles multicolores qui couvraient comme des guirlandes balustrades, colonnes et rampes d'escalier. Il n'y avait rien de tout cela, pas d'ombrelles en novembre, ni de soldes attirant en masse une foule de clientes hystériques. Elle trouva un peu fort de ne plus voir les choses avec ses propres yeux mais à travers ceux de femmes de papier. Pendant toute la durée de ses achats, Jeanne eut la dérangeante sensation d'être spectatrice d'elle-même, de s'observer en train de choisir son tissu, ses boutons, ses galons et ses fils, perdant presque la spontanéité de ses gestes. En sortant, elle se surprit avec amusement à observer les clientes trop audacieuses ou trop hésitantes qu'elle aurait bien vues en voleuses, comme celles décrites par le romancier.

Émile était-il donc si présent en elle qu'elle commençait à voir la société avec ses yeux ? Il est vrai qu'elle s'était toujours sentie un peu en dehors du monde, et que cette position d'observatrice lui était assez familière. La lecture et la relecture des romans de Zola ne faisaient qu'orienter son regard. Pour s'ancrer davantage dans la vie parisienne, il lui faudrait retrouver des amies. Elle chercherait à savoir si Marguerite habitait toujours à la même adresse. Entendre de nouveau ses rires, son ton gouailleur, revoir le mélange d'insolence et de tendresse dans ses yeux verts… Elle n'avait pas envie de rentrer directement chez elle. Après avoir fait garder ses achats, elle descendit vers la Seine. De la rue de Rivoli, elle rejoignit le quai de l'Hôtel-de-Ville jusqu'au quai des Célestins d'où elle contempla la succession des ponts. Elle franchit le pont Marie qui la conduisit en bas du quai de Bourbon, son endroit de prédilection. Elle s'arrêta pour observer les bateaux, aussi bien le bateau-lavoir, les petites barques et les bateaux de plaisance que les péniches et les grands bateaux couverts de bâches colorées en forme de tente. Les chargements de pommes qu'ils abritaient dégageaient une odeur douceâtre qui lui rappelait celle du garde-manger de Ninette. Hormis l'affreux hôtel de Bourgogne, qui ne faisait vraiment pas honneur à sa région natale, Jeanne aimait, sur le quai des Ormes, les petites maisons étroites à deux fenêtres, un peu grisâtres, en bas desquelles s'alignaient des boutiques vertes, brunes et rouges. L'une d'entre elles, Le Petit Matelot, était spécialisée dans les marchandises destinées aux canotiers. En remontant l'île Saint-Louis vers l'île de la Cité, elle vit un vieil homme, les mains derrière le dos, levant la tête vers les grands arbres qui séparaient les deux îles. Elle eut un serrement de cœur en repensant à son grand-père et à ses longues méditations silencieuses devant ses arbres. Pont d'Arcole, pont Notre-Dame, Pont-au-Change... De pont en pont, Jeanne dispersa ses rêves dans les vapeurs bleutées des berges. Le Pont-Neuf, sept arches sur le bras droit, six à gauche, s'amusait-elle à compter, la reconduisit vers son point de départ, vers une réalité tissée de désirs et de projets.

Deux jours plus tard, invitée à déjeuner chez sa tante, elle poussait la porte de la boulangerie.

— Voilà ma Jeanne !

Élisabeth la serra dans ses bras.

— Tu es encore plus jolie ! (Elle recula pour mieux la regarder.) Je te trouve changée. Tu as l'air reposée, ton nouveau travail te réussit ! Je suis heureuse pour toi que tu sois tombée dans une si bonne maison.

Jeanne ne répliqua pas, délivrée de cette remarque embarrassante par l'arrivée de Cécile, sans le bébé et sans Étienne, officiellement retenu par le nettoyage de la boulangerie. Voilà qui faciliterait les confidences. Retrouvailles, embrassades, compliments.

— Que nous trois..., se réjouit Élisabeth. Profitons-en, ça n'est pas près de nous arriver de nouveau.

Dans la salle à manger, la table était somptueuse : la nappe blanche était celle qu'avait brodée sa mère, et la vaisselle raffinée, à fleurs bleues, venait également de Marie. Élisabeth vit le regard ému de ses nièces.

— J'aurais dû dire que nous quatre... Votre grand-mère est avec nous, vous savez. Et j'ai fait honneur à votre gourmandise.

Elle prit le ton solennel du maître d'hôtel d'une grande maison.

— Vol-au-vent, filets de sole, lapin aux trompettes-de-la-mort, et saint-honoré maison.

Jeanne se demandait quand elle devrait parler de sa situation. En début de repas, pour être libérée plus tôt ? ou à la fin, pour laisser sa tante manger tranquillement ? Élisabeth régla la question en demandant d'abord à Cécile comment se portait sa fille, si le commerce marchait bien, si Étienne était gentil, s'il lui manquait quelque chose. Cécile avait répondu sans donner beaucoup de détails. Il ne restait plus qu'un petit morceau de vol-au-vent dans l'assiette de Jeanne quand la question attendue tomba :

— Et toi, Jeanne, tu dois en avoir des choses à raconter ! Je ne t'ai même pas remerciée pour tes cartes de Royan.

Elle se leva, alla chercher les cartes postales, demanda à sa nièce de lui montrer où elle avait séjourné, où se trouvait le casino dont elle lui avait parlé, et quel était ce grand bâtiment blanc, à droite, là, sur la carte ?

Jusque-là, tout allait bien, mais la suite devint plus délicate.

— Tu en as eu de la chance de tomber sur une patronne aussi gentille. Tu étais faite pour côtoyer les célébrités ! Et maintenant qu'ils t'ont emmenée à Paris, tu dois voir encore plus de monde !

Grand silence. Puis, Jeanne, sans émotion apparente, d'une voix neutre :

— J'ai quitté mon service chez les Zola.

Sans laisser à sa tante et à sa sœur, ébahies, le temps de l'interroger, elle poursuivit :

— Nous nous aimons, Émile… M. Zola et moi. Je ne pouvais plus rester à leur service. M. Zola s'est occupé de moi. J'ai mon logement rue Saint-Lazare. Je ne travaille plus.

Ce fut Cécile qui réagit la première.

— Mme Zola est au courant ?

Jeanne secoua négativement la tête.

Nouveau silence.

— Cela s'est fait tout seul, malgré nous. Je ne l'ai pas voulu.

Élisabeth ne se fâcha pas.

— Tu t'exposes aux chagrins, Jeanne. Oh, je te connais ! Je suppose que tu y as réfléchi. Un homme marié, bien trop âgé pour toi et qui fait partie d'un autre monde…

Elle s'arrêta. Cécile intervint :

— La seule chose grave, c'est qu'il soit marié. Mais Mme Zola est sans doute habituée…

— Il n'est pas un homme à femmes, protesta Jeanne. Il a été un mari fidèle, d'ailleurs il travaille tant…

— Eh bien, coupa Élisabeth, nous devions déjeuner à trois, puis quatre, après réflexion, je crois bien que nous sommes cinq maintenant. Écoute, Jeanne, dis-toi que ce grand amour est certainement de passage, aie toujours cette idée à l'esprit, n'attends rien de cet homme et sois toujours prête à retourner travailler. Quoi qu'il t'arrive, je serai toujours là pour toi comme pour Cécile, ne l'oublie pas.

Jeanne leva vers Élisabeth des yeux pleins de reconnaissance. Sa sœur et sa tante devaient se demander comment elle avait pu tomber amoureuse de ce gros homme de quarante-huit ans, si souvent ridiculisé par la presse, et qui n'écrivait pas que des choses convenables. Elles devaient être dans le même état d'esprit qu'elle-même à son arrivée à Médan, ignorant comme elle que Zola avait perdu quatorze kilos après avoir suivi un régime très strict entre novembre 1887 et mars 1888, et que, devenu svelte, plus content de lui, plus élégant, il avait rajeuni de dix ans.

Après l'amertume du dernier quart de vol-au-vent, Élisabeth, persuadée que cette histoire serait de courte durée, reprit son aplomb et fila dans la cuisine d'où elle rapporta les filets de sole et ses petits croissants de pâte feuilletée.

— Allez, on est en bonne santé et on a de quoi manger. On verra bien comment tourneront les choses. Servez-vous, et gardons notre appétit.

Tout était dit. Lorsque Jeanne rentra chez elle, il lui sembla qu'elle s'installait d'autant plus sérieusement dans une autre vie que sa tante et sa sœur chéries étaient au courant de sa situation.

4

Des roses et du sang

Les semaines passaient, heureuses et libres, dans la fièvre de l'attente. Presque tous les après-midi, Zola se rendait chez Jeanne. Auprès d'Alexandrine, il se disait très occupé et prendrait bientôt comme prétexte de ses absences la préparation de son prochain roman, *La Bête humaine*, dont une partie de l'action devait, heureuse coïncidence, se dérouler à la gare Saint-Lazare.

Une heure au moins avant celle, supposée, de son arrivée, Jeanne se trouvait incapable de s'occuper d'autre chose, d'avoir d'autres pensées que de guetter le bruit de ses pas dans l'escalier, d'entendre à sa porte des petits coups frappés deux par deux, reproduisant les battements du cœur. Car cet homme illustre, que son talent faisait admirer ou détester, aimait à s'amuser de ces enfantillages. L'attente, c'était à la fois un grand vide que comblerait bientôt la présence d'Émile, et un trop-plein d'impatience, de désirs, d'inquiétude. Et s'il ne venait pas ? Elle passait cinquante fois devant la grande glace installée dans sa chambre, rectifiant une boucle sur son front, vérifiant les épingles de son chignon, regonflant ses manches, remaniant les plis de sa robe. Elle « battait l'air », comme disait Élisabeth, quand le travail des uns ou des autres manquait d'efficacité, s'asseyant avec sa broderie sans avancer d'un point, prenant un livre sans lire une ligne, se relevant pour ranimer le feu. Et puis enfin, un bruit de pas, les petits coups rythmés sur la porte et soudain, en face d'elle, un gros bouquet de fleurs derrière lequel se cachait l'homme aimé.

Ce jour-là, sa porte d'entrée s'ouvrit sur un énorme bouquet de roses blanches, rouges et roses. Elle sentit en même temps le voluptueux parfum des fleurs et la douceur d'une caresse sur sa joue. Elle vit Émile disperser les roses dans tout l'appartement, en étaler les pétales sur le lit. Dès lors, elle ne sut plus vraiment comment les choses se passèrent, par quels gestes sûrs, quels frôlements à peine perçus, sa robe se détacha de son corps, ses cheveux se dénouèrent pour la vêtir d'une autre robe incomparablement somptueuse, toute de soie noire. Elle fut surprise par une faim étrange qui ne s'apaisa que par la force des enlacements. Son dos fléchit sous le poids des caresses et il lui sembla qu'elle s'échappait d'elle-même en roulant parmi les roses. Ils se coulèrent l'un dans l'autre, s'affolèrent l'un de l'autre. Une houle fiévreuse fit onduler son corps, la tourmenta d'une splendide attente. Et ce fut l'instant d'une fulgurance, une agonie éblouissante qui s'acheva sur une fougueuse tendresse.

Et puis l'absence, le sentiment d'abandon, le retour d'Émile au monde des autres, l'errance au milieu d'objets qu'elle n'osait toucher de crainte d'effacer son empreinte. Enfin, l'espoir de le revoir bientôt, demain peut-être. Jeanne prit contre sa poitrine, tel un enfant, les brassées de roses dispersées et les replaça dans des vases. Elle alla chercher dans sa commode un petit coffret que lui avait offert sa grand-mère et en garnit le fond des pétales restés sur le lit. Avant de ranger le coffret, elle détacha la page de son éphéméride, s'imprégna de la date : 11 décembre 1888, posa la feuille sur les pétales et referma le couvercle.

Soudain, elle entendit les cloches sonner. Elle s'approcha de la fenêtre qui donnait sur l'église de la Trinité, se recueillit un instant et regretta qu'Émile ne fût pas à ses côtés pour assister à la complice célébration de leurs noces secrètes.

Mars pointait déjà son nez, les jours rallongeaient et, de sa fenêtre, Jeanne voyait les arbres se transformer, verdir, bourgeonner. Elle trouvait curieux que les derniers mois aient passé si vite. Certes, ses journées n'étaient plus rythmées par les horaires du travail, toujours à courir d'une tâche à l'autre, mais loin s'en fallait qu'elles se soient déroulées dans une plate continuité, fût-elle heureuse. Les visites d'Émile, presque quotidiennes, jetaient sur chacun de ses jours leurs éclats de lumière, de jouissance et de grâce. Et ces instants irradiaient sa vie d'une telle flamme que tous les chagrins passés, toutes les pesanteurs de sa vie se dissolvaient dans la plénitude de son amour.

Et puis sa liaison avec Zola prit une autre dimension. Un petit rien tout d'abord, juste une interrogation lorsque, à la fin de janvier, elle avait tourné la page du calendrier sans avoir pu dater d'une croix, comme elle le faisait tous les mois, ses tourments de femme. Le mois de février avait renouvelé la même lacune. Un changement en elle, indéfinissable, peut-être l'exacerbation de ses désirs charnels, l'avait intuitivement confirmée dans ses doutes : elle était enceinte. Le premier mardi de mars, elle s'en souviendrait longtemps, elle se posa devant sa glace, nue, s'observa longuement, de face et de profil, guettant la moindre rondeur de son ventre, mais elle ne vit rien. Sa poitrine seulement était un peu tendue. Pourtant, lorsqu'elle sortit dans son quartier, elle eut l'impression que tous les passants n'avaient d'yeux que pour son ventre, et que les commerçants souriaient à son passage.

Elle savait combien Émile avait souffert d'être resté sans enfant. Elle ne pouvait lui assurer plus grand bonheur que de le rendre père, même s'il pesait bien les conséquences d'une paternité illégitime. Lui révéler ses soupçons le plus vite possible, l'après-midi même, à peine serait-elle dans ses bras... Il arriva enfin. Elle était si rayonnante en lui ouvrant la porte, elle se jeta dans ses bras avec une telle solennité, un tel abandon, que Zola comprit avant même que les mots soient prononcés.

— Je crois que mon ventre est plein de tes rêves, dit doucement Jeanne. Je ne peux en être sûre, mais il y a des signes.

— Un enfant de toi, Jeanne ! Un enfant ! Ce serait tellement merveilleux...

Émile s'agenouilla, posa sa tête sur le ventre de la future mère et resta quelques secondes ainsi, les yeux fermés. Jeanne caressa son front comme elle l'aurait fait avec un enfant. Elle sourit d'elle-même en se disant qu'elle se sentait déjà mère dans son âme comme dans son corps, et que seule une grossesse pouvait lui inspirer ces gestes maternels. Mais Émile se relevait déjà, un peu tremblant, les yeux à la fois brillants et graves.

— Tu seras ma femme, tout à fait, mais je ne pourrai pas t'offrir ce que tu mérites.

— Tu me donnes plus que tout ce que j'aurais pu espérer. Non, je ne serai pas ta femme, mais je ne serai pas ta maîtresse non plus. Je serai la mère de ton enfant. J'ai voulu ton amour autant que tu as voulu le mien. Et l'enfant à venir, je l'ai voulu autant que toi.

Elle prit les mains de Zola et les passa sur son ventre en riant.

— Vivement qu'il soit gros !

— Écoute, Jeanne, je t'ai parlé de mon prochain roman qui a pour cadre les chemins de fer. Je dois me documenter sur les trains, les gares, le trajet Paris-Le Havre, et j'envisage un voyage documentaire au Havre et à Rouen. Il n'est pas prévu qu'Alexandrine m'accompagne. Tu viendras avec moi. Il faudra que je travaille, mais nous serons ensemble pour quelques jours.

Tout fut convenu. Ils partiraient le lundi suivant par le train de six heures trente. Quand Zola la quitta, Jeanne ranima son feu, ne déplaça aucun objet, ne toucha pas au service à thé sur la table, reprit même une tasse, comme si ne pas débarrasser, laisser tout en place conservait encore un peu la présence d'Émile à ses côtés. Elle pensa que si cet enfant était bien là, dans son ventre, et venait au monde, elle ne serait plus seule. Désormais, ils seraient deux à attendre ! Elle resta ainsi enveloppée dans son châle de laine et dans la quiétude de ses pensées, ne voulant voir que la douceur des choses. Dans quelques jours, elle partagerait avec le romancier non seulement les moments d'intimité, mais aussi la découverte d'autres espaces, d'autres visages.

Après une nuit presque sans sommeil, elle se leva très tôt le lundi. Prête bien avant l'heure, elle attendit impatiemment le moment de partir. Elle eut vite fait de rejoindre la rue d'Amsterdam d'où quantité de voitures chargées de bagages arrivaient, et accéda à la gare. Le train de six heures trente était très fréquenté et l'on se bousculait pour faire enregistrer les bagages. Il y avait tant de monde que Jeanne s'inquiétait. Et si elle ne parvenait pas à retrouver Zola dans cette foule et s'ils ne s'étaient pas compris quant au lieu exact de leur rencontre ? S'il avait eu un empêchement et ne venait pas ? Elle le cherchait des yeux, les pupilles dilatées d'inquiétude, croyait le voir soudain, et, déçue, cherchait encore en détaillant les visages des hommes. Cela lui parut interminable. Elle sentait les larmes monter à ses yeux, oubliant que c'était elle qui était en avance. Une main sur son épaule la fit sursauter. Elle avait tant cherché, de tous côtés, de façon si affolée qu'elle n'avait pas vu, pourtant tout près d'elle depuis quelques secondes, celui qu'elle attendait. Elle se sentit comme une enfant venant de retrouver sa mère perdue. Hélas, elle ne pouvait pas lui sauter au cou. La prudence s'imposait dans cette grande gare où le romancier risquait fort d'être reconnu ou de croiser une connaissance.

Zola s'occupa des billets et des bagages, et tous deux se dirigèrent vers le quai. Les portes du train s'ouvrirent. Zola aida Jeanne à monter dans l'une des voitures de première classe et la fit entrer dans l'un des trois compartiments dont les parois et les portières étaient garnies de drap gris, la frise et le plafond ornés de galons. Jeanne remarquait tous ces petits luxes si étrangers à sa vie jusque-là, avec lesquels sa tante l'avait dans une modeste mesure familiarisée : sur les sièges, quatre coussins piqués ornés d'un galon, rideaux de soie, plancher recouvert de moquette rose avec chaufferettes à eau chaude l'hiver. Ils s'assirent côte à côte, séparés de leurs deux voisins de banquette par un accoudoir. Ce n'est que lorsque les surveillants fermèrent les voitures et qu'elle entendit plusieurs coups de sifflet qu'elle commença à se rassurer quant aux risques d'une rencontre inopportune. Son compagnon, lui, restait sur le qui-vive, nerveux, non seulement à cause des risques qu'il prenait mais aussi dans la fièvre de tout voir, d'observer chaque élément, chaque mouvement, chaque employé composant le monde ferroviaire. Il finit par se détendre, elle-même sentit son corps se relâcher. Elle vit les arbres au loin se détacher d'un ciel de plus en plus clair, qui absorba ses songes. Elle rouvrit un œil vers Bonnières, entendit Émile lui annoncer le tunnel de Rolleboise, et se réveilla complètement en gare de Sotteville. Zola commentait :

— Une grande gare de marchandises, elle fait deux kilomètres ! Dangereuse, aussi. On parle du carrefour des écrasés.

Jeanne serra ses deux mains sur sa poitrine, jouant à se faire peur. Après le passage de la Seine, le convoi s'achemina à travers de grandes plaines vers la gare de Rouen. Puis le paysage changea tout à fait, beaucoup plus accidenté, formé d'une succession de vallées vierges de toute présence humaine. Un désert de bois maigres, de landes et de broussailles que Jeanne trouvait hostile. À l'arrêt en gare de Barentin, elle dit à l'oreille d'Émile :

— C'est triste, cette région. Je plains les gens qui y vivent. À Créancey, il y avait un bois un peu comme ceux-là. Ninette nous disait toujours de ne pas nous y promener. Je l'entends encore : « Un vrai repaire de brigands ! »

Jeanne fut surprise par la réponse énigmatique du romancier.

— C'est drôle que tu dises ça, Jeanne, car ce sera le lieu du crime.

Il mit son index sur sa bouche et Jeanne ne put en savoir davantage. Enfin, le train arriva en gare du Havre, un bâtiment moderne qui avait remplacé, en 1884, l'ancien, vétuste et inadapté à l'importance de la ville. Jeanne se reporta quelques mois plus tôt, à la gare de Royan, alors qu'elle n'était que l'accompagnatrice timide du couple Zola. Timide, elle l'était toujours, mais cette fois au bras de Zola ! Celui-ci l'entraîna vers la sortie, inquiet de la voir subitement toute pâle.

— Il faut que tu te reposes, le voyage t'a fatiguée. Dans un quart d'heure, ma grande Jeanne pourra s'allonger dans sa belle chambre d'hôtel !

Jeanne lui sourit. Elle se sentait nauséeuse depuis sa descente du train et redoutait d'être prise de vomissements, ce qui lui arrivait presque chaque jour, à ceci près que ses malaises survenaient plutôt le matin, au lever. Heureusement, elle n'eut pas à attendre la voiture qui devait les conduire à l'hôtel et le trajet fut rapide. Elle était mieux quand ils arrivèrent au Grand Hôtel. Jeanne remarqua le petit sourire en coin de l'hôtelier, le sourire de celui à qui on ne la fait pas quand Zola annonça :

— Monsieur et Madame Aubert*.

Tout en faisant visiter leur chambre aux arrivants, le patron jeta un coup d'œil amusé et complice à Jeanne, en homme du

* Nom de la mère d'Émile Zola.

métier habitué aux liaisons illégitimes de messieurs mûrs et riches accompagnés de jeunes beautés. Dès qu'ils furent seuls, Zola prit Jeanne dans ses bras et la déposa sur le lit avec une adoration quasi religieuse qui contrastait avec les sous-entendus triviaux de leur hôte. La jeune femme s'en amusa.

— Pour toi, je suis Angélique, mais pour lui, je suis Nana !

— Tu es Jeanne. (Il lui prit sa main toute fraîche qu'il réchauffa contre sa poitrine.) Ma grande Jeanne, ma douce Jeanne qui me fait revivre.

— Tu sais, j'ai toujours peur quand je suis trop heureuse. Peur de devoir le payer d'une façon ou d'une autre.

— Ne dis pas cela…

Émile, fatigué lui aussi, s'allongea à son côté. Elle posa sa tête sur son épaule, comme elle aimait le faire, et ils restèrent ainsi un long moment à se parler et à somnoler.

Les jours qui suivirent ne furent qu'enlacements, baisers, rires à propos de petits riens, juste de la joie d'être ensemble. Un soir où ils dînaient au Grand Hôtel, ils furent pris d'un fou rire qui devait rester un mystère pour le maître d'hôtel. Le simple fait de s'être retrouvés seuls à une petite table, perdus dans la grande salle déserte du restaurant, servis par un garçon jouant son rôle avec un sérieux et une cérémonie dont le vide de la salle soulignait le grotesque, avait suffi à déclencher ces rires incontrôlables.

Le romancier n'oubliait pas pour autant le but officiel de son voyage et consacrait une partie de son séjour à visiter la gare du Havre et à prendre des renseignements, notamment près du chef de gare, M. Cugnot. Mais son enquête sur le terrain impliquait aussi une connaissance précise de la ville et de ses environs, faisant la part belle aux promenades avec Jeanne. Loin de Paris, les risques d'être reconnu étant infimes, Zola se sentait libre de flâner au bras de Jeanne, d'avoir pour elle des gestes tendres. Depuis les malaises récents de la jeune femme qui confirmaient sa grossesse, ils se donnaient le droit de rêver à leur futur enfant, et les hauteurs du Havre, par la vue que cet endroit offrait au loin, leur parurent comme le point d'ancrage symbolique de leurs projections dans l'avenir. Sainte-Adresse, une petite localité qui prolongeait Le Havre vers le cap de la Hève, leur offrit un panorama en parfaite harmonie avec leurs attentes. De chaque côté du chemin sinueux qui y conduisait s'inscrivaient les avancées du printemps. Jeanne se retrouvait tout entière dans une nature qui la rappelait aux émotions heureuses de sa vie passée et future. En contemplant les taches bleues et blanches des violettes et des premières pâquerettes, elle se revoyait offrant ses premiers bouquets à sa grand-mère, et les arbres, avec leurs bourgeons encore recroquevillés dans l'attente de l'éclosion, lui renvoyaient l'image de son propre corps en marche vers la maternité. Elle s'émerveillait de tout ce qu'elle voyait : la route surplombant la mer, les deux phares de la Hève, les magnifiques villas entourées de jardins qui s'étageaient en terrasses sur les hauteurs, le panorama sur Le Havre et la Seine. Le mauvais temps ne permettait pas de voir la côte en face.

— C'est Trouville de l'autre côté ? demanda-t-elle en pointant le doigt.

— Pas seulement ! C'est la Côte fleurie, de Honfleur, là-haut, à Cabourg…

— J'ai souvent rêvé à Trouville parce qu'il y avait chez ma tante un tableau représentant la plage. Tu crois qu'on pourrait y aller ?

— C'est une très bonne idée. Mais j'ai peur que tu ne sois malade en bateau. Le trajet dure trois quarts d'heure et il fait si froid !

Mais il vit le regard insistant de Jeanne.

— Après tout, si la mer est calme… Et puis, ce que veut Mademoiselle Jeanne… !

Les désirs de Mlle Jeanne furent en effet exaucés. Malgré le froid, inhabituel en ce début de mars, Zola lui offrit une belle ombrelle blanche bordée de dentelle, comme celle de la jeune femme du tableau.

— Pour faire venir le soleil !

Jeanne, en se regardant dans le grand miroir du magasin, élégante sous son ombrelle, eut un choc. Était-elle devenue une « dame » ? C'est ce qu'elle paraissait en tout cas aux yeux des passants dans la rue. Et l'habit n'en était pas la seule cause. Jeanne avait une grâce naturelle, une distinction dans sa façon de se tenir, de marcher, qui paraissait apprise dans les meilleurs cours de maintien, la raideur et la pédanterie en moins.

Balade amoureuse sur la plage, déjeuner de fruits de mer, dont Zola raffolait, à l'hôtel des Roches Noires, en bordure de la plage, toutes ces distractions qui lui paraissaient il y avait encore si peu de temps réservées à un autre monde que le sien s'ouvraient à elle. L'immense salle du restaurant était aussi imposante que sa façade aux colonnes corinthiennes. Jeanne s'était promis de se laisser aller aux joies de ces quelques jours sans les assombrir par des questionnements dérangeants, qu'elle chassait de ses pensées chaque fois qu'ils faisaient une percée dans son esprit.

Et puis les chemins se prirent en sens inverse. Retour au Havre, retour à la gare, ligne Le Havre-Rouen-Paris, avec un arrêt à Rouen, Zola voulant y visiter la cour d'assises pour les besoins de son roman.

— Quand ton livre sera écrit, j'aurai l'impression d'être là, entre deux pages. J'aurai participé à ton enquête, dit-elle, songeuse et fière, dans la voiture qui les conduisait de la gare au palais de justice.

— Tu seras dans mes pages, dans toutes mes pages désormais.

Émue, elle murmura :

— J'aurais préféré être dans toute ta vie… (Et, se serrant contre Émile qui la regardait tristement :) Mais c'est beau, déjà, ce que tu me dis et ce que tu me donnes.

Ils entrèrent par la rue des Juifs dans la cour de l'ancien palais des ducs de Normandie, montèrent les vingt-sept marches du grand perron, franchirent la salle des pas perdus et se retrouvèrent dans la salle des assises. Jeanne leva la tête, impressionnée par le plafond de bois à caissons sculptés et dorés, le calvaire de pierre au fond, derrière la cour, les murs peints d'abeilles d'or sur fond rouge, toute la salle éclairée de dix fenêtres avec, dans les impostes, les armes des plus importantes villes de Normandie. Jeanne imaginait la scène d'un grand procès, ce qu'elle faisait d'autant plus facilement que Zola lui indiquait la place du ministère public et du greffier, le banc des prévenus, avec les gendarmes derrière l'accusé et l'avocat de la défense devant, les deux bancs pour les douze jurés.

— Tout est fait pour qu'on se croie au théâtre, remarqua Jeanne. Le rouge et l'or, la scène, les spectateurs, des histoires dramatiques racontées au public...

— Tu as raison, il y aura du théâtre dans mon roman.

Leur imagination s'exaltait dans ce lieu de tragédie. Jeanne s'imaginait en inculpée innocente du crime dont on l'accusait, avec Zola comme avocat, bravant les juges, apportant des preuves irréfutables de son innocence. En quittant le palais de justice, elle se plut à réinventer le passé de son compagnon.

— Tu aurais fait un avocat magnifique, j'en suis sûre ! Tu aurais su défendre les gens.

— Je le fais d'une autre façon... Mais j'accuse aussi !

— Tu accuses pour défendre.

Zola s'arrêta un instant.

— Ma grande Jeanne comprend beaucoup de choses... Tu aurais mérité une éducation solide qui te permette d'exercer ton jugement librement. Pas une éducation chez les sœurs qui asservit les enfants aux seules lois de l'Église et qui leur apprend, précisément, à obéir au lieu de réfléchir, qui enseigne le mépris de la vie, la haine de la femme !

Zola s'emportait, perdu dans ses pensées, tandis que Jeanne se rappelait le doux visage de sœur Astérie, sa flamme à transmettre le savoir, aussi modeste fût-il, sa tristesse quand, à chaque fin de printemps, les bancs de la classe se vidaient. La haine semblait étrangère à son cœur, à sa pensée.

— Tu sais, la sœur qui me faisait la classe enseignait pour servir Dieu, mais elle le faisait pour nous aussi, elle nous aimait, je crois... Moi, je l'aimais en tout cas.

— Il y a de braves gens partout, même chez les religieux, heureusement. Eux-mêmes, souvent, sont victimes de leur éducation. Je ne doute pas qu'il y ait de bons prêtres, des religieuses au grand cœur, il y en a dans mes romans ! C'est à l'Église que j'en veux, à l'intolérance religieuse, à ceux qui se servent de la religion comme instrument de pouvoir sur le monde. Je vais te dire, Jeanne, la religion tombera d'elle-même avec les progrès de la science, l'obscurantisme religieux cédera face aux connaissances scientifiques.

— Mais la connaissance du monde n'empêche pas que ce soit Dieu qui l'ait créé, ce monde à connaître et que la science, comme tu dis, permettra de comprendre.

— Je ne dis pas le contraire.

Emportée par cette conversation qui se poursuivit pendant le trajet du retour à la gare, Jeanne fut presque surprise de se retrouver sur le quai à attendre le train qui les reconduirait à Paris. Une autre attente allait s'ouvrir pour elle. Curieuse attente, d'ailleurs, pensait Jeanne, que cet être dans sa propre chair, qui ne vous quittait jamais et dont la venue consisterait précisément à se détacher de vous...

Jeanne embellissait son appartement, qu'elle avait rendu plus chaleureux par le choix de tentures colorées, de nappes et de linge brodés de ses mains, de tableaux. Zola y avait fait installer une bibliothèque comportant un secrétaire à abattant dans lequel elle rangeait son courrier. Son « havre de douceur », comme disait Émile, lui ressemblait par l'harmonie du décor et sa beauté simple.

Elle avait informé Cécile et sa tante de sa grossesse, ce qui n'avait pas manqué de les émouvoir et de les inquiéter tout autant. Élisabeth voyait bien maintenant tout le sérieux de cette histoire, mais elle craignait toujours l'abandon, fût-il forcé et non désiré, de sa nièce par l'amant.

— Je ne doute pas de son amour pour toi, qui ne t'aimerait pas d'ailleurs ? Mais quand sa femme apprendra votre liaison, qu'adviendra-t-il de toi et de ton bébé ?

Jeanne voulait rassurer sa tante autant qu'elle-même.

— Ne t'inquiète pas. Cet enfant, il l'aime tant déjà qu'il ne nous abandonnera pas. Et puis, Mme Zola ne saura peut-être jamais rien.

— Ça, j'en doute fort ! De toute façon, c'est ainsi. Si tu es heureuse... Je ne souhaite que ton bonheur. Prends soin de toi, ma grande, et fais-nous un beau bébé !

En apprenant la grossesse de sa sœur, Cécile se contenta de s'enquérir auprès de Jeanne de sa bonne santé, de la date prévisible de l'accouchement, des services qu'elle pourrait lui rendre, autant de préoccupations matérielles qui lui évitaient d'aborder d'autres questions plus graves. Elle savait que sa sœur n'accepterait aucune critique à l'encontre du père de son futur enfant. Mais, un dimanche où Jeanne était venue déjeuner chez elle, un petit incident la fit sortir de sa réserve. Juste avant que l'on se mette à table, Jeanne, qui était arrivée déjà pâle et fatiguée, se mit à gémir doucement. Elle se serait effondrée sur le sol si Cécile et Étienne ne s'étaient précipités pour la soutenir et l'allonger sur leur lit. Il fallut une dizaine de minutes pour que son visage retrouve un peu de couleur et qu'elle puisse prendre le verre d'eau sucrée que lui tendait sa sœur. Jeanne était encore trempée de sueur quand Cécile, tremblante de peur et de colère, explosa.

— Et le père, lui, où est-il ? Tranquille, à ses affaires, son foyer, avec sa femme ! Toi, tu es toute seule, il n'est pas là pour veiller sur toi, pour s'inquiéter de ta santé. Il se contente d'attendre tranquillement son joli bébé qu'il viendra voir quand il lui plaira.

Elle vit les larmes couler sur les joues de sa sœur qui s'était assise sur le lit, la tête calée sur deux oreillers. Elle aurait préféré mille fois que Jeanne se fâche, proteste, plutôt que ces larmes silencieuses. Elle prit « sa petite Jeanne » contre elle et la berça tendrement. À partir de ce jour, Cécile se promit de ne plus intervenir et de garder ses ressentiments et ses inquiétudes par-devers elle.

Grâce à la préparation documentaire de son roman, Zola pouvait justifier ses absences fréquentes, au cours desquelles il rejoignait Jeanne. Mais ses recherches s'achevaient, et le temps de l'écriture arriva. Le 4 mai, il repartit pour Médan et s'attaqua à la rédaction de *La Bête humaine.* Depuis son installation à Paris, c'était la première fois que Jeanne subissait l'éloignement, pour plusieurs mois, de son amant. Elle se demandait si cette séparation était ressentie par Zola de manière aussi douloureuse. Lui avait sa femme à ses côtés, si aimante et attentive que, même si les sentiments d'Émile pour Alexandrine excluaient le désir et la passion amoureuse, il n'en éprouvait pas moins pour elle une reconnaissance et une tendresse qui le consolaient sans doute de leur séparation. Peut-être l'oubliait-il parfois ? Ces craintes disparaissaient lorsqu'elle recevait une lettre de lui, enflammée, criant la douleur de l'absence. Elle s'en voulait alors de se sentir rassurée par l'intensité de son déchirement, alors qu'elle n'aurait dû désirer que son bonheur ! Mais le moindre retard dans l'envoi de la lettre suivante laissait le doute s'infiltrer de nouveau dans son esprit.

Un grand événement parisien fut le bienvenu pour la distraire de ses préoccupations et lui permettre de revoir Émile quelques heures. Le 6 mai, ce fut en effet l'ouverture de l'Exposition universelle de Paris, qui ne se clôturerait que le 6 novembre suivant. Paris était plongé dans une effervescence d'autant plus folle que l'Exposition serait marquée, le 15 mai, par l'ouverture de la tour Eiffel au public. Jeanne avait très envie de retrouver la gaieté des promenades dominicales à Courbevoie, en famille et entre amis. Elle proposa à Amélie et Marguerite, qu'elle avait déjà revues plusieurs fois depuis son installation rue Saint-Lazare, de les rejoindre le dimanche suivant, elle, sa tante, ses cousins, sa sœur, son beau-frère et la petite Cécile, au Champ-de-Mars, point de départ d'une journée de visites des principales curiosités de l'Exposition. Commémorant le centenaire de la Révolution de 1789, l'entreprise s'était voulue d'importance, occupant nombre de quartiers prestigieux, exposant avec fierté ses richesses artistiques, scientifiques et industrielles. On aurait bien visité la tour Eiffel, mais il y avait tant de monde que l'on se contenta de l'observer, dans un joyeux mélange d'admiration et de détestation. Malgré l'approche de son cinquième mois de grossesse, Jeanne se sentit en pleine forme, heureuse des rires et de l'agitation autour d'elle.

« Fanfan est mort ». Ces trois mots qui commençaient la lettre reçue par Jeanne assombrirent le début du mois de juin. Zola lui confiait son chagrin, l'intense douleur que la mort du « petit chien fou » lui faisait ressentir. Jeanne avait déjà pu mesurer combien Émile s'était attaché à ce griffon, atteint d'une étrange maladie qui le faisait tourner sur lui-même frénétiquement, par crises continuelles et sans fin. Pendant deux ans, Fanfan avait cessé ses rondes folles, ne quittant plus son maître, le suivant dans son bureau, l'accompagnant dans son travail d'écriture, calé entre le dos du maître et le dos du fauteuil. Et puis les crises avaient repris jusqu'à ce que l'une d'elles, plus violente, eût raison de ses nerfs. Jeanne était doublement peinée. Elle aussi s'était attachée à ce chien avec lequel la nature s'était cruellement amusée. Et Zola faisait peine à lire ; elle aurait voulu le prendre dans ses bras pour le consoler et pour l'aimer.

Il ne lui fallut guère plus d'une semaine pour cela. Du 10 au 12 juin suivant, Zola fut en effet de retour à Paris pour se distraire de son chagrin et profiter lui aussi des attractions de l'Exposition. Raison officielle et véritable, mais pas unique. Retrouvailles fougueuses, dans l'émerveillement de l'autre. Étreintes brûlantes, enlacements sans fin dans une tentative désespérée d'imprimer son corps sur le sien, d'emporter l'empreinte de ses baisers, de ses caresses, le goût de ses lèvres, l'odeur de sa peau qui rendaient les suivantes plus impérieuses encore. Dès son retour à Médan, Zola écrivit à Charpentier pour lui proposer de dîner sur les lieux de l'Exposition avec d'autres amis, comptant bien profiter de cette soirée pour une échappée vers Jeanne. Charpentier fixa le rendez-vous au 18 juin. Dîner encore le 1er juillet au premier étage de la tour Eiffel, avec les Charpentier, les Hermant, les Dayot, Edmond de Goncourt… et une heure avec Jeanne.

La décision du romancier de louer pour son amie une maison d'été proche de Médan lui prouvait, si besoin en avait encore été, l'impossibilité pour Émile de vivre loin d'elle. Cheverchemont. C'était là que Jeanne irait désormais passer ses étés. Zola avait choisi ce hameau parce qu'il était situé juste en face de Médan, de l'autre côté de la Seine, entre Triel-Bourg et le hameau de L'Hautil, et que, de la fenêtre de son cabinet de travail, il pouvait apercevoir les maisons situées à mi-coteau, à quelques kilomètres de distance. Par chance, il avait pu louer l'une d'entre elles, la villa *Les Framboisiers*. Non seulement il serait proche de Jeanne – il lui serait même possible de monter jusque chez elle –, mais avec sa longue-vue, il la verrait de sa fenêtre.

Jeanne redevint donc campagnarde le temps de quelques semaines. Elle quitta Paris à la fin de juillet. La chaleur était accablante. En apercevant, de la voiture qui la conduisait à Cheverchemont, la vallée et les îles de la Seine, avec les longues ondulations du fleuve dont les coteaux riverains rendaient le bleu plus profond, elle se sentit comme rafraîchie. Elle imaginait, d'après les descriptions de Zola, le jardin ombragé, la proximité du bois derrière la maison, et cette seule pensée l'aidait à mieux respirer. Enfin, la voiture s'arrêta devant la maison, qu'elle trouva fort jolie avec l'étage percé de trois fenêtres et la porte d'entrée surmontée d'une élégante marquise. En franchissant la grille d'entrée, elle avait hâte de prendre possession des lieux, de se retrouver seule dans ses nouveaux murs et, surtout, comme le lui avait recommandé Zola, d'observer de la fenêtre de la salle à manger qui s'ouvrait sur la vallée de la Seine la maison de Médan, de l'autre côté du fleuve, vers le sud. Émile lui avait promis de lui offrir une longue-vue comme lui-même en possédait une. Ainsi équipée, elle pourrait distinguer le balcon de la tour Nana et même, par temps clair, Zola.

Elle ouvrit les volets, s'assit devant la fenêtre, transporta son regard de l'autre côté de la Seine et attendit. Zola lui avait dit qu'à onze heures précises il serait sur son balcon. Qu'elle se montre à sa fenêtre ! En ce mois de juillet si lumineux, il la verrait avec sa longue-vue et lui ferait un signe. Jeanne regardait sa montre. À onze heures, elle se mit à sa fenêtre, plaça sa main devant ses yeux, laissa juste un petit espace entre l'index et le majeur pour filtrer l'horizon, comme si la réduction de son champ visuel à la seule maison aux deux tours lui permettrait de voir la silhouette de son bien-aimé. Elle ne put que deviner le balcon, mais ressentit sa présence avec une telle force qu'elle fut certaine de le voir pour de bon. En fermant les yeux, elle sentit les baisers courir le long de son cou, mais aussi les larmes sur ses joues. Car cette illusoire présence, perceptible par le seul travail de sa pensée, ne faisait qu'aviver l'absence. Elle était seule à porter son ventre parfois si lourd, seule avec l'angoisse de son prochain accouchement. Comment cela se passerait-il, comment mettait-on au monde un enfant, quelle serait l'intensité de la douleur ? Elle se souvenait des cris de Rosalie. Et si son enfant ne vivait pas ? Elle aimerait mieux mourir avec lui.

Fort heureusement, ses craintes, son sentiment de solitude furent bientôt adoucis par l'arrivée à Cheverchemont d'Alexis, de sa femme et de leurs deux fillettes, Paule-Alexandrine et Marthe-Edmée. Zola avait en effet conseillé à son fidèle ami, en séjour à Médan cet été-là, de louer une maison à Cheverchemont, prétextant, à juste titre d'ailleurs, la tranquillité qu'il y trouverait pour écrire. Mais ce que le futur père voulait surtout, c'est que Jeanne ne soit plus seule et que la famille Alexis se rapproche d'elle pour la réconforter de sa chaleureuse compagnie et pour veiller sur elle.

La première visite des Alexis rendit Jeanne plutôt mal à l'aise. Ce couple d'un autre rang social que le sien l'avait connue comme lingère, et même si Paul Alexis avait déjà eu à son égard la même chaleur, la même familiarité, la même courtoisie qu'avec ses amis, sans jamais marquer cette distance que montraient si souvent les gens bien nés à ceux du peuple, elle ne se sentait pas moins gênée de sa situation envers eux. En dehors de sa famille, personne n'était censé être au courant de sa liaison, de sa grossesse. Les Alexis étaient entrés dans le secret en dehors d'elle, sans ses mots à elle. Et puis, ils étaient aussi les amis d'Alexandrine, et même si l'amitié de Paul pour Émile était entière et profonde, leur regard sur elle pourrait-il être sans reproche ?

C'est donc avec une certaine appréhension qu'elle les attendit, comme convenu avec Émile, le jeudi suivant. Elle sentit son cœur battre en entendant sonner à sa porte. Elle reconnut d'abord Alexis derrière la grille, avec sa grosse moustache tombante qui n'allait pas avec la finesse de son visage, et puis, un peu en retrait, une jeune femme mince, assez grande, aux cheveux bruns et aux yeux vifs et noirs, tenant par la main une petite fille d'environ trois ans. En s'approchant de la grille, Jeanne aperçut un landau bleu foncé. Elle ouvrit tout grand la porte en veillant à ce que le landau passe sans être heurté. Alexis remarqua le regard de Jeanne qui s'attardait vers le fond de la voiture, s'attendrissant déjà sur les petites mains qui s'agitaient de haut en bas et sur les sourires d'ange d'un bébé de six mois.

— Voilà ce qui vous attend, ma chère Jeanne, prédit Paul.

Il ne fallut que cet après-midi passé avec les Alexis pour que les réticences de Jeanne tombent tout à fait. Elle sut dès ce jour que Paul et Marie seraient, étaient déjà de vrais amis, qu'ils se moquaient de ses origines modestes et de son passé de lingère. Pour eux elle était Jeanne, la femme que chérissait leur plus cher ami, et cette raison à elle seule aurait suffi à lui assurer leur soutien. Le couple comprit ce jour-là qu'à l'amitié pour Émile s'était ajoutée l'affection pour cette jeune femme sincère, délicate, discrète, mais qui savait aussi prendre la vie avec sensualité et gourmandise. Affection réciproque : Jeanne éprouvait maintenant une grande joie à l'idée de les savoir près d'elle, de les revoir bientôt.

Une douce complicité s'établit entre les deux femmes. Marie n'avait que trois ans de plus que Jeanne et avait elle aussi connu un parcours peu conforme aux conventions bourgeoises. Au cours de l'été, elle confia à son amie les grandes lignes de son passé. Enfant adoptée par un riche propriétaire éleveur de chevaux en Normandie, près de Trouville, elle avait rencontré Paul pour la première fois neuf ans plus tôt, à seize ans, un jour où son père adoptif faisait visiter son domaine à Alexis, nouvel ami de jeu et de divertissement. Venu pour une simple promenade, Alexis, « le fou Alexis » comme il se dénommait lui-même, tombé amoureux de Marie Monnier, avait prolongé son séjour d'une semaine... Il ne s'était pas précipité pour demander la jeune fille en mariage, craignant, comme beaucoup d'artistes, que cela nuise à son travail d'écriture. Marie avait vécu avec l'écrivain, plus âgé qu'elle de dix-sept années, à partir de 1884, elle avait eu sa première fille, Paule, deux ans plus tard, et ce n'est que le 14 août 1888 qu'Alexis l'avait épousée. Jeanne se sentait d'autant plus proche de Marie que le dernier accouchement de Mme Alexis ne datait que de six mois et qu'elle vivait elle aussi avec un homme beaucoup plus âgé qu'elle, en ayant eu de lui un enfant né hors mariage.

Marie avait refusé de lui parler de ses accouchements.

— Chaque expérience est unique et secrète. Ce que j'ai vécu, vous le vivrez différemment. Je peux juste vous dire que tout ira bien, que vous êtes en bonne santé et qu'il n'y a aucune raison pour que les choses se passent mal.

— Mais la souffrance ? Dites-moi juste si elle est aussi terrible que ce qu'on m'en a dit.

— Elle est là, c'est certain, acceptable pour les unes, insupportable pour les autres. Calmez vos angoisses. Vous souffrirez d'autant moins que vous serez confiante et détendue. Et puis, vous savez, les mères aiment bien en rajouter parfois dans l'horreur. C'est leur croix de guerre, à elles qui ne la font pas !

La fréquentation des Alexis sortit Jeanne de sa solitude. Ils lui donnaient régulièrement des nouvelles de Zola, qui les invitait à déjeuner ou à dîner à Médan. Elle voyait ainsi Émile, le sentait tout près d'elle à travers leurs récits des moments passés avec le romancier.

5

Faisan, faisane, bien arrivés

Il fallut bientôt envisager le retour à Paris. L'accouchement était prévu au début du mois de septembre et Jeanne devait retrouver son appartement de la rue Saint-Lazare où naîtrait son enfant. Le 4 septembre, le Dr Henri Delineau, à la demande d'Émile, passa la voir. Émile devait être à Paris pour préparer son déménagement au 21 bis de la rue de Bruxelles. Il lui était donc facile de passer chez Jeanne ce jour-là. Après avoir examiné la jeune femme, le docteur rassura les futurs parents. Émile le prit à part sans se douter que Jeanne l'entendait.

— Je m'en remets entièrement à vous pour que tout se passe bien. Vous avez ma confiance. Oui… Toute ma confiance !

« Drôle de confiance », pensa Jeanne qui s'amusait de cette déclaration contredite malgré elle par le tremblement d'une voix angoissée.

— Mon cher ami, vous serez bientôt père d'un bel enfant, je vous le garantis ! Votre Jeanne est faite pour être mère !

À partir de ce jour, Jeanne ne quitta plus son appartement. Curieusement, plus la date de sa délivrance approchait, plus elle s'apaisait. La peur se dissolvait dans l'imminence de son objet. Elle était prête.

Le vendredi 20 septembre, elle ressentit les premières douleurs. La veille, elle avait déjà souffert de sensations pénibles de pesanteur dans le bas du ventre. Là, il ne s'agissait plus d'inconfort mais de vraies douleurs, tantôt sourdes, tantôt aiguës. Comme il avait été convenu, la bonne, Anne, employée depuis plusieurs mois, courut dès les premières plaintes chercher le docteur. Jeanne profita d'une accalmie de ses maux pour sortir de son armoire quantité de draps, de serviettes et de torchons qu'elle avait préparés soigneusement avant son départ pour Cheverchemont. Elle arrangea son lit, protégeant le matelas comme le docteur lui avait recommandé de le faire. Elle retira les descentes de lit, trop glissantes en ces circonstances, pour dégager l'accès de chaque côté. Soudain, une violente contraction la plia en deux, lui coupant la respiration.

— Maman…

Alors qu'elle-même allait être mère, elle redevenait une enfant, une petite fille fragile et désarmée qui appelait sa maman à l'aide. Les contractions se succédaient. Et si le Dr Delineau arrivait trop tard ? Mais les spasmes s'apaisèrent, bientôt remplacés par des douleurs ceinturant tout son ventre, irradiant dans son dos. Elle avait eu de ces maux de ventre à l'adolescence, mais jamais à un tel paroxysme. C'était la durée qui les rendait alors insupportables ; maintenant, c'était l'intensité. Un concentré de douleur, comme si son ventre était le champ d'expérimentation d'un savant fou s'amusant à tester la résistance humaine à l'intenable. Et cela durait, durait. Elle regarda sa montre. Cela faisait près d'une heure qu'elle souffrait ainsi. Puis les contractions se calmèrent. Elle osait à peine respirer, de peur de réveiller les meurtrissures de sa chair. Elle s'était allongée quand elle entendit dans l'escalier les pas de la bonne et du médecin qui, d'emblée, s'enquit de savoir si « Madame Jeanne » avait perdu les eaux. Voyant que Jeanne ne savait que répondre, il précisa sa question : « Vous êtes-vous sentie mouillée ? » À peine avait-elle répondu par la négative qu'un liquide tiède inonda ses cuisses.

— Ça y est, docteur, ça doit être ça, je suis toute mouillée.

— Tout va bien, Jeanne, tout va bien.

Était-ce à cause des paroles du médecin, ou bien du fait de s'être débarrassée de ce liquide qui pesait trop lourdement dans son ventre ? Jeanne se sentit mieux, apaisée physiquement et nerveusement. Mais le répit fut de courte durée. Les contractions reprirent, plus violentes, différentes des précédentes. Elles n'étaient plus l'effet d'une mécanique autonome, indépendante, qui se serait emparée de son ventre malgré elle. C'est elle qui les commandait, encouragée par le docteur. Les poussées étaient si douloureuses qu'elle se demandait pourquoi elle les accentuait, les prolongeait au lieu de les retenir. Pensée absurde ! Il fallait bien que son enfant sortît ! D'ailleurs, le médecin orchestrait ses efforts, ordonnant les pauses, les respirations, la reprise et la force des poussées.

Au moment où elle agitait la tête, désespérée que tout cela finisse un jour, à l'instant même où elle se disait que de tels déchirements de sa chair ne pourraient qu'aboutir à sa mort, le visage du médecin s'éclaira. Tout content, il s'écria :

— Parfait... superbe ! Encore un effort, c'est bientôt fini, on tient déjà la tête !

Jeanne, que ces paroles réconfortaient, continua son travail avec ferveur. Et puis il lui sembla que tout ce qu'elle avait enduré jusque-là n'était rien en comparaison de ce qu'elle vivait. Elle qui avait essayé de contenir ses plaintes se mit à hurler. Des hurlements de douleur autant que de révolte. L'impression qu'une mauvaise main découpait son sexe au couteau. Et le docteur, détendu et joyeux :

— Voilà, on y est !

Jeanne ne voyait plus rien, ne sentait plus rien. Elle entendit seulement des petits gargouillis, une sorte de sifflement, et aussitôt, un long cri strident qui fit écho à ses propres cris.

— C'est une petite fille !

D'autres crampes, d'autres contractions tordirent encore son ventre. Enfin, elle fut délivrée pour de bon. Denise ! Elle avait une petite Denise ! Elle était heureuse. Était-ce dû à la fatigue, à l'émotion qui l'égarait ? L'instant d'un vertige, elle eut la sensation d'être une autre, de se confondre avec sa propre mère, Adèle, venant de donner naissance à la petite Jeanne. Peut-être était-ce le signe qui lui était maintenant donné de mettre dans l'amour, dans les soins qu'elle porterait à sa fille, tout ce qui lui avait manqué pour grandir. À partir d'aujourd'hui, elle réparerait son enfance.

Depuis combien de temps dormait-elle quand elle rouvrit les yeux ? Elle vit le berceau dont le voile lui cachait le visage de son bébé. Émile était là, absorbé dans la contemplation du nourrisson, assis entre le lit et le berceau. Il s'aperçut que Jeanne était réveillée et posa ses lèvres sur son front, sur ses joues, sur la longue tresse brune.

— Ma grande Jeanne, repose-toi, ne bouge pas.

Il reprit sa place sur sa chaise et, tout en tenant la main de Jeanne dans les siennes, il ajouta d'une voix tremblante :

— Je n'ai jamais rien vu d'aussi beau.

Le dimanche suivant, Zola fit savoir à Jeanne qu'il avait ce jour même écrit à son ami Henri Céard – sous-conservateur de la ville de Paris à l'hôtel Carnavalet, qu'il chargeait souvent de recherches pour ses romans et à qui il demandait aussi beaucoup de services de la vie courante – pour qu'il se rende le lendemain à onze heures dans la cour de la mairie du IXe arrondissement, rue Drouot, en lui spécifiant seulement qu'il s'agissait d'une « signature ».

Le lundi, Émile et Henri Céard se retrouvèrent à la mairie en qualité de témoins. C'est le Dr Auguste Henri Delineau qui devait présenter et déclarer l'enfant : Denise Émilie Henriette Rozerot, fille de Jeanne Sophie Adèle Rozerot. Le 27 décembre suivant, Jeanne signait l'acte de reconnaissance de sa fille déclarée « de père non dénommé ». Ainsi, aucune trace de la filiation paternelle de Denise. Aux yeux de la société, l'enfant n'avait pas de père. Elle n'aurait qu'un papa caché, secret, qui ne jouerait son rôle que dans l'espace intime de la maison, à compter qu'il y fût présent.

Ces constats s'imposaient avec acuité à l'esprit de Jeanne. Jusqu'alors, elle avait assumé le fait de vivre dans le péché selon la religion, dans l'illégitimité selon le droit civil, dans le non-dit et le secret selon sa réalité quotidienne. Elle avait pris avec bonheur et gratitude ce qu'Émile lui offrait, sans en demander davantage. Mais la solennité de l'acte établissant officiellement sa responsabilité de mère avait soudain modifié sa position. Il ne s'agissait plus d'elle mais de sa fille, dont l'innocence justifiait à elle seule que sa mère et son père veillent sur elle et sur son avenir, et que son père prenne un jour des dispositions pour assurer sa sécurité matérielle.

L'absence d'Émile, parti à Médan pour y passer les fêtes de Noël, renforçait sa détermination. Elle lui parlerait des inquiétudes qui l'avaient saisie dès sa rentrée à Paris. Précisément, le 11 janvier, Jeanne recevait une lettre dans laquelle Zola lui annonçait l'achèvement de *La Bête humaine* et son retour dans les jours qui suivraient. Denise avait trois mois et Zola écrivait à Jeanne combien il était malheureux d'être séparé de sa fille, de ne pas la découvrir chaque matin, de ne pouvoir lui tendre son doigt comme il aimait le faire pour qu'elle le serre dans ses petites mains aux ongles roses. Il lui disait combien son amour pour elle, sa grande Jeanne, était sublimé par la gratitude. Jeanne avait fait de lui un homme épanoui par l'amour charnel, rassuré sur sa virilité, comblé par sa paternité. Hélas, la souffrance était à la mesure de ses joies. Déchiré entre ses deux foyers, Émile était condamné à mentir, à se cacher, à vivre son amour dans la clandestinité pour se protéger de son épouse, de ses relations, de la presse, de ses amis et de ses ennemis, qui ne lui pardonnaient pas d'être l'écrivain le plus lu en France et de jouir d'une renommée internationale.

Denise... Émile aimait ce prénom qu'il avait d'ailleurs donné à l'héroïne pauvre et courageuse de son roman *Au Bonheur des Dames*. Il l'avait proposé à Jeanne, à qui il avait plu. Les deuxième et troisième prénoms étaient ceux d'Émilie Aubert, la mère de Zola, et de Henriette Nogent, sa grand-mère maternelle, épouse de Louis Aubert. Ces deux prénoms, côté Zola, compensaient un peu la frustration, douloureuse pour Émile, de n'avoir pu donner son nom à son enfant.

Tout en relisant la dernière lettre d'Émile, Jeanne, assise à côté du berceau où Denise venait de se rendormir, pensait aux petits changements survenus chez leur fille en trois semaines, et sur lesquels l'écrivain ne manquerait pas de s'extasier. Elle fit un retour sur son passé récent. En un an et demi à peine, sa vie avait basculé : elle disposait d'un bel appartement parisien, d'une villa d'été à la campagne, et Zola avait même fait rentrer à son service une femme de chambre et une cuisinière. Surtout, elle était mère d'une petite de trois mois, fruit d'un amour passionné, d'un désir d'enfant partagé. Elle revint un instant sur la naissance de ses sentiments. Des images se bousculaient dans sa tête. Elle revoyait cet homme qui lui faisait peur au tout début de son arrivée à Médan et qu'elle avait ensuite admiré, impressionnée par la figure du « maître ». En peu de temps, et sans qu'elle s'en rende compte, son admiration s'était métamorphosée en amour, comme une femme peut aimer l'être inaccessible, lointain, interdit, détenteur d'une autorité rimant avec virilité. Une personnalité brillante, tant du point de vue social qu'intellectuel et artistique. Elle avait lu de ces histoires dans les romans : l'héroïne tombant amoureuse d'un homme de prestige – médecin, professeur, avocat, voire d'un prêtre ! Avec Zola, c'était l'aura du grand écrivain, du personnage célèbre qui l'avait séduite sans qu'elle en prît conscience, jusqu'à ce qu'un rêve se fasse l'interprète de son désir et de son amour. Mais depuis plus d'un an, bien d'autres aspects de la personnalité du romancier avaient enrichi, renforcé ses sentiments. Sa générosité, sa délicatesse, sa douceur, son mystère aussi avaient doublé sa passion d'une profonde tendresse, et sa maturité ne faisait à ses yeux qu'accentuer sa prestance. Jeanne se persuadait que, sans leur différence d'âge, sans le charme de sa jeunesse, elle, la petite ouvrière, la simple lingère femme de chambre, n'aurait pu retenir l'attention puis l'amour de Zola. Elle avait aimé le personnage, puis l'homme, dont le regard sombre qui semblait parfois se perdre dans un lointain douloureux abritait un mal-être énigmatique pour elle, au-delà des soucis qu'elle partageait avec lui. Les soucis… Elle se leva pour mettre fin à des pensées qui risquaient de s'obscurcir. Elle se plongea dans le dernier numéro du *Journal des demoiselles*, s'absorba dans les conseils de beauté jusqu'à ce que Denise réclame le sein de sa mère.

Les semaines et les mois s'écoulèrent, tranquilles, traversés par quelques événements rompant le train-train quotidien de la jeune maman : la naissance le 10 janvier d'Eugénie, la seconde fille de Cécile et d'Étienne ; la première représentation, le 3 mars 1890, de la comédie en quatre actes d'Alexis tirée de sa nouvelle *Monsieur Betsy* et pour laquelle Jeanne reçut une invitation ; les cinquante ans d'Émile, le 2 avril, qui ne put hélas se libérer pour les fêter en compagnie de Jeanne ; le baptême de Denise, qui eut pour parrain et marraine Henri Céard et Marie Alexis, tout cela sur fond d'intense activité d'un Zola fort occupé par la préparation de son prochain roman, *L'Argent*, pour lequel il avait situé la Banque universelle rue Saint-Lazare, ce qui lui permettait de concilier les besoins de ses recherches avec ses visites chez Jeanne.

Un drame bouleversa ce printemps 1890 : la mort le 18 juin de la petite Marthe-Edmée Alexis, à peine âgée d'un an et demi. Quel Dieu autorisait donc la mort de ces petits innocents ? Jeanne fut tout autant déchirée par ce décès que révoltée par l'injustice et la cruauté du monde. Non, ce Dieu de bonté dont sœur Astérie lui avait tant vanté l'amour n'existait pas. Ou bien sa volonté devait défaillir pour que la douleur fût ainsi répandue sur terre. Qu'il essaie de lui prendre sa fille ! Il verrait ce qu'elle serait capable de faire. Jeanne se voyait brûlant les églises, empoisonnant les vins de messe, décapitant les jésus de plâtre. Elle ne baisserait pas la tête face à un Dieu aussi cruel. Au contraire, il en allait de la vie de son enfant de Le regarder bien en face, et de Lui ôter l'envie de lui arracher sa fille comme il lui avait arraché sa mère.

Bientôt, ce serait pour deux enfants qu'elle devrait se battre. Au début de l'année 1891, elle ressentit les mêmes symptômes que lors de sa première grossesse. Elle était heureuse qu'Émile ait terminé *L'Argent*, le 30 janvier dernier. L'écrivain avait eu beaucoup de mal avec ce roman, tout particulièrement avec les quatre derniers chapitres, et il se trouvait libéré du poids de ce travail pour accueillir la nouvelle d'une seconde grossesse. Elle tenait à la lui annoncer de vive voix ; encore fallait-il attendre que Zola se libère de l'avalanche d'obligations auxquelles il devait faire face chaque jour pour passer une heure ou deux avec elle et Denise. Il arrivait toujours inquiet de tout : du peu de temps qu'il pouvait leur consacrer, de ce que l'on s'étonne de son absence, que l'on découvre son secret. Inquiet aussi de manquer à certaines de ses obligations en restant, si peu de temps soit-il, avec Jeanne. Elle reconnut une fois encore, ce jour-là, son pas dans l'escalier. Son cœur battit plus fort que d'habitude. Tous deux voulaient ce second enfant.

— J'ai été un enfant unique, lui avait dit Émile, j'en ai souffert. Je me serais senti plus fort et mon enfance aurait été plus gaie si j'avais pu la partager avec un frère ou une sœur. Il faut que nous donnions cette joie à Denise.

Jeanne était maintenant sûre, à moins d'un malheur, que son vœu serait exaucé. Elle aussi rêvait d'un autre enfant, malgré sa situation de fille-mère si difficile à vivre dans une société tellement attachée aux conventions et à un ordre moral qui, à ses yeux, n'avait pas grand-chose à voir avec une vraie morale fondée sur la générosité, l'amour, le partage et le don de soi. Elle se précipita vers la porte en entendant Émile frapper en imitant le rythme des battements de son cœur, fantaisie d'amoureux devenue maintenant une habitude. Lorsqu'il la vit, les yeux brillants, nerveuse, mais le visage éclairé d'un grand sourire, il comprit ce qui l'animait.

— Tu as le même sourire qu'il y a un an et demi...

— Tu as deviné... Moi qui avais préparé mes mots pour te l'annoncer !

— Eh bien tu me l'as dit avec tes yeux, c'est encore plus beau ! Merci, Jeanne, de me combler comme tu le fais.

La voix d'Émile s'étrangla, puis il se tut. Il prit Jeanne dans ses bras, la serra contre lui. Jeanne sentit sa joue se mouiller, mais ce n'était pas elle qui pleurait.

— J'aurais tellement voulu crier au monde entier ma joie d'être père, faire de toi une mère reconnue de tous, au grand jour, comme tu le méritais ! Au lieu de cela, je te fais vivre une vie de recluse, de femme cachée... J'aurais voulu te donner toute ma vie, partager tous mes instants avec toi, et je ne te vois que dans le secret, furtivement...

Jeanne se serra plus fort contre lui sans rien dire. Émile prit dans ses bras Denise qui tirait sur sa veste pour qu'enfin il s'occupe d'elle.

— Ma Denise, j'espère que tu seras bientôt la grande sœur.

Et comme Denise mettait ses bras autour de son cou en jetant un regard de revanche sur sa mère : « Mais tu sais, maman ne sera plus ta seule rivale, il faudra partager en trois les câlins ! »

Sa visite fut trop courte pour qu'il puisse prodiguer autant de baisers que Jeanne, Denise et lui-même l'auraient voulu. Plus que jamais, Jeanne avait besoin qu'Émile reste avec elle, mais elle savait bien qu'il devait partir. Dans quelques jours, son roman allait paraître. Elle devait non pas partager son amant, mais l'abandonner à sa femme et aux autres : à son éditeur, aux journalistes, aux écrivains, aux amis, plus souvent faux que vrais, à sa candidature à l'Académie pour succéder au fauteuil d'Octave Feuillet. Elle se raisonnait en se disant qu'elle n'avait pas choisi cette situation, mais qu'elle ne l'avait pas refusée non plus et devait donc en accepter les conséquences. Elle était seulement victime de son amour pour un homme marié, et ni elle ni Émile n'en avaient été responsables. Mais elle avait tout de même espéré qu'Émile viendrait la voir plus souvent et plus longtemps. Heureusement, Denise était là, en bonne santé, aimante et drôle, vive et curieuse, qui la divertissait de ses tristesses, égayait ses journées de ses rires et de ses trottinements dans tout l'appartement, de ses progrès rapides dans ses apprentissages d'enfant. Il y avait aussi son secrétaire dans lequel elle rangeait les lettres d'Émile, débordantes de passion et de tendresse, par lesquelles il lui faisait vivre les moments importants de ses journées. Ce secrétaire à abattant inséré dans un meuble formant bibliothèque avait pour elle une valeur sacrée. Elle le regardait avec recueillement et, chaque jour, s'asseyait devant lui, ouvrant le tiroir qui contenait les dernières lettres d'Émile qu'elle relisait plusieurs fois. Le soir, elle prenait une lettre plus ancienne qu'elle lisait dans son lit, comme un rituel avant de s'endormir.

Elle aimait beaucoup moins lui écrire. Elle n'était pas sûre de son orthographe et redoutait les fautes, dont la seule pensée lui faisait honte. Pas facile d'écrire à un écrivain. Elle estimait n'avoir pas toujours les mots pour dire ce qu'elle ressentait et parlait plus facilement de Denise que d'elle. Qu'aurait-elle pu lui raconter de sa vie, en dehors des anecdotes concernant Denise ? Elle ne voyait presque personne, sortait peu et craignait de se répéter, de l'ennuyer. Lui qui vivait tant de choses !

Le mois suivant, il l'informa qu'il partirait le 17 avril prochain. Il quitterait Paris avec Alexandrine pour Sedan où l'appelaient ses repérages pour son roman sur la guerre de

1870, *La Débâcle*. Cela donna à Jeanne l'envie d'emmener Denise voir son grand-père et ses jeunes demi-oncles et tantes à Rouvres. Philibert devait être au courant de la naissance de sa petite-fille, même s'il n'avait pas répondu aux lettres de la mère. Quand, avant même d'être enceinte, Jeanne l'avait informé de sa situation, il lui avait sèchement écrit qu'elle s'était mal conduite, qu'il avait honte pour elle et qu'il était encore temps de revenir à la raison et d'épouser un bon garçon. Jeanne ne lui avait répondu que pour lui annoncer sa grossesse, rendant ainsi obsolètes les recommandations de son père. Elle ne lui en voulait pas vraiment de sa réaction, à laquelle d'ailleurs elle s'était attendue. C'était ainsi, les braves gens savaient bien ce qui advenait des jeunes et jolies domestiques, chair à plaisir des riches paysans ou des bourgeois qui les employaient. Et ils n'auraient pas songé à s'en offusquer. Ils fermaient les yeux. Mais qu'une véritable histoire d'amour unisse une jeune lingère à son patron, voilà qui était choquant. Jeanne, qui avait dû annoncer sa deuxième grossesse à son père, se disait que la seule façon de se réconcilier avec lui était de lui présenter sa petite-fille, toute jolie dans sa belle robe de demoiselle. Elle le connaissait, le Philibert, il se laisserait attendrir et, après avoir pris Denise dans ses bras, jugerait plus selon son cœur que selon ses principes.

Elle lui fit part de son désir de venir le voir prochainement et, cette fois, reçut une réponse : qu'elle vienne pour le dimanche de Pâques, il irait la chercher à la gare. Elle pourrait rester coucher si elle le voulait, les « grands » ayant déjà quitté la maison, on lui trouverait un lit. Cela faisait presque deux ans que Jeanne n'avait pas retrouvé les lieux de son enfance. Après la mort de Marie Guillier, Philibert était retourné vivre à Rouvres, dans la maison de sa belle-mère.

À peine descendue du train, elle l'aperçut dans la carriole, les épaules un peu voûtées, un jeune homme à son côté. Jeanne reconnut Léon, son demi-frère préféré, à qui les habits du dimanche donnaient quelques années de plus. Jeanne, très émue, se demanda comment elle pouvait se sentir tellement attachée à eux en les voyant tous les deux, portant sur leurs visages, dans la raideur de leur allure, toute la dureté de leur vie paysanne alors qu'elle vivait loin d'eux, sans nostalgie ni chagrin.

Léon se précipita pour embrasser sa sœur et prendre ses bagages. Jeanne avait pris Denise, apeurée, dans ses bras et la petite se retrouva dans ceux de Léon sans avoir eu le temps de protester. Philibert, un peu tendu, descendit à son tour. Il embrassa sa fille avec le même « bonjour, ma grande » que lors des précédentes visites. Il regarda Denise qui commençait à sangloter dans les bras de son oncle, avec un regard curieux mais distant. « Elle ne te ressemble guère » fut le seul commentaire de Philibert. Il fallut que Jeanne attende le lundi pour que son père embrasse sa petite-fille, tout à fait apprivoisée à force de passer de bras en bras.

— Elle est jolie, ta fille, et elle a l'air bien mignonne… malgré tout.

Jeanne apprécia le compliment sans relever la fin de la phrase. Léon voulait savoir ce qui se passait à Paris, « comment c'était la tour Eiffel », et les endroits que Jeanne préférait. Ses autres demi-frères et sœurs, par égard pour Rosalie très mécontente de recevoir sa belle-fille, et surtout par crainte de ses représailles, ne lui posèrent aucune question. Seule Marie-Anne lui souriait avec douceur et complicité, à défaut de lui parler comme elle l'aurait voulu.

Quand Jeanne remonta dans le train, elle sut que son père s'était fait une raison de sa situation et que, désormais, elle ne subirait plus ses reproches. Jusqu'au terme de sa grossesse, elle partagea son temps entre Paris et Cheverchemont, hormis deux semaines en juillet où elle resta à Paris. Zola, à Médan depuis le 25 juin, devait en effet séjourner à Paris le 6 juillet, puis la semaine du 14, et il était prévu qu'il en profite pour concilier ses obligations parisiennes et ses visites à Jeanne et à Denise.

Une douloureuse déception attendait Jeanne en cette fin de juillet, quand Zola lui annonça qu'il effectuerait en septembre un long voyage dans les Pyrénées. « Besoin de vacances », lui avait-il expliqué. Il allait partir précisément le mois où elle devait accoucher, au moment même où elle aurait le plus besoin de sa présence. Jeanne ne fut pas convaincue par cet argument. Avec Alexandrine, avançait-il, hormis le bref voyage à Sedan, un voyage de travail, les dernières vacances remontaient à l'été 1888. Il avait dû, écrivait-il à Jeanne, promettre à son épouse de consacrer l'été 1891 à une vraie détente et non aux recherches et enquêtes pour ses romans. Jeanne avait protesté : pourquoi n'était-il pas parti plus tôt, pourquoi avoir sacrifié ce mois si solennel, si unique et si précieux pour eux deux ?

Émile n'avait pas été sans réponse : la mise en place et les premiers chapitres de son roman, ses responsabilités en tant que président de la Société des gens de lettres, poste qu'il occupait depuis le 6 avril, les représentations à l'Opéra-Comique de son roman, *Le Rêve*, mis en scène par Carvalho, avaient retardé la date de son départ... Mais Jeanne lui en voulait tout de même. Quoi qu'il dise, elle constatait que son accouchement passait après Alexandrine, après ses obligations. Ce n'était guère compréhensible de la part d'un homme si soucieux et si heureux de sa paternité. Elle réfléchit : peut-être cherchait-il, sans lui avouer et sans se l'avouer, à fuir ce qui était autant pour lui source de joie que d'angoisses ? Un deuxième enfant ne pouvait que compliquer sa situation, aggraver les difficultés de sa vie d'homme déchiré entre deux foyers. Sans compter les risques accrus qu'Alexandrine découvre la vérité. Il voulait donner à sa femme l'illusion d'un couple uni, sans faille, chasser ses soupçons si l'occasion lui était donnée d'en avoir. Une évidence, en tout cas : cette fuite supposée par Jeanne ne le rendait pas heureux. La veille du départ, prévu le 9 septembre, alors que le couple était rentré à Paris depuis quelques jours, il se rendit au domicile de Jeanne avec sa mine des mauvais jours, inquiet, torturé à l'idée d'abandonner celle qui allait lui donner son deuxième enfant. Et Denise qui souffrait d'un gros rhume ! Il ne put voir le Dr Delineau.

— Je lui écrirai demain, ne t'inquiète pas, assura-t-il. Je vous recommanderai toutes les deux à ses bons soins.

Jeanne retenait ses larmes. Elle essaya de lui sourire, mais cette tentative ne fit que mouiller ses joues, lentement, douloureusement. Zola envisagea de renoncer à son voyage.

— Je ne sais plus ce que je dois faire, Jeanne. Je te fais souffrir alors que je ne veux que ton bonheur.

— Tu vas partir comme prévu et je serai seule. Il faudra bien que je l'accepte. Tu as dit toi-même que tu ne pouvais faire autrement.

— Tu ne seras pas seule, il y a notre ami Céard. Je donnerai son adresse au docteur et je lui écrirai demain pour qu'il passe te voir après le 20. Il te proposera ses services si tu as besoin de quoi que ce soit.

Deux jours plus tard, les Zola partirent pour Bordeaux et, le 25, Jeanne accoucha d'un petit garçon, toujours assistée du Dr Delineau. Céard obéit aux prières de son ami : aller déclarer l'enfant avec le docteur. « Jacques, Émile, Jean, si c'est un garçon. Germaine, Émilie, Jeanne, si c'est une fille » ; prendre Alexis comme second témoin ; faire paraître dans la rubrique « Correspondances personnelles » du *Figaro*, sous le nom de Duval, « faisan bien arrivé » au cas où naîtrait un garçon, « faisane » s'il s'agissait d'une fille.

C'est ainsi que Zola, alors à Biarritz, fut informé le 27 septembre en lisant *Le Figaro* de la naissance de son fils. Il put lire : « A.B.70. Faisan bien arrivé superbe 25. Duval ». L'acte de naissance du petit Jacques fut établi le 26 septembre à la mairie du IXe arrondissement sur la déclaration du Dr Henri Delineau, avec Céard et Alexis pour témoins.

Quatrième partie
FUREURS

L'IMMIGRATION MUSULMANE EST UNE CHANCE ?

- une chance pour Samuel PATY ?
- une chance pour Philippine ?
- une chance pour Thomas ?
- une chance pour le marché de Noël Allemand ?

RÉVEILLEZ-VOUS !

REMIGRATION ! VITE !

1

Anonyme

— Denise, ton papa rentre demain !

Jeanne commençait à en avoir assez de rester allongée, sur ordre du docteur, une bonne partie de la journée. Comme elle se sentait en meilleure forme, elle sortit de sa chambre, une lettre à la main. Denise accourut au-devant d'elle, joyeuse à l'idée de revoir son père, mais plus encore de lire la joie dans les yeux de sa mère.

— Tu vas voir comme il va être heureux de te prendre dans ses bras et de découvrir ton petit frère. On va te faire de jolies boucles, et tu seras belle comme une princesse pour papa. Regarde, Jacques rit aux anges. Lui aussi est tout content de faire la connaissance de son père !

Denise s'approcha du berceau.

— Il est beau, ton bébé !

Jeanne se baissa à la hauteur de Denise et embrassa ses cheveux tièdes et soyeux, au parfum de lait. Bonheur, deux jours plus tard, d'entendre enfin le toc-toc d'Émile, de lui tendre le petit être de onze jours, de voir ses larmes de joie, d'entendre le grand homme faisant autorité dans le monde des lettres babiller avec son petit…

Pendant ce mois de séparation, Jeanne avait eu l'impression d'avoir fait un bond de plusieurs années. Comme si ce deuxième enfant avait enfoncé ses deux pieds dans sa vie de mère, comme si cette trop longue attente d'Émile l'avait aguerrie et lui rendrait désormais plus supportables ses absences. Cette fois, l'écrivain n'allait repartir pour Médan que trois jours. Le 12 octobre, les Zola s'installaient de nouveau à Paris. Après un mois loin de la capitale, Émile était pris d'assaut par les rendez-vous, le courrier, les réunions du comité de la Société des gens de lettres, le travail d'adaptation pour l'Opéra-Comique de sa nouvelle *L'Attaque du moulin*, la poursuite de son roman *La Débâcle*... Malgré tout cela, ou peut-être à cause de cela, ces obligations étant autant de raisons de s'absenter de chez lui, Zola se rendait auprès de Jeanne et des enfants presque tous les jours. Jeanne commençait à se dire qu'elle et Émile formaient eux aussi un ménage. La vision de Zola prenant son thé avec Denise sur ses genoux, menaçant de « manger tout crus les petits petons de Monsieur Jacques », lui donnait parfois l'impression de former une famille légitime.

Illusion. Le 10 novembre, Jeanne entendit frapper à sa porte. Un jeune garçon lui tendit un petit bleu. Une décharge douloureuse sillonna sa poitrine. Ce ne pouvait être qu'une mauvaise nouvelle ! Les mains tremblantes, elle ouvrit le télégramme dont elle reconnut à peine l'écriture. « J'ai tout fait pour empêcher qu'on allât chez toi. Je suis bien malheureux. Ne désespère pas. » Émile ne prononçait jamais le prénom de sa femme lorsqu'il parlait d'elle à Jeanne. Il la désignait toujours par ce « on » indéfini ; comme un code secret qui donnait à chacun le sentiment d'une présence plus immatérielle, plus impersonnelle et lointaine.

Toute la journée, le cœur battant, Jeanne attendit. Le moindre bruit dans l'escalier accélérait encore le rythme de son cœur. Rien. Le soir, très tard, Jeanne baissa la garde et alla se coucher, inquiète, ne pouvant et ne voulant pas trouver le sommeil de peur qu'Alexandrine ne surgisse brusquement, une arme à la main, pour les tuer tous les trois dans leur lit.

Le lendemain matin, vers neuf heures trente, elle entendit des coups précipités à sa porte. *Ça y est, c'est elle !* Comme anesthésiée par la peur et la fatigue, elle se dirigea vers l'entrée. En ouvrant, elle eut la surprise et le soulagement de voir Henri Céard.

— Tout va bien ? Vous n'avez pas de mal ?

Jeanne resta interdite. Par pudeur et par crainte de trop exposer sa fragilité, elle ne laissa rien paraître de ses angoisses.

— Mme Zola est au courant depuis hier, vous le savez, dit Céard. Émile dit qu'elle devient folle. Il craint qu'elle ne vienne semer le malheur chez vous. Il m'a envoyé un pneumatique hier pour me demander de passer vous voir aujourd'hui, de faire le nécessaire pour vous venir en aide.

Jeanne dit simplement :

— Elle n'est pas venue.

— Il vaudrait mieux que vous partiez, Jeanne. Émile semblait craindre le pire.

— Où voulez-vous que j'aille avec nos deux enfants ? Je suis ici chez moi, je n'ai pas à fuir. Dites-lui qu'il se tranquillise. D'ailleurs, je ne suis pas seule : il y a la femme de chambre et la cuisinière.

Jeanne se sentait confuse d'embarrasser ainsi l'ami fidèle et dévoué, dont Émile louait la discrétion. Elle savait qu'Henri avait d'autant plus de mérite qu'il était l'ami du couple Zola et que sa position envers Alexandrine était des plus inconfortables. Pour rester l'ami de l'un, il devait tromper l'autre, et cette situation lui pesait lourdement.

— Merci de tout cœur de vous être dérangé. Je vous dois tant !

Céard acceptait mal de n'avoir fait que « se déranger ». Il insista :

— Vraiment Jeanne, je peux vous aider à vous installer dans un hôtel le temps qu'Alexandrine se calme, que le choc soit amorti...

— Non, merci encore, je préfère rester ici. D'ailleurs je pense que Mme Zola n'est pas près de se calmer et qu'elle saura bien me retrouver, où que je sois.

Céard parti, Jeanne tourna en rond, déconcertée. Le petit bleu d'Émile semblait avoir été écrit après coup, comme si Alexandrine venait de partir pour la rue Saint-Lazare. Or, elle ne l'avait pas vue et la jeune femme savait que le couple devait quitter Paris le soir même pour Bruxelles afin d'assister le lendemain à la première représentation du *Rêve* au théâtre de la Monnaie. Peu de chances, donc, qu'elle ait à affronter Mme Zola avant leur retour de Belgique, prévu le samedi 14. Pourtant, une heure plus tard, des tambourinements à sa porte la firent sursauter. La femme de chambre fut chargée d'aller ouvrir. Jeanne vit Alexandrine Zola comme elle ne l'avait jamais vue, mal coiffée, très blanche, les paupières gonflées, le regard noir et brillant de colère et de larmes, les lèvres serrées. Qui ne le furent pas longtemps.

— Misérable ! Comment avez-vous pu ! Avec vos airs sages, vous jouiez les aguicheuses et il s'est laissé prendre. Ah ! vous avez vu ce que cela pouvait vous rapporter. C'était facile ! Et on a la belle vie, un bel appartement comme les putains, sans rien faire d'autre que coucher…

Pendant quelques secondes, Jeanne n'entendit plus vraiment Alexandrine. Elle voyait ses yeux fous, ses lèvres grimaçantes, mais les cris ne lui parvenaient que comme un bourdonnement lointain, à moins que ce ne fût le flux de son sang dans ses oreilles. Mme Zola s'arrêta, regarda autour d'elle, avec un mélange de désespoir et de haine dans les yeux.

— Rien de tout cela ne vous appartient. Vous n'avez fait que me le voler. Moi, j'ai dû me battre. J'ai soutenu mon mari de toutes mes forces, j'ai partagé avec lui les jours maigres. C'est aussi grâce à moi qu'il a pu vous offrir ces meubles. Mais il vous quittera, vous n'êtes rien pour lui, qu'une catin qui l'a distrait de son travail.

— Je suis la mère de ses enfants. Il est heureux avec moi. Nous sommes sa famille.

Effrayée par la douleur déchirante que lui renvoyaient les yeux d'Alexandrine, Jeanne regretta ces mots qu'elle savait être la pire des armes. Jamais elle n'aurait eu la cruauté de les prononcer si elle n'avait eu à réagir contre l'humiliation. Elle n'eut pas le temps de comprendre ce qui se passait. Alexandrine s'était jetée sur elle. La jeune femme mit ses bras devant son visage pour se protéger des coups qui pleuvaient. La cuisinière, qui avait de sa cuisine suivi la scène, se précipita pour tenter d'immobiliser Alexandrine, laquelle s'arrêta d'elle-même.

— Je vous tuerai, vous et vos enfants.

En entendant les menaces de Mme Zola, la femme de chambre avait ouvert la porte de la pièce où elle s'était réfugiée avec les petits, prête, dans son instinct de femme, à défendre sa patronne s'il le fallait. Elle n'en eut pas besoin. Un grand vide emplit le salon. Jeanne et la cuisinière, encore tournées vers la porte, restaient immobiles, comme figées. Puis, lentement, Jeanne se dirigea vers le divan. Elle s'y effondra, tremblante, posa ses coudes sur ses genoux et prit sa tête dans ses mains. Elle sentit les larmes couler sur ses joues. Des larmes de culpabilité, d'humiliation et de compassion. Jeanne comprenait bien ce que pouvait ressentir son ancienne patronne. Elle était responsable de son malheur et payait aujourd'hui de la colère d'Alexandrine les grands et beaux moments de sa vie. Elle n'avait pas la consolation de la haine ou du mépris, et sa peine était double : dans cette guerre, elle souffrait pour son ennemie autant que pour elle.

Il lui fallut un moment pour revenir à la surface des choses et envisager rationnellement le proche avenir. Si la révélation de son infortune laissait assez de force à l'épouse d'Émile pour partir le soir même pour Bruxelles avec son mari, si Alexandrine n'empêchait pas l'écrivain lui-même de partir, les Zola, pendant plusieurs jours, seraient obligés de paraître, de jouer les couples unis, d'oublier face aux autres leur drame intime. Peut-être cela calmerait-il Alexandrine, peut-être serait-elle moins emportée à son retour. C'était tout ce que Jeanne pouvait espérer. Les mois passés à Médan lui avaient assez montré l'amour de cette femme pour son mari. Ses exigences – et sa vengeance – seraient à la mesure de cet amour.

Jeanne se dirigea vers la fenêtre, posa son front contre la vitre glacée et laissa glisser son regard vers le jardin. Elle détestait le mois de novembre, les quelques feuilles racornies sur les arbres, triste mémoire d'une saison morte. Une tête vint s'appuyer contre sa jambe. Le regard toujours perdu au-dehors, Jeanne effleura la joue, dégagea d'un geste machinal la petite oreille des boucles qui la recouvraient et se mit à fredonner *Jean de la Lune*, une des chansons préférées de Denise :

Par une nuit tiède de printemps,
Il y a bien de cela cent ans
Que sous un brin de persil, sans bruit,
Tout menu naquit :
Jean de la Lune, Jean de la Lune

Elle chantait en se balançant doucement, entraînant Denise qui s'était soudée à elle, dans un mouvement mélancolique et lent.

Alexandrine ne se calma pas. Ce fut alors pour Jeanne le temps de la peur. Zola, étroitement surveillé, ne pouvait plus venir aussi souvent. Visites affolées en coup de vent, confidences aux accents de meurtre : Alexandrine voulait assassiner son mari, sa rivale, leurs enfants ; elle voulait aussi se tuer. « Ma femme est devenue folle », se lamentait Émile, qui redoublait ses recommandations de prudence.

— Elle est capable de tout. Ne lui ouvre pas ta porte ! J'ai peur pour vous, pour elle. Je suis si malheureux !

Émile lui racontait, accablé, les scènes quotidiennes de son épouse.

— Si tu l'entendais hurler ! C'est une furie, je ne la reconnais plus. Elle m'insulte, me soumet à des interrogatoires, gémit d'une pièce à l'autre. Je l'ai même vue se frapper !

Jeanne essayait de l'apaiser, mais elle était à court d'arguments, redoutant elle-même les fureurs d'Alexandrine. C'est une lettre anonyme qui avait informé Mme Zola de son infortune. Émile se blâmait de n'avoir pas eu le courage de lui avouer lui-même sa relation extraconjugale. La révélation aurait été moins cinglante et moins odieuse. Par moments, Jeanne était effrayée de le voir pleurer, s'accabler de reproches, s'insulter. Ce fut elle qui l'aida à trouver la force de se redresser, de tenir au milieu des cris et des larmes.

— Quand tu es ici, oublie Alexandrine, lui dit-elle un jour. Profite de tes enfants, du moment déjà si court où tu les vois. Denise surtout a besoin de te sentir avec elle, heureux d'être auprès de nous. Et moi, je suis trop malheureuse de te voir ainsi.

Émile redemanda pardon, promit de faire face, d'être prudent lui aussi. Le 23 décembre, il repartit pour Médan. L'échange des lettres avec Jeanne était devenu plus difficile, Alexandrine surveillant ses moindres faits et gestes. Il lui fallut rivaliser de finesse et de ruse pour envoyer et recevoir sa correspondance secrète.

L'hiver passa ainsi, tendu, lourd, angoissé. Dans cette tourmente, les enfants étaient à la fois le feu et l'eau. Jeanne savait bien que, sans eux, la douleur d'Alexandrine n'aurait pas atteint l'insupportable. Denise et Jacques, c'était le poids de l'irrémédiable, de l'humiliation aussi, pour celle qui n'avait pas pu donner d'enfants à un mari qui les désirait tant. Denise et Jacques, c'était pour Alexandrine la preuve que l'infertilité était de son fait, ou tout au moins la preuve d'une incompatibilité entre Émile et elle puisque, Jeanne le tenait d'une confidence d'Émile, elle avait eu, avant de connaître Zola, une petite fille que sa condition de fille-mère sans argent l'avait contrainte à abandonner. Et à ne jamais retrouver. Jeanne se mettait à sa place et comprenait combien ses propres enfants pouvaient alimenter sa haine et sa colère.

La confrontation avec l'épouse trahie avait précipité sa décision de déménager. Avec deux enfants, l'appartement de la rue Saint-Lazare devenait exigu et Jeanne, hantée par la vision de la femme menaçante et terrible, vociférant dans son salon, voulait s'éloigner de ces murs encore imprégnés de sa fureur. Elle trouva un autre appartement situé au 8, rue Taitbout, au quatrième étage, plus grand avec un balcon formant terrasse. Les tracasseries du déménagement et de l'installation dans son nouveau logement lui furent salutaires. Elle recréa son petit cocon de tendresse avec ses enfants. Denise et Jacques… Combien de fois Jeanne les embrassait en se disant qu'ils étaient son baume consolateur, l'éclat, la chaleur, l'essence même de ses jours.

Jacques était un bébé superbe, affamé de lait et de vie. Il hoquetait de rire en voyant sa sœur, et Jeanne avait parfois l'impression de les surprendre en grande conversation, déjà complices de secrets qui lui échappaient. Ces moments-là lui faisaient seulement regretter qu'Émile ne puisse en profiter comme elle.

Le 1er juin, ce fut le baptême de « Monsieur Jacques » à l'église de la Trinité. Un baptême peu ordinaire, avec un papa clandestin parmi l'assistance, et un Céard qui devait assister à la cérémonie et signer le registre mais qui ne vint pas. Paul Alexis, fort heureusement, était là, au côté de Jeanne et accompagné par son épouse, en tant que parrain de Jacques. Toute sa vie, Jeanne garderait précieusement les dragées destinées à Céard.

Forte, elle avait promis de l'être pour ses enfants, pour elle-même et pour Émile aussi, qui, tout en ayant réussi à achever le 12 mai précédent son roman *La Débâcle*, vivait un enfer en compagnie d'une Alexandrine menaçante, hurlant sa douleur, affolant toute la maison. Zola avait dû faire capitonner les murs de leur chambre pour étouffer ses cris.

Jeanne se sentit d'autant plus forte que *La Débâcle,* publié le 21 juin, qui retraçait et analysait les causes de la défaite de l'armée française à Sedan en 1870 face aux troupes prussiennes, connut un grand succès. Elle savait combien Zola, dans ces moments difficiles, avait besoin de reconnaissance. Elle avait suivi les étapes chaotiques de l'avancée de ce roman, Zola étant trop souvent retardé par toutes sortes d'obligations, et elle s'était elle-même sentie soulagée de sa parution. Et fière, malgré la frustration de ne partager cette fierté qu'avec ses proches, peu nombreux. Elle rêvait souvent de se retrouver publiquement au côté d'Émile, d'être reconnue comme la mère de ses enfants, mais rêver n'était pas vivre, et sa réserve naturelle s'en serait peut-être mal accommodée.

2

Villégiatures

Le couple Zola était parti pour Médan le 4 juin, et Jeanne avait rejoint Cheverchemont. Chaque été depuis trois ans, elle retrouvait le sentiment étrange et rassurant d'y être vraiment chez elle. Alors que cette maison ne lui appartenait pas plus que l'appartement de Paris, elle ressentait l'impression d'y avoir toujours vécu, comme si les murs lui renvoyaient une mémoire d'enfance. Elle s'en étonnait d'autant plus qu'il y avait un monde entre cette coquette demeure et la maisonnette si excessivement froide ou chaude, si pauvre et si exiguë, de Créancey. Tout en la ravissant, le jardin la troublait plus encore. Elle se sentait en accord avec cette nature capturée par l'homme et qui paraissait heureuse de l'être. Il lui semblait que les bosquets, les massifs, toutes les plantes aimaient sa présence. Elle les touchait, les caressait, les respirait. Ce monde-là lui parlait. À Créancey, chez les pauvres gens, la nature était perçue pour ce qu'elle apportait. On la travaillait, mais on ne s'y promenait guère, hormis les enfants et les vieux, comme son grand-père. Ce qui changeait à Paris, c'était le regard des gens sur la campagne et les bords de Seine. Ouvrier ou bourgeois, on allait s'y promener le dimanche pour le plaisir, le repos et la détente. Au cours de ses étés à Cheverchemont, Jeanne sentait vivre le jardin jusqu'à s'y fondre. Il lui arrivait d'avoir soif quand les fleurs baissaient la tête sous l'effet de la chaleur, et de les arroser le soir avec la sensation que ce travail la désaltérait elle-même.

Il y allait de ses enfants comme des plantes. Elle les gavait de soleil et de fruits, récompensée de les voir pousser plus vite à la campagne. Chaque jour recelait un moment sacré, celui du « bonjour à votre père ». Ces mots résonnaient comme une formule magique. À peine les prononçait-elle que Denise courait au premier étage jusqu'à la fenêtre. Jeanne montait à son tour avec Jacques dans ses bras et, à l'heure convenue avec Émile, elle ouvrait la fenêtre. De son cabinet de travail, Zola pouvait alors deviner, aidé d'une lunette d'approche, trois mains lui adressant des signes, lui envoyant des baisers. En été, il n'était pas difficile de distinguer les deux tours de la maison de Médan. Émile lui avait offert une longue-vue plus puissante qui lui permettait de l'apercevoir accoudé à sa terrasse. Parfois, le balcon restait vide, en raison d'une surveillance plus étroite ou d'une arrivée intempestive d'Alexandrine dans le cabinet de travail. Ces rendez-vous amusaient Denise qui les prenait comme un jeu un peu mystérieux. Mais les mains n'étaient tendues que vers le vide et l'absence, et les fausses retrouvailles que Jeanne n'aurait pourtant jamais manquées ne faisaient qu'aviver le manque.

D'année en année, ces vacances à Cheverchemont avaient renforcé l'amitié entre Jeanne et la famille Alexis. Leur présence chaleureuse, les longues promenades partagées, les soirées au jardin autour d'une bonne table égayaient ses journées. Surtout, Paul lui rapportait ses conversations avec Émile, les bons mots de l'écrivain, sa tristesse aussi d'être séparé d'elle, et Jeanne se nourrissait de ces confidences.

De sept ans plus jeune que Zola, Paul Alexis était, comme lui, natif d'Aix-en-Provence. Fils de notaire, il avait fait des études de droit et, après avoir obtenu sa licence, il avait quitté Aix pour Paris où il avait rencontré Zola dont il était aussitôt devenu l'ami. Maintenant qu'Alexandrine connaissait la liaison de son mari, Alexis pressentait qu'il lui faudrait choisir son camp. Jeanne se demandait si Émile lui aussi allait choisir entre ses deux foyers, maintenant que les apparences n'étaient plus sauves et qu'Alexandrine, dans sa douleur et son désarroi, parlait de séparation. S'il divorçait, il pourrait reconnaître Denise et Jacques, et son inquiétude quant à leur avenir serait dissipée. Ironie du sort, la lettre qu'elle reçut d'Émile, et qui était pourtant celle qu'elle attendait depuis la naissance de Denise, lui fit mal en mettant fin à ses espoirs les plus profonds. Le romancier lui faisait part de sa volonté de prendre une assurance pour Jacques et Denise. Une assurance ! Cette promesse éloignait toute idée de reconnaissance juridique et sociale des enfants, donc toute intention de rupture avec Alexandrine...

En ces temps de crise, Émile ne venait même plus voir ses enfants. Malgré l'incertitude qui pesait sur leur sort et sur le sien, malgré son désir lancinant de vivre avec lui, Jeanne ne lui ferait pas la guerre comme Alexandrine. Elle estimait ne pas être en position d'exiger quoi que ce soit de lui. Mme Zola était dans son droit, même si elle n'avait pas su aimer son mari comme il l'aurait désiré, même si elle n'avait pu lui donner le bonheur d'être père. Elle en avait d'ailleurs assez souffert. Mais combien de temps devrait-elle vivre ainsi, balancée entre la douceur matérielle qui lui était offerte, le plaisir de voir grandir ses enfants dans le confort d'un douillet logement parisien et d'une maison de campagne en bordure de Seine, et la peur constante de perdre tout cela et d'être quittée par celui qu'elle aimait ? D'autant que les déchirements de part et d'autre, loin de s'apaiser, s'aggravèrent. Zola lui apprit que sa femme, ayant profité d'un de leurs passages à Paris et de ce que Jeanne était à Cheverchemont, s'était introduite – comment, elle ne le sut jamais – dans son appartement, avait brisé son secrétaire et s'était emparée de toute leur correspondance. Son secrétaire ! Le gardien de ses secrets, le meuble dans lequel elle avait enclos ses rêves avait été profané, et ses lettres, la mémoire de sa vie intime, tout son parcours de femme amoureuse étaient entre des mains étrangères, des mains ennemies et menaçantes. C'était une blessure, une offense à sa dignité, à sa pudeur. Jeanne repensait à certains mots tendres ou fiévreux, ces petits mots d'amoureux qui bouleversent ceux qui les reçoivent et font sourire les autres. Elle pensa aussi à tous les stratagèmes d'Émile pour permettre leurs rencontres, à la complicité de certains proches, comme Céard, dévoilés dans cette correspondance. Zola, de son côté, fut hanté par l'image de son épouse se torturant avec ces mots d'amour pour une autre – pour sa lingère ! – et finissant par faire couler le sang de Jeanne et des enfants. Il décida de les éloigner, de les mettre à l'abri des fureurs d'Alexandrine qui, sait-on jamais, pouvait découvrir leur adresse à Cheverchemont. Échange de billets hâtifs. Une chambre était réservée au Grand Hôtel de Cabourg à partir du lundi suivant. Que Jeanne se prépare à partir ! La Normandie, le bon air marin, les baignades... Qu'ils en profitent bien et fassent une bonne provision de santé.

La semaine suivante Jeanne montait l'impressionnant escalier de marbre du Grand Hôtel, situé à l'extrémité de l'avenue de la Mare qui donnait sur la plage, et se faisait conduire à sa chambre. Heureuse d'y être, seule avec ses enfants. Elle s'assit sur le lit, songeuse. Cet hôtel était trop imposant pour elle, trop mondain aussi. Le temps qu'elle procède aux formalités d'usage, elle avait croisé à la réception une clientèle riche, hautaine et prétentieuse, s'adressant avec un regard méprisant à un personnel contraint à la soumission, trop prévenant. Les jours suivants, elle s'aperçut que ces mêmes employés montraient moins de respect envers elle, toujours simple et gentille, qu'envers ces clients arrogants mais qui en imposaient avec leur assurance et leur richesse. Elle n'avait aucune envie de rester là plus longtemps et quitta le Grand Hôtel au bout de quelques jours pour loger à l'hôtel du Nord, établissement plus modeste où elle se sentait mieux. Mais l'envie la prit bientôt de louer une petite maison, plus intime et plus commode avec un bébé. Après de brèves recherches, elle trouva un logement de trois pièces, la maison Vallette, toute simple, claire et propre. Pour lui donner sa nouvelle adresse, elle écrivit le jour même à Émile, poste restante à M. E. J. 70, E et J étant les initiales de leur prénom, le 70 représentant les derniers chiffres additionnés de leurs dates de naissance respectives : 1867 et 1840. Céard jouait quand il le pouvait le rôle de facteur, mais la plupart du temps, il n'était pas facile pour Zola de se rendre à la poste pour prendre les lettres de Jeanne. Les réponses étaient donc parfois longues à venir. Jeanne les attendait avec impatience, voulant pouvoir juger de l'effet produit par les anecdotes relatives aux enfants qu'elle lui avait rapportées : Denise qui, à leur arrivée à Cabourg, n'avait pas vraiment fait le rapprochement entre cette grande masse grise et lointaine telle que l'océan lui était apparu à marée basse, et les représentations merveilleuses qu'elle s'était construites à travers les descriptions de ses parents. Et encore Denise ébahie de voir, le beau temps revenu, des messieurs, des dames et des enfants, comme elle « marcher dans la grande eau ». Ses premiers pas prudents dans la mer « au p'tit bord », ses éclats de rire en découvrant le goût salé de l'eau, en éclaboussant son frère, en jetant son pantalon de bain à la mer, jusqu'à ses refus de sortir de l'eau... Émile s'en enchantait. Il lui écrivait qu'il allait partir une dizaine de jours en voyage avec Alexandrine à Fécamp, chez la cousine Amélie Laborde, et à Étretat, chez les Fasquelle, avant d'effectuer un grand voyage dans le Midi, de la mi-août jusqu'au début du mois d'octobre. Il avait beau commencer ses lettres par « chère femme », c'était bien Alexandrine sa femme, celle avec qui il partait en voyage et partageait le bon temps. Jeanne n'en éprouvait aucune rancune. De la tristesse seulement. Elle se disait toujours qu'elle était autant que lui responsable de son sort, et que tous deux, ensemble, avaient causé leur malheur en même temps que leur bonheur. Mais elle ne comprenait pas pourquoi il déclarait avoir laissé leurs lettres entre les mains de son épouse, en lui expliquant : « c'est pour notre bonheur à tous ». Cette fois, elle lui en voulait. Pourquoi n'avait-il pas cherché à lui soustraire ces lettres, comment pouvait-il espérer quoi que ce soit de bon d'une lecture blessante pour son épouse ? Non seulement il favorisait le viol de leur intimité, mais il ne faisait qu'aviver les blessures d'Alexandrine. Il se trompait s'il pensait que révéler ainsi la sincérité et la profondeur de leur amour pouvait faire mieux accepter la trahison ! De toute évidence, Alexandrine aurait beaucoup moins souffert d'une aventure passagère. Malgré ces contrariétés, Jeanne se laissait aller, comme le lui demandait d'ailleurs Émile, à la douceur de sa villégiature normande.

À patauger dans la mer de longues heures, Denise était affamée et dévorait même le poisson qu'elle détestait habituellement. Jacques avait trois dents et Jeanne envisageait avec soulagement de le sevrer bientôt. Émile avait renouvelé son intention de s'assurer en faveur des enfants et de leur garantir une part dans la succession. Son inquiétude de mère s'en trouvait apaisée. Mais Denise réclamait son père et Jeanne se faisait messagère, transmettant à sa fille ses mots d'amour et ses tendres pensées. Tous les soirs, avant que les enfants s'endorment, elle déposait sur leur joue droite « le baiser de maman », et sur la gauche « celui de papa ». Un papa qui allait partir le 18 août pour son voyage d'étude dans les Pyrénées. Zola envisageait d'écrire un roman qui mette en scène le phénomène des guérisons miraculeuses à Lourdes, le besoin de croire en des forces surnaturelles et l'explication scientifique de ces guérisons. Lourdes, Luchon, Jeanne se conformait aux indications d'Émile pour les adresses postales : « Une lettre à Lourdes dimanche et une lettre à Luchon mercredi... » La correspondance rythmait ses journées.

À l'occasion de la Sainte-Jeanne, le 21 août, Émile avait fait parvenir à sa « chère femme » un ravissant bracelet en or rose formé de turquoises bordées de deux lignes de brillants, et un bouquet de fleurs à partager avec Denise. Un autre cadeau allait bientôt succéder à celui de Zola : la naissance de son neveu Maurice, le premier garçon de Cécile, le 29 août.

Depuis plusieurs jours, Jeanne envisageait de terminer son séjour en Normandie à Saint-Aubin, une petite station balnéaire proche de Cabourg, plus familiale, plus tranquille et moins mondaine. Zola, qui y avait passé deux mois dix-sept ans plus tôt, avait conseillé à la jeune maman de loger à l'hôtel du Casino, le meilleur de Saint-Aubin. Jeanne prit enfants et bagages et se rendit par le train jusqu'à la gare de Caen. De là, un autre train la conduisit à Saint-Aubin, où elle prévoyait de rester jusqu'au 20 septembre. Mais elle dût écourter son séjour. Une épidémie de choléra sévissait en effet dans tout le nord de l'Europe et les risques de contracter la maladie étaient plus grands en Normandie, lieu de villégiature, qu'à Cheverchemont. La première précaution fut de ne boire que de l'eau minérale, et la seconde de quitter Saint-Aubin.

À Cheverchemont, Jeanne retrouva d'autres douceurs. Elle avait toujours aimé la nostalgie des fins d'été, la transparence dorée des belles journées de septembre. Certains matins, elle découvrait en ouvrant ses volets une multitude de constellations nacrées noyant les prairies. Dans le jardin, c'était un monde secret qui se laissait surprendre par l'éclat de ces matins humides, enrobant de blanc les fils patiemment tissés des araignées. Jeanne suivait leur tracé compliqué, qui colonisait chaque buisson, chaque massif. Curieux spectacle que ces plantes ainsi figées, enchaînées les unes aux autres par une trame collante et mystérieuse...

Denise, à l'âge des « pourquoi », suivait sa mère en la harcelant de questions aussi diverses qu'insolubles. D'autres « pourquoi » embarrassaient Jeanne, mais d'une tout autre façon : pourquoi papa n'était-il pas là pour son anniversaire ? Pourquoi ne faisaient-ils plus de goûters ensemble ? Pourquoi ne le voyait-on plus ? Jeanne se réfugiait derrière les raisons bien commodes du travail. Papa obligé et malheureux de rester séparé d'eux. Elle relisait pour Denise les lettres d'Émile où il témoignait de son amour pour ses enfants ; elle parcourait avec elle l'itinéraire de Zola dans le midi de la France : Toulouse, Carcassonne, Aix, Marseille, Toulon, Cannes et, à l'étranger, Monte-Carlo, Gênes, San Remo, comme autant d'excuses à l'absence, même si Denise était incapable de se représenter ce parcours. Et puis, un papa qui n'aimait plus ses enfants leur aurait-il envoyé autant de cadeaux ? Encore deux belles poupées et trois médailles, enfin reçues après quelque retard.

Les Alexis avaient eu cette année-là une troisième petite fille, deux ans après le décès de la seconde. Marthe-Angeline succédait à Marthe-Edmée. Leur présence à Cheverchemont distrayait Jeanne de sa longue attente. Les rires et les jeux gommaient les années et il arrivait parfois que Denise et Paule, la fille aînée des Alexis, regardent leurs parents, emportés dans des amusements puérils ou se gorgeant des raisins du jardin, d'un œil sévère et quelque peu condescendant.

Le retour à Paris était proche. Jeanne savait qu'Émile devait rentrer rue de Bruxelles le 7 octobre. Elle repartirait donc le 6. Quoique triste d'abandonner sa maison de Cheverchemont, le jardin, surtout, qu'elle ne verrait pas avant huit mois, Jeanne avait hâte de retrouver après quatre mois de séparation le père de ses enfants, de revoir enfin ses yeux bons et graves, ses lèvres un peu tremblantes sous l'effet de l'émotion, de se blottir contre son cou, sur son épaule. Elle avait hâte de l'entendre lui parler de son voyage au lieu de se contenter de lire ses lettres ou d'entendre parler de lui dans la presse, *Le Figaro* notamment, qui avait rendu compte du banquet à Gênes, le 27 septembre, auquel Zola avait été convié en invité de marque. Jeanne avait hâte aussi que Denise, qui savait déjà profiter d'une maman très douce et désarmée face à sa désobéissance, quelquefois insupportable avec son frère, sente son père auprès d'elle.

Le 7 octobre, un vendredi, les retrouvailles furent aussi fortes, gaies et généreuses – Zola, comme à son habitude, revenait les mains chargées de fleurs et de cadeaux – que ce que Jeanne avait rêvé. Mais il y eut d'autres retrouvailles, plus intimes et plus amoureuses. Émile et Jeanne avaient leur nid secret, un appartement situé derrière l'église de la Trinité, où ils se retrouvaient sans les enfants. C'étaient les seuls moments où Jeanne se sentait femme, les seuls où elle n'était ni mère, ni petite fille. Jeanne se trouvait assez mal à l'aise à l'idée que son amant la considère comme sa « petite fille », au même titre que Denise, comme si elle avait été sa grande sœur ! Combien de fois Émile l'avait-il écrit : « Vous êtes mes trois enfants, mes deux petites filles et mon petit garçon. » « Je vous envoie tout mon cœur, mes deux petites filles et mon petit garçon. » Ou encore : « Je vous embrasse de tout mon cœur, mes trois bébés, les deux petits et la grande... » Il y avait tant de tendresse dans ces mots qu'elle n'osait pas lui avouer sa gêne d'être ainsi confondue avec ses enfants.

Pour Zola, le retour à Paris fut suivi d'une nouvelle crise. Après l'apaisement du voyage, après l'espoir que l'éloignement des chemins aurait abouti à l'éloignement du cœur, Alexandrine se révolta encore, menaça, cria, pleura. Cette crise en déclencha une autre. Jeanne, qui s'était toujours effacée, qui s'était toujours refusée à exiger plus que ce que Zola lui donnait, envisageait maintenant la séparation du couple légitime comme la seule solution au déchirement, à l'indignité, à la violence. Zola lui avait dit qu'il ne voulait pas « mettre un remords dans [leur] tendresse » ; Jeanne se demandait où devait se situer le remords : la séparation serait certes douloureuse pour Alexandrine, mais elle ne ferait que légitimer une situation de fait. Continuer une vie mensongère, sauver seulement les apparences, faire souffrir non pas un mais quatre êtres chers ne justifiait-il pas un remords plus profond ? Que valait-il mieux pour Alexandrine : sombrer dans la folie de crises destructrices, pour elle comme pour Émile, avoir à ses côtés un mari dont le cœur était ailleurs, ou accepter la séparation pour s'engager sans doute vers une autre souffrance, mais qui la conduirait peut-être vers un apaisement futur ? Le mal pour elle était fait, de toute façon.

Jeanne ne supportait plus de voir Émile si malheureux, souffrant comme elle de la rareté et de la brièveté de leurs rencontres, mais aussi d'être chaque jour témoin d'une détresse dont il était responsable. Alexandrine avait beau savoir – Émile avait été clair à ce sujet – que son mari n'abandonnerait jamais la mère de ses enfants, elle l'épiait, surveillait ses allées et venues, contrôlait autant qu'elle le pouvait ses rendez-vous et son courrier. Pour ne garder aucune trace des lettres de Jeanne, Zola les lui renvoyait après les avoir lues. Émile lui parlait d'espoir, de patience et même de soumission. Elle se souvenait très exactement de ses mots : « Il m'a semblé, dans ces derniers temps, que la patience parfois t'échappait. Ce serait une bien grande inquiétude pour moi si je te sentais moins bonne, moins décidée à te soumettre, pour le bonheur même de nos enfants. » Se soumettre ! Jeanne ne se reconnaissait pas dans cette image de femme qu'elle trouvait humiliante. Et puis, était-ce vraiment la meilleure chose pour leurs enfants ? Se soumettre, c'était bien plutôt les sacrifier, les faire vivre eux aussi dans l'ombre de leur père ! Y avait-il un sens, maintenant qu'il n'y avait plus rien à cacher à Alexandrine, à continuer de vivre cette double vie douloureuse pour tous ?

Avec Émile, c'était un peu le chaud et le froid. Tantôt il laissait espérer une sortie de crise, la récompense un de ces jours de l'amour, du don des enfants, des mauvais jours endurés – et quelle pouvait être cette récompense, sinon la légitimation de leur situation ? –, tantôt il prêchait l'acceptation d'une vie certes confortable, mais dans l'effacement et la soumission.

L'année 1893 démarra sur des rencontres troublantes, très dérangeantes pour Jeanne. Mme Zola avait demandé à son mari de lui présenter ses enfants. Elle voulait les voir, les connaître. Jeanne ne pouvait qu'être déconcertée par son attitude. Comment comprendre ce geste réconciliateur qui intervenait si bizarrement au milieu de ses colères et de sa souffrance ? Cependant, elle avait accepté. Elle espérait qu'Émile pourrait tirer avantage de ces rapprochements. Alexandrine, en entrant de cette façon dans le cercle de la famille illégitime de son mari, ne verrait plus les petits comme une entité ennemie, instruments d'une rivalité, mais comme des enfants tout simplement, dans toute leur fragilité, avec un prénom, un visage, une personnalité.

C'est avec inquiétude que Jeanne répondit favorablement à la demande de Zola de lui « envoyer les enfants ». Et c'est le cœur battant, comme si c'était elle-même qui allait rencontrer Alexandrine, et dans la crainte ne plus jamais revoir sa fille et son fils, qu'elle les conduisit au rendez-vous fixé par Émile. Dès qu'ils virent leur père, ils se précipitèrent vers lui. Il prit dans ses bras ses « chers mignons adorés », lesquels furent moins heureux quand ils virent leur mère s'éloigner. Une peur instinctive de l'abandon faisait crier l'un, pleurer l'autre. Les bras se tendaient toujours vers la mère chérie qui ne se retournait même pas. Ils ne voyaient pas les yeux remplis de larmes d'une Jeanne qui se reprochait son émotion.

Après avoir été promenés, choyés et gâtés, les enfants lui revinrent, intimidés par « la dame » mais tout heureux de montrer à leur mère les petits cadeaux dont ils étaient chargés. Denise, toutefois, paraissait songeuse :

— Pourquoi tu n'es pas venue avec nous ? Pourquoi papa nous a emmenés promener avec une dame qu'il connaît ?

Jeanne avait prévu ces questions, et aussi de ne pas y répondre.

— J'espère que vous avez été sages. Il le faut pour que votre papa ait envie de vous emmener promener avec lui et qu'on vous offre encore de jolies surprises.

Jeanne empruntait à Émile le « on » dont il se servait pour évoquer Alexandrine. Un indéfini décidément bien commode... Denise, d'ailleurs, n'insista pas. Peut-être sentait-elle qu'il y avait là une question à ne pas approfondir, une question qui risquait de chagriner sa mère.

3

« Le Docteur Pascal »

Les sorties avec « la dame » ne furent bientôt plus d'actualité. Une nouvelle crise secoua le couple Zola avec une telle force qu'on n'envisagea plus de promenades avec les enfants. La parution en feuilleton dans *La Revue hebdomadaire* du 18 mars au 17 juin 1893 du dernier roman clôturant le cycle des « Rougon-Macquart », *Le Docteur Pascal*, au rythme d'un chapitre par semaine, fut à l'origine de ce nouvel orage. *Le Docteur Pascal* résumait l'histoire des Rougon-Macquart en retraçant, à travers les recherches du médecin sur l'hérédité, le parcours et le destin des deux branches légitime et bâtarde de la famille, devenue sujet d'étude. Mais c'était aussi la transposition romanesque des amours du romancier et de Jeanne... Vivant, à cinquante-neuf ans, un grand amour avec sa nièce de vingt-cinq ans, Clotilde – le même âge que Jeanne en 1892 –, le héros ne relatait rien d'autre que la propre histoire d'Émile avec sa chère « petite fille ». En découvrant le roman, Alexandrine avait été violemment projetée dans l'intimité amoureuse de son mari. Elle y lisait la faim de jeunesse, l'adoration du corps jeune et frais, de la peau soyeuse, la joie de la virilité retrouvée : « Et elle apparaissait divine dans l'allongement fin de son corps de vierge, avec ses jambes fuselées, ses bras souples, son torse mince, à la gorge menue et dure. [...] Il ne luttait déjà plus, emporté dans l'éternel désir à étreindre, à respirer en elle toute la délicatesse et tout le parfum de la femme en fleur. [...] Mais elle était plus somptueuse encore, rien qu'avec la soie liliale de sa peau, sa taille mince et allongée, [...] si ravie de donner à son roi le sang réparateur de sa jeunesse. »

Outre cet hymne à l'amour adressé à Jeanne, Alexandrine s'était reconnue dans Félicité Rougon, qui envoie à son fils Pascal, d'une écriture qu'il reconnaît, une lettre anonyme où elle dénonce la liaison de celui-ci avec sa nièce, l'accusant de déshonorer la jeune fille. Tous les ingrédients de la réalité y étaient, seule la recette changeait. La lettre anonyme reçue par Alexandrine devenait dans le roman la lettre accusatrice reçue par Pascal. Le secrétaire fracturé par Alexandrine, c'était l'armoire fracassée par Félicité, qui contenait les documents du médecin sur l'histoire du mal héréditaire de la famille Rougon-Macquart ; l'aïeule, Adélaïde Fouque, ayant transmis sous des formes diverses, selon les tempéraments, les milieux et les alliances, sa folie originelle à ses descendants...

Alexandrine ne s'était-elle pas reconnue aussi, malgré le décalage des situations, dans le personnage de Martine, la fidèle domestique du docteur, plus âgée que lui d'une année – Alexandrine avait un an de plus que Zola –, amoureuse de lui en secret depuis trente et un ans – Alexandrine connaissait son mari depuis vingt-neuf ans –, et qui s'effondrait en larmes, s'enfermait seule dans sa chambre en apprenant que Pascal et Clotilde étaient devenus amants ? Rapprochement humiliant. Alexandrine, présente dans la distribution, n'était là que pour jouer les mauvais rôles. Elle était la méchante, l'amoureuse évincée, spectatrice ridiculisée des amours de Pascal. Et encore ne lirait-elle jamais la dédicace d'Émile sur l'exemplaire papier japon de Jeanne : « À ma bien-aimée Jeanne, à ma Clotilde, qui m'a donné le royal festin de sa jeunesse et qui m'a rendu mes trente ans en me faisant le cadeau de ma Denise et de mon Jacques, les deux chers enfants pour qui j'ai écrit ce livre afin qu'ils sachent, en le lisant un jour, combien j'ai adoré leur mère et de quelle respectueuse tendresse ils devront lui payer plus tard le bonheur dont elle m'a consolé, dans mes grands chagrins. »

Jeanne ne pouvait que se sentir bouleversée par l'hommage superbe qui lui était rendu à travers le dernier volume des « Rougon-Macquart ». Et elle l'était. Mais ce roman lui faisait peur. Sa lecture lui avait aussitôt fait entrevoir ce qu'il pouvait avoir de blessant, de terrible pour Alexandrine, et elle n'était pas surprise de l'intensité de sa fureur et de sa douleur. Ce livre l'effrayait aussi par ce qu'il dévoilait de sa vie intime et secrète, et même si une poignée seulement de lecteurs pourrait superposer Jeanne et Clotilde, elle se sentait mise à nu ; sa pudeur et sa discrétion en souffraient. Le collier aux sept perles que le Dr Pascal attachait amoureusement au cou de Clotilde, c'était celui que lui avait offert Zola et que, comme Clotilde, elle portait toujours sous sa robe : « une mince chaîne de cou, garnie par-devant de sept perles, simplement ; mais les perles avaient une rondeur, un éclat, une limpidité si admirables. Cela était très fin, très pur, d'une fraîcheur exquise. Tout de suite, il l'avait vu ce collier, au cou délicat de Clotilde, comme la parure naturelle de cette chair de soie, dont il gardait à ses lèvres le goût de fleur. [...] Mais Clotilde avait gardé le collier au cou, sous sa robe ; et cela était d'une discrétion charmante, ce petit bijou si fin, si joli, ignoré de tous, qu'elle seule sentait sur elle. Parfois, dans leur intimité, elle souriait à Pascal, elle sortait vivement les perles de son corsage, pour les lui montrer sans une parole ; et, du même geste prompt, elle les remettait sur sa gorge tiède, délicieusement émue, [...] jamais plus elle ne les quitta. »

La tempête que vivait Zola était à la hauteur des craintes de Jeanne, mais sans doute aussi de ses espoirs car Alexandrine parlait maintenant de séparation. Ses espérances furent de courte durée. Alors même qu'Émile se désespérait de cette double vie impossible et épuisante pour chacun, alors même qu'il se lamentait des harcèlements, des surveillances, des récriminations de son épouse, il tremblait qu'elle ne le quitte, refusait l'idée d'être responsable de son départ, même si c'était elle qui en prenait la décision. Alexandrine avait demandé conseil à Céard et à Amélie Laborde. Céard avait eu l'idée de chercher un conciliateur qu'il avait trouvé dans la personne d'un ami juriste, Numa Jacquemaire, le gendre de Clemenceau, qui avait réussi à éviter la séparation. Statu quo et répétition. Le couple Zola renouvela sa saison d'été à Médan et Jeanne souffrit encore du désespoir d'Émile qui, lui écrivait-il, se mourait de chagrin et d'un mélange de lassitude, de découragement, de rancœur aussi. Puisque Alexandrine avait voulu partir, pourquoi ne l'avait-il pas laissée faire ? Que réparait-il par la poursuite d'une vie commune de déchirements, où l'on ne se supportait plus, même si, à Médan, Alexandrine se calmait et retrouvait peut-être l'espoir que son mari lui appartenait encore un peu ?

Sa question ne resta pas longtemps sans réponse, et ce fut cet été-là qu'elle comprit. La célébration de la fin des « Rougon-Macquart », organisée par Georges Charpentier et Eugène Fasquelle le 21 juin au Chalet des Îles du bois de Boulogne, contribua à lui ouvrir les yeux. Jeanne lut dans la presse, notamment dans *Le Figaro* du 22 juin, les descriptions du banquet. Elle imagina les tentes installées sur l'île pour la circonstance, les tables recouvertes de nappes blanches, entourées de massifs de fleurs, les deux cents personnalités invitées dont Raymond Poincaré, alors ministre de l'Instruction publique et des Beaux-Arts, les toasts portés par Georges Charpentier, par Catulle Mendès au nom des poètes, par Édouard Rod au nom des écrivains étrangers, ou par Adolphe Tabarant au nom des jeunes écrivains. Yvette Guilbert avait chanté ses grands succès. Les honneurs, la consécration de vingt-deux années de labeur… Or, toute la vie d'Alexandrine s'inscrivait dans la construction de cette œuvre. Les journaux rendaient compte des hommages à Alexandrine, « la compagne courageuse et dévouée des jours d'autrefois, des jours heureusement lointains de chagrin et de misère », selon Charpentier, et faisait ressortir ce que l'écrivain lui devait.

Jeanne prit alors conscience qu'elle n'avait pas su entendre la reconnaissance d'Émile envers cette épouse solide qui l'avait toujours soutenu de sa foi en lui, de sa force et de son amour. Il l'aimait, voilà ce qu'elle comprenait aujourd'hui. Il ne s'agissait certes pas de désir, d'amour charnel, mais elle était sa sœur, sa seconde mère, et il avait besoin de son épouse même s'il avait tout autant besoin d'elle et de ses enfants. Rompre avec Alexandrine, ce n'était pas seulement mettre un remords dans sa tendresse pour Jeanne, c'était aussi rompre avec une partie de sa force créatrice, devenir peut-être encore une fois orphelin. Depuis cinq ans, Émile avait deux femmes et ne pouvait vivre sans l'une d'elles. Deux Zola... D'un côté, l'écrivain célèbre, avec Alexandrine, le riche bourgeois avide d'argent, de célébrité, d'honneurs, de reconnaissance littéraire et sociale, infatigable candidat à l'Académie française, conquérant des scènes théâtrales et lyriques, âpre négociateur de contrats, quoique généreux et fidèle en amitié ; de l'autre, avec Jeanne, un amoureux passionné, fragile et tendre, un papa gâteau rêvant du corps de sa belle et des petits goûters avec les enfants...

Jeanne cessa d'espérer. Son bonheur ne serait pas, comme elle l'avait cru un temps, dans la séparation des Zola. Elle ne pouvait qu'espérer des visites plus fréquentes et plus faciles. Elle revenait à ses premières espérances, elle allait être « raisonnable », comme le lui avait demandé Zola, aidée en cela par la présence de ses enfants, par l'énergie et la force dont elle devrait longtemps faire preuve pour les élever seule.

4

Modus vivendi

Zola en captivité... Ce fut pour Émile le prix à payer pour qu'Alexandrine renonce au divorce, pour que le scandale n'éclate pas. À Médan, il était facile à Mme Zola de surveiller les activités de son mari, et Jeanne en subissait les conséquences : Émile avait bien du mal à poster ses lettres, à fixer l'heure exacte où Jeanne, en résidence à Cheverchemont, devrait apparaître à sa fenêtre avec les enfants, de préférence vêtus de blanc pour qu'il puisse les voir avec sa lunette. Opération délicate. Il fallait trouver une heure où Alexandrine fût assez occupée pour ne pas débouler à ce moment-là dans le cabinet de travail et surprendre Émile à son poste d'observation. De sept heures on passa à midi moins le quart, et on revint à onze heures... Les enfants s'y perdaient, s'apprêtant à aller déjeuner juste après la « présentation » de onze heures. Jeanne avait beau sacraliser ces rendez-vous, « Denise, Jacques, c'est l'heure de dire bonjour à papa » ; « il fait beau, votre papa va être content, il va nous voir très bien, venez vite » ; ou bien « il fait sombre avec cette pluie, faites de grands signes pour qu'il vous voie mieux, c'est très important pour votre père qui vous aime tant », les enfants, au début réjouis par le jeu, se lassaient vite, surtout Denise qui n'avait pas le privilège d'être montrée dans les bras de sa mère. Au moins la fantaisie du jeu les empêchait-elle de s'étonner de ce papa qui n'apparaissait qu'à travers une lunette.

Tout de même, Émile, grâce à ses obligations professionnelles, notamment les réunions de la Société des gens de lettres, pouvait de temps en temps s'échapper à Paris. Jeanne l'y rejoignait avec les enfants et l'on tentait de rattraper le temps perdu, de vivre mille heures dans une, de se constituer une grande réserve de câlins, de confidences, de bavardages, pour pouvoir attendre la prochaine rencontre.

Cet été-là fut celui des apprentissages et des deuils. Encouragée par Émile, qui s'était pris de passion pour le vélo, Jeanne avait découvert la bicyclette et se risquait sur les petites routes de Cheverchemont, follement grisée par le glissement dans le vent, la sensation de vitesse, l'impression d'avancer, libérée du poids du corps. Cette impression devenait réalité dans les descentes où la peur rivalisait avec le plaisir. Moins grisant, la page d'écriture. Zola lui recommandait de travailler pour améliorer son orthographe, justifiant ainsi les craintes qu'elle avait toujours eues en lui écrivant. Elle se doutait bien qu'elle faisait des fautes, mais elle aurait préféré qu'il ne lui fasse pas de remarques à ce sujet. Et voilà qu'elle devait chaque soir, une fois les enfants couchés, copier deux ou trois pages d'un livre quelconque, « lentement, en regardant bien l'orthographe, et en faisant attention au sens de chaque mot ». « Cherche dans le dictionnaire ceux que tu ne comprendrais pas. Si tu fais cela chaque soir pendant deux ou trois mois, tu verras comme tu t'en trouveras bien. Et plus tard, tu me remercieras de t'avoir donné ce conseil. » Jeanne avait bien essayé un peu, mais la plume lui était vite tombée des mains. Le copiage était trop ennuyeux, trop long, et s'il pouvait l'aider à mémoriser l'orthographe de certains mots, il ne l'aiderait pas beaucoup, pensait-elle, à diminuer les fautes qui auraient nécessité une révision complète de sa grammaire. Chaque soir, elle se sentait coupable. Émile se montrait sévère : « Ma fille aînée, ma grande

Jeanne, est un peu paresseuse, autant peut-être que la cadette, Denise, qui apprend si mal ses lettres. Jeanne devait travailler, [...] et je crois bien qu'elle n'en fait rien. Plus tard pourtant, elle serait si heureuse d'avoir un peu travaillé ! Il faut qu'elle y réfléchisse. »

Elle se disait souvent qu'elle aurait mieux fait de les recopier, ces maudites pages, et de se coucher ensuite la conscience tranquille, plutôt que de passer ses soirées à s'en vouloir de sa désobéissance. Elle réussit à s'y contraindre une dizaine de jours, sans aller tout de même jusqu'aux deux pages préconisées. Et ce fut tout. Mais Émile avait d'autres cordes à son arc pédagogique ; il fit une nouvelle recommandation à Jeanne : « Tu devrais m'écrire chaque semaine une belle lettre de quatre pages, où tu me dirais tout ce qui te passerait par la tête. Tu ne me l'enverrais pas, mais tu me la remettrais quand tu me verrais ; et nous la relirions ensemble, nous la corrigerions. Vous savez, ma grande Jeanne, que cet hiver je serai très sévère et que je vous forcerai à travailler. C'est moi, s'il le faut, qui surveillerai vos études. » Quatre pages ! Jeanne était partagée entre l'idée de l'effort surhumain que lui demandait cet exercice et l'agacement, voire l'humiliation d'être traitée comme une élève attardée. Elle fut très surprise quand Zola loua ses progrès. Elle ne pensait pas, pour sa part, s'être améliorée, et conserva la désagréable impression d'être évaluée à l'aune de la tenue de ses phrases, et non de leur contenu. Mais il n'y avait pas que l'écriture. Le piano aussi. Pas d'éducation bourgeoise sans piano. Jeanne avait une maîtresse, et là encore, Zola trouvait qu'elle ne travaillait pas assez, qu'elle devait savoir jouer au pied levé valses, polkas et quadrilles. Elle s'interrogeait : pourquoi, elle qui avait toujours fait preuve de courage pour des tâches ô combien rudes, se trouvait-elle si velléitaire face à des activités que d'aucuns auraient considérées comme des loisirs ? Elle esquissa une réponse à cette apparente contradiction : il n'était pas facile d'exécuter les apprentissages d'une parfaite bourgeoise quand on avait passé sa jeunesse dans la pauvreté. Mais peut-être aussi s'y refusait-elle pour ne pas trahir ses origines, s'éloigner des siens, perdre une seconde fois sa mère et sa grand-mère.

Valses et polkas furent bientôt reléguées au second plan de ses préoccupations, balayées par plusieurs événements. Le premier ne la concernait pas directement, mais il la toucha vivement. Maupassant venait de mourir et Jeanne, qui ne le connaissait pourtant pas, éprouva le sentiment de perdre un proche. Elle avait aimé ses nouvelles, qu'elle avait lues dans la presse, et ses romans, en particulier *Une vie*, dont l'héroïne était pour elle une sorte d'alter ego, tant elle s'était identifiée à elle, bien que n'ayant pas traversé les mêmes épreuves. Comment le viril Maupassant avait-il pu si bien traduire la réalité intime des femmes, leurs émotions et leur vérité profonde, leur courage aussi, à travers Jeanne Le Perthuis des Vauds, Boule de Suif, ou la juive Rachel dans *Mademoiselle Fifi* ? Jeanne connaissait l'estime, l'attachement et les heureux souvenirs qui liaient Émile à son jeune confrère. Il lui avait raconté leurs moments de rencontre, la collaboration de Maupassant aux *Soirées de Médan*, même s'il s'était ensuite détaché du naturalisme et éloigné du « maître ». C'est aussi auprès du canotier Maupassant que Zola s'était renseigné pour l'achat de son canot. Le nouvelliste, après quelques recherches, lui avait conseillé un « chasse-canard » pour cent soixante-dix francs et avait conduit lui-même le bateau sur cinquante kilomètres depuis Bezons jusqu'à Médan. C'est lui qui avait choisi son nom de baptême : « Nana »... Le 8 juillet, deux jours après sa mort, Zola suivait avec Alexandrine le convoi mortuaire. Tous les journaux rendaient compte de l'événement : la cérémonie religieuse en l'église Saint-Pierre de Chaillot, le discours de Zola au nom de la Société des gens de lettres, le monde littéraire parisien suivant la procession jusqu'au cimetière Montparnasse... Jeanne se promit d'aller plus tard se recueillir, quand l'émotion générale serait retombée, sur la tombe de celui qui l'avait tant émue et qu'elle aurait aimé connaître.

Le second événement, glorieux celui-ci, fut la promotion de Zola, le 13 juillet, par le ministre de l'Instruction publique Raymond Poincaré, au grade d'officier de la Légion d'honneur. Jeanne, qui vivait comme une injustice les échecs d'Émile dans ses tentatives d'entrer à l'Académie française, se sentit récompensée, apaisée par ce qui lui semblait une réparation. Mais il lui parut en même temps que cette décoration, qui mettait en valeur l'homme public – le Zola d'Alexandrine –, la renvoyait à sa solitude, l'enfonçait davantage encore dans son monde de l'ombre.

Cinq jours plus tard, le petit Maurice, le fils de Cécile, mourait à l'âge de onze mois. Toute sa vie, Jeanne se souviendrait de l'insolence du ciel bleu, de cette journée d'enterrement éclatante, chaude, lumineuse, qui semblait se moquer de ce cercueil si petit, si léger, rendant presque incongrus le chagrin de Cécile et d'Étienne et la tristesse de toute la famille. Jeanne s'était sentie indécente, honteuse d'avoir son fils, honteuse d'avoir honte. Elle n'avait pas eu de mot compatissant. Elle avait juste serré sa sœur très fort contre elle, caressé ses cheveux, tenu sa main contre ses lèvres, et beaucoup pleuré en rentrant chez elle. Sur Cécile et sur toutes les mères qui vivaient la douleur de perdre un enfant, et Dieu sait si elles étaient nombreuses. Jeanne n'avait surtout pas pleuré sur elle, refusant qu'une telle éventualité puisse un jour l'atteindre. Ne pas offrir le moindre doute, la moindre faille au Maître du Monde, ne pas trembler devant lui.

Juste avant de repartir pour Saint-Aubin, elle se prêta au jeu de séances de pose pour des photographies. Zola voulait que des photos d'elle et des enfants soient prises à la fenêtre de la maison de Cheverchemont. Quand l'opérateur de l'atelier de photographie, Pierre Petit, se présenta à neuf heures du matin ce mardi de juillet, Jeanne avait mis sa robe rouge et habillé de blanc les enfants. Elle savait combien Émile tenait à ces photographies, qui devaient servir à la réalisation d'un tableau. Le photographe était un homme jeune, portant un chapeau léger, blanc, à ruban noir, les yeux vifs et roux, du même roux que sa moustache effilée vers le haut.

— Chère petite madame, dit-il en s'inclinant, le chapeau sur le cœur, la maison Petit à votre service.

Après l'avoir salué, Jeanne lui désigna la fenêtre.

— Il faudrait nous photographier, mes enfants et moi, à cette fenêtre. C'est pour un tableau…, ajouta-t-elle, comme pour justifier cette fantaisie.

— Charmant, charmant, répéta le photographe, observant tour à tour les enfants, Jeanne, la maison. Belle idée, la maman et les enfants à la fenêtre. Mais, si je puis me permettre… vous seriez plus belle encore assise sur ce banc devant les fleurs, le petit debout entre vos genoux et la grande à vos côtés, entourée de votre bras…

Jeanne refusa la proposition, se sentant gênée face à cet homme qui ne pouvait connaître la valeur symbolique de cette fenêtre. Plus embarrassant encore fut de lui demander de la prendre en photo tenant son fils en l'air, puis par le bras, « comme un petit Jésus », selon les mots de Zola. Pour toute personne étrangère à leur secret, cela frisait le ridicule. Elle se donna du courage en pensant qu'Émile les observait au même moment et se concentra sur la joie qu'il devait éprouver. Encore une photo à la fenêtre, et les pauses furent répétées dans le jardin, suivant le vœu d'Émile, « pour que nous ayons les figures en grand ».

Cette séance ponctua les derniers jours à Cheverchemont, avant les vacances à la mer. Jeanne était maintenant fidèle à Saint-Aubin et avait choisi de séjourner au Grand Hôtel. Outre les longues promenades sur la plage à marée basse en direction de Bernières, où les enfants, surtout Denise, ramassaient des coquillages, outre les bains que le temps, superbe cette année-là, permettait de renouveler tous les jours, les activités furent nombreuses, joyeuses et variées. Jeanne connaissait mieux la ville et la région et elle se sentait maintenant très à l'aise pour profiter de tous les divertissements offerts. Le casino de Saint-Aubin proposait des matinées d'enfants avec spectacles, théâtre de Guignol, chevaux de bois. Jeanne y déjeunait quelquefois avec eux. Elle avait loué une grande cabine sur la plage, l'avait meublée d'une table et de petites chaises pliantes, d'un peu de vaisselle, d'une lampe à esprit-de-vin, et elle y préparait le thé de quatre heures. Les enfants, affamés par les baignades, ne se faisaient pas prier pour interrompre leurs jeux en faveur de ces « goûters-cabane », comme disait Jacques. Jeanne s'amusait autant qu'eux de ce jeu de dînette. Bientôt, ce n'est pas à trois mais à quatre qu'ils partagèrent le thé, agrémenté du raisin de Cheverchemont que Jeanne se faisait envoyer. En habituée des lieux maintenant, elle avait fait connaissance de quelques vacanciers et s'était tout particulièrement liée d'amitié avec Mme Goudin, une maîtresse d'école, avec qui elle partageait non seulement les goûters-cabane, mais aussi les promenades, les excursions et autres sorties : la visite du village et du château Renaissance de Fontaine-Henry, à quatorze kilomètres de Caen, de la chapelle de Notre-Dame de la Délivrande, une journée à Caen. Au début du mois de septembre, Jeanne et Mme Goudin se promirent d'aller manger des huîtres à Courseulles, les meilleures, disait-on. Jeanne retrouvait avec cette amie les instants de complicité féminine, les conversations insouciantes qu'elle avait connues jeune fille. Même si Mme Goudin était loin d'une fantasque Marguerite, son caractère posé, sa sagesse se conciliaient avec une nature enjouée, curieuse et bavarde. Denise et Jacques s'étaient attachés à elle, et Denise, qui ne savait toujours pas ses lettres comme le déplorait son père, ne rechigna pas à suivre quelques heures de cours avec elle. Seule ombre au tableau, les confidences avaient une limite qui relevait aux yeux de Jeanne du mensonge par omission. Elle ne devait pas révéler l'identité du père de ses enfants. Émile le lui avait bien recommandé. Ne pas attirer sur elle et les petits la curiosité et les commentaires. Jeanne se contentait d'évoquer vaguement un père lointain – elle ne parlait pas de mari – débordé par ses affaires, ce qui n'était d'ailleurs pas un mensonge.

Lointain et si proche... Souvent, pour se consoler de leur éloignement, Jeanne pensait à tous ces couples mariés, en vacances à la mer avec leurs enfants et qu'elle côtoyait à Saint-Aubin. Si peu avaient l'air de s'aimer ! Ils ne se voyaient plus, semblaient vivre dans l'oubli l'un de l'autre, dans le froid d'un cœur vide. Les enfants étaient là, bien commodes pour que les époux n'aient plus à se parler. Elle au moins, la « grande Jeanne adorée », était superbement aimée, d'un amour auquel toutes les femmes rêvaient en secret, un amour qui ne s'usait pas. Peut-être l'attente valait-elle mieux que l'ennui.

Proche, Zola le serait très bientôt. En cette mi-septembre, Jeanne allait rentrer à Paris, mais il ne s'agissait que de retrouvailles-éclair puisque Émile y resterait trois jours seulement, avant son départ pour Londres. Retrouvailles douces-amères, presque un mirage. Jeanne attendrait encore. Sa peau devenait mémoire. Zola parti, elle lui restituait l'empreinte de ses baisers, l'odeur de sa poitrine, la chaleur de ses bras.

Londres. Zola avait été invité au congrès du Royal Institute of Journalists qui réunissait journalistes et directeurs de grands journaux britanniques, sous l'égide de Georges Petilleau, membre du comité directeur de la Société des professeurs de français et de l'Alliance française de Grande-Bretagne. Invitation à double titre : celui d'écrivain célèbre et de président de la Société des gens de lettres.

La saison était encore belle et, tandis qu'Émile traversait la mer, Jeanne regagnait Cheverchemont. Denise allait fêter ses quatre ans. Le dimanche 23 septembre, Jeanne invita à un grand goûter d'anniversaire les Alexis, ses petites nièces Cécile et Eugénie mais sans leurs parents endeuillés, Élisabeth, Mlle de Fougeray, et une jeune voisine issue d'une famille fortunée, peintre à ses heures. Denise et Jacques étaient vêtus à l'identique : blouse bleu clair serrée à la taille, à manches larges terminées par un revers de batiste orné de broderies, jupe assortie garnie d'un ruban noir. Coiffure identique aussi, avec la même frange droite au-dessus des yeux, les mêmes cheveux châtains. « Des p'tits anges », s'exclama Élisabeth. Cécile et Eugénie, leurs cousines de cinq et trois ans, portaient elles aussi la même robe, mise en valeur par leurs cheveux blonds et bouclés. Toutes ces jolies toilettes en double exemplaire subirent les mêmes outrages de la terre du jardin, de la crème des gâteaux et du chocolat chaud. Paule-Alexandrine Alexis, âgée de sept ans, ne savait pas trop quoi faire de sa qualité d'aînée. Elle hésita tout d'abord entre la compagnie des adultes et celle des petits, et puis le partage du goûter dissipa sa réserve de « grande ». Le chocolat fumant joua en ces circonstances le même rôle désinhibant que le bon vin des tables de fête et, à la fin de la journée, la jupe de Paule ne fut pas en meilleur état que celle des autres. Jeanne, en observant les jeux des enfants, leurs disputes aussi, repensait au roman de Zola, l'un de ceux qu'elle avait préférés, *Une page d'amour*. Les images se superposaient dans son esprit. Lorsque les enfants revinrent du jardin, Paule tenant Jacques par la main, elle crut voir Jeanne Grandjean et le petit Lucien s'en allant sagement, main dans la main, par les allées du jardin des Deberle. L'identification n'était d'ailleurs pas limitée aux seuls enfants. Jeanne Rozerot se reconnaissait aussi dans Hélène Grandjean, amoureuse d'un homme marié, le Dr Deberle, dont elle fréquentait amicalement l'épouse.

La fin du mois de septembre fut scandée par les nouvelles des journaux et par les lettres d'Émile. Par leur intermédiaire, elle suivait les réceptions et les fêtes où Zola était invité, les honneurs qui lui étaient rendus. Elle imaginait l'accueil chaleureux du directeur du *Daily Telegraph*, Edward Lawson, les intérieurs du luxueux hôtel Savoy où Émile logeait avec Alexandrine, le triomphe remporté par son discours au Lincoln's Hall devant une assemblée prestigieuse de journalistes... La tête lui tournait de se représenter Zola traité en souverain, présenté avec sa femme aux filles du président de la Chambre des communes en présence du procureur général du royaume, applaudi par quatre mille personnes au bal de l'Hôtel de Ville, le Guildhall, acclamé partout, comme au banquet du Crystal Palace. « Dans un feu d'artifice, lui écrivait-il, ils ont fait mon portrait en traits de feu et c'était très drôle. » « On m'a reçu ici comme un prince. » Jeanne se transportait de banquet en banquet jusqu'à celui organisé par l'Authors'Club, oubliant d'être triste, de ne partager ces fêtes que par l'esprit et à distance, se disant que, de toute façon, sa timidité s'en serait mal accommodée. Elle se laissait porter par sa fierté pour Émile qu'elle transmettait à ses enfants en leur lisant les extraits de presse les plus élogieux. Elle traduisait et résumait ensuite avec des mots simples, mais les enfants, Jacques surtout, ne comprenaient pas plus les mots compliqués des journaux que les mots simples de leur mère. Leur papa était celui qui apportait toujours des fleurs à leur mère et très souvent des cadeaux pour tous les trois. Il était celui qui demandait à Denise de préparer « du bon thé et de bons gâteaux pour son bon papa », celui qui disait plein de mots tendres et serrait fort dans ses bras. Les ors de sa célébrité, dont le sens leur échappait, ne les illuminaient guère.

Le retour du « bon papa », annoncé pour le lundi suivant, laissa Denise songeuse.

— Maman...

— Oui, ma chérie.

— Pourquoi papa ne vit pas à la maison, pourquoi il nous fait juste des visites ?

Jacques, intéressé par les questions de sa sœur, s'était approché d'elle comme pour se montrer solidaire de ses interrogations. Jeanne se sentit tout à coup comme une accusée face à ses juges.

— Je vous ai déjà expliqué... Votre papa doit partir pour son travail, il est très occupé...

— Le papa de Paule et Marthe, il travaille aussi, mais il dort à la maison. Regarde, il vient chez nous avec la maman et Paul m'a dit qu'ils repartaient tous ensemble à la maison !

— Paul a moins de travail que votre père. Il n'est pas demandé partout comme lui...

Denise inversa alors sa question :

— Pourquoi il ne nous emmène pas avec lui ?

— Nous le gênerions... et ce serait trop fatigant pour vous.

Jeanne vit bien que le sempiternel argument des obligations professionnelles répondait mal aux questionnements de sa fille, mais Denise n'insista pas, pressentant peut-être confusément la zone interdite à ne pas franchir. Jeanne avait déjà été étonnée que ses enfants ne trouvent pas étrange que leur mère les envoie régulièrement se promener avec leur père et « la dame », et ne s'interrogent pas plus sur l'identité de la dame en question que sur la conformité de leur mode de vie avec celui des enfants qui les entouraient. Mais elle voyait bien qu'elle s'était trompée et elle mettait sur le compte de leur finesse instinctive cette absence de curiosité.

Émile revint, ébloui par son succès et n'aspirant pourtant qu'à se retrouver dans l'intimité de ses « trois enfants chéris ». L'ombre et la lumière. Jeanne vivait elle aussi les deux faces de cette alternance, l'une dans son quotidien, l'autre dans ses rêves. Elle ne voyait que quelques intimes et ne se frottait souvent à la vie sociale que par procuration, par ce que lui en rapportaient les Alexis, quelques amis, sa famille, les journaux. Pourtant, quand elle avait franchi le pas et fait de nouvelles connaissances, elle se sentait plus épanouie, contente d'elle-même.

C'est alors qu'elle s'avisait que son existence recluse ne résultait pas d'un choix. Elle adorait s'habiller, ce qu'elle faisait avec beaucoup de goût, et les courses dans les grands magasins pour dénicher les plus belles étoffes, les dentelles les plus fines étaient pour elle un grand plaisir. Or, Jeanne savait bien qu'on ne se fait belle que pour les autres. Même si l'on se dit que c'est avant tout pour soi, c'est tout de même en imaginant l'effet que l'on produit… Elle s'expliquait cette contradiction non seulement par sa timidité, qui lui faisait ressentir son petit chez-elle comme un refuge, mais par le poids d'une faute sociale qu'elle s'imaginait porter sur le visage. Car, en Normandie, loin des fréquentations parisiennes, elle aimait les sorties, les rencontres, oubliait ses craintes et ses inhibitions. Zola l'incitait souvent à sortir davantage, à se montrer, s'amuser, nouer plus de relations. Elle accepta quelques invitations, poussée par le désir de faire plaisir à ses enfants. Et s'en félicita. Une soirée au cabaret du Chat Noir, sur invitation d'un habitué des lieux, Zola lui-même, lui donna envie de renouveler l'expérience. Elle n'avait jamais vu de théâtre d'ombres, la spécialité de ce cabaret, et fut charmée par l'invitation au rêve, à la poésie, à tous les miroitements de l'imagination contenus dans ce spectacle qui la captiva autant que ses enfants. Chansonniers, musiciens créaient une atmosphère drôle et moelleuse dans laquelle Jeanne se pelotonnait avec délices.

En fin d'année, une autre soirée suscita chez Jeanne beaucoup d'émotion, mais pour d'autres motifs. Alexis l'avait invitée au théâtre Déjazet à l'une des représentations de sa pièce en un acte écrite avec Duranty : *Mademoiselle Pomme.* Jeanne savait que cette « farce réaliste » avait suscité des réactions hostiles et elle craignait une représentation mouvementée. Elle le fut, mais pas autant que ce qu'elle pouvait craindre, et la pièce put continuer à être jouée jusqu'au 31 décembre.

Depuis plusieurs années, Jeanne était de fait placée au cœur de l'actualité théâtrale. Zola rêvait de conquérir les scènes, non seulement parce qu'il avait toujours aimé le théâtre, mais parce qu'il pensait que c'était une des formes d'expression privilégiées pour imposer le naturalisme, avec des acteurs faisant vivre l'homme non plus métaphysique, mais physiologique et déterminé par son milieu. Un théâtre qui montre le monde tel qu'il est, dans toute sa vérité, sans pudibonderie ni moralisme bourgeois. Il y avait aussi, dans sa conquête du théâtre, le moyen de réaliser ses ambitions personnelles : la reconnaissance littéraire, l'argent dont il avait grand besoin avec ses deux foyers, la célébrité. L'opéra aussi le séduisait. Il avait confié à celui qui était devenu l'un de ses amis les plus chers, Alfred Bruneau, premier prix de violoncelle en 1876, deuxième grand prix de Rome en 1881, l'adaptation lyrique de son roman *Le Rêve*. Bruneau lui avait tout d'abord demandé s'il pouvait mettre en musique *La Faute de l'abbé Mouret,* mais Zola avait déjà accordé cette adaptation à Massenet. Jeanne était à trois mois d'accoucher quand *Le Rêve*, dont le livret était l'œuvre de Louis Gallet, avait été pour la première fois représenté à l'Opéra-Comique. Deux ans plus tard, c'est *L'Attaque du moulin*, une nouvelle publiée par Zola en 1880 dans le recueil des *Soirées de Médan*, que Bruneau adaptait pour la scène lyrique. La première avait eu lieu à l'Opéra-Comique le 23 novembre 1893. Zola venait de terminer l'écriture du livret de *Messidor*, un drame lyrique dont Bruneau avait écrit la partition musicale. Bien que restant en retrait, Jeanne vivait elle aussi au rythme des répétitions, des rendez-vous, des représentations. Parfois, au cours de ses courses dans Paris, lorsqu'elle voyait les affiches des spectacles avec « Émile Zola » écrit en gros, son cœur faisait un bond et elle avait envie de crier à tous : « Zola ! Je suis dans l'intimité de sa vie, je suis son amour et mes enfants sont les siens ! » Cri condamné au secret.

Splendeur, mais aussi misère d'un écrivain célèbre... Jeanne dut affronter une de ces crises nerveuses qui l'assaillaient depuis longtemps et régulièrement. Lui-même avait décrit ces « attaques de spleen » dont il souffrait depuis sa jeunesse. « Abattement mêlé d'inquiétude, écrivait-il à un ami, souffrance physique et morale. Tout me semble couvert d'un voile noir, [...] enfin un ennui immense et décolorant et déflorant toutes mes sensations. » Des crises qui lui serraient le torse comme s'il était atteint d'angine de poitrine, avec des douleurs au bras gauche qui provoquaient toutes sortes de spasmes, de crampes, de troubles gastriques, de douleurs.

Cet après-midi-là, alors qu'elle-même, Denise et Jacques attendaient Émile pour le rituel goûter, Jeanne se rendit compte, avant même qu'elle ne le vît, qu'Émile n'allait pas bien. Contrairement à son habitude, Zola avait monté l'escalier de façon si feutrée et si lente que ni elle ni les enfants ne l'avaient entendu. Lorsqu'elle ouvrit sa porte – pas de toc-toc en battements de cœur, ce jour-là –, elle eut peur de le voir si pâle, si vieilli, si absent. Il effleura des lèvres ses enfants, qui le reconnurent à peine avec ce masque de vieil homme triste. Ils oublièrent le dernier dessin, la nouvelle robe de la poupée qu'ils voulaient lui montrer, et se placèrent devant leur tasse à thé sans rien dire, laissant juste leurs jambes battre l'air, n'osant pas regarder leur père. Zola s'était assis à sa place habituelle sans dire un mot.

— Tu n'es pas avec nous. Tu as l'air si triste, si loin, dit Jeanne, inquiète.

— Ce n'est rien... Ne t'en fais pas, c'est les nerfs.

Jeanne s'était approchée de Zola et, debout derrière lui, elle se pencha en passant ses bras autour de ses épaules.

— Je m'en fais. Je sais que tu vas mal, murmura-t-elle à son oreille.

— J'avais fait le rêve de rendre tout le monde heureux autour de moi ; mais je vois bien que cela est impossible, et je suis le premier frappé. (Il prit la main de Jeanne et y posa sa joue.) À certains moments, je ne sais plus comment penser, je ne sais plus si c'est notre situation qui me rend malade, ou si ce sont mes nerfs malades qui me font voir notre vie de façon désespérée. Mais ces moments-là sont affreux.

Et, regardant Jacques et Denise qui n'avaient jamais été aussi sages :

— Ne t'en fais pas. Allez, mangez mes enfants, je ne suis pas bien gai parce que je suis un peu souffrant. Mais ce n'est rien. Cela me fera du bien de vous voir manger ce beau gâteau.

Lui ne mangea rien, avala juste quelques gorgées de ce thé qu'il aimait tant. Il alla plusieurs fois de son siège à la fenêtre, prenant sa tête entre ses mains. Jeanne vit les larmes sur son visage. Elle lui désigna le canapé :

— Allonge-toi, Émile, et repose-toi. Ne dis rien.

Il obéit, ne bougea plus, ne dit plus rien. Elle avait beau savoir que cette crise ne durerait pas et qu'elle n'était ni la première ni la dernière, elle avait du mal à supporter cette vision d'Émile abattu, désarmé, immobile sur son divan, comme fossilisé dans la douleur. Au bout de deux heures, il décida de repartir chez lui. Jeanne s'opposa à ce qu'il fasse le chemin à pied. Elle arrêta une voiture et Zola fit tout comme elle voulait, comme un enfant docile.

5

La joie de vivre

La crise passa, comme les autres, d'autant plus vite et d'autant mieux qu'une évolution favorable se faisait jour dans la relation entre l'écrivain et « ses trois enfants adorés ». Le séjour des Zola à Londres y avait été pour quelque chose. Ce voyage triomphal avait baigné Mme Zola dans ses ors. Elle y avait été reconnue, acclamée, installée dans son statut d'épouse du célèbre écrivain. Elle était Mme Zola et Jeanne ne le serait jamais. Les honneurs pour elle, les enfants pour Jeanne. Alexandrine comprenait que sa rivale resterait dans l'ombre sans empiéter sur ses prérogatives et elle lâcha du lest. Cet été-là, elle autorisa son mari à « visiter » ses enfants, et Émile put ouvertement se rendre chez Jeanne à Cheverchemont. Ne plus avoir à se cacher, ne plus vivre ces instants passés ensemble dans la peur et la culpabilité : une libération et un soulagement pour Jeanne et pour Émile, même s'il ne s'agissait que de brèves permissions.

Lorsque Jeanne savait que Zola allait venir l'après-midi, son esprit vagabondait sur les chemins empruntés par celui-ci. Elle le suivait en pensée à bicyclette sur les trois kilomètres de Médan à Triel, l'imaginait traversant le pont suspendu à péage, payant ses droits au receveur Victor Bagros, par ailleurs mécanicien, laissant en garde son vélo à l'atelier de celui-ci, et poursuivant son chemin à pied par la rue du Pont, la Grande-Rue, jusqu'à la montée de la rue Galande. Après avoir rejoint le chemin de l'Hautil, il montait à travers champs jusqu'à la villa de Jeanne. Le trajet n'était pas bien long, environ un kilomètre, mais la montée était rude et fatigante. Jeanne le guettait avec ses enfants, et c'était à qui le verrait le premier. Enfin, trois cris se superposaient : « C'est lui, c'est papa ! », lorsqu'une ombrelle d'alpaga grise doublée de vert apparaissait sur le chemin. L'ombrelle était destinée à protéger l'homme qui la tenait du soleil ou de la pluie, mais elle plaisait tant à Denise que, même par temps sec et gris, Zola l'emportait avec lui, s'en servait comme d'une canne et puis l'ouvrait, signe de ralliement en vert et gris, en arrivant à la maison de Cheverchemont. Jeanne le voyait avancer vers elle, chevalier sans monture, fatigué et fragile. À ce moment-là, il ne lui apparaissait plus comme l'homme fort dirigeant sa vie de ses conseils et de ses recommandations, comme le maître à penser, l'amant-papa protecteur, mais comme un homme vieillissant, à barbe grise et lorgnon d'or, le front humide barré de rides, les yeux tristes malgré son sourire et qu'elle avait envie de protéger comme un enfant.

Zola embrassait « ses mignons chéris » et ses premiers mots pour Jeanne étaient invariablement :

— Tu as le bonjour de M. Bagros.

Victor Bagros, un homme qui comptait. C'est lui qui avait appris à Jeanne à rouler à bicyclette ; c'est à lui qu'elle confiait les petites réparations de son vélo. Dans son atelier, tout près du pont, s'entassaient ferraille, machines et bicyclettes que le mécanicien ne se contentait pas de réparer mais qu'il montait lui-même, tout fier de montrer ses modèles soignés, impeccablement finis. C'est à lui que Zola venait d'acheter sa bicyclette, qu'il pourrait aisément lui confier en cas de réparation. Jeanne savait que Bagros « savait ». Il avait appris que le monsieur distingué qui lui donnait le sou du péage était M. Zola et qu'il passait le pont pour se rendre chez sa belle et les deux petiots qu'elle lui avait donnés. M. Bagros était, d'une certaine façon, devenu le complice de leurs rendez-vous, et il en concevait de la fierté. Zola racontait à Jeanne ses conversations avec cet ami bavard qui lui rendait maints services à Médan, toujours prêt à se rendre utile. Ce jour-là, Zola était encore tout surpris de sa dernière conversation.

— Figure-toi que ce bon Victor se fait prêter le *Gil Blas* par son beau-frère de Paris pour lire mon *Lourdes*.

Jeanne sourit.

— Sa femme y est pour quelque chose, je le sais. Elle n'admet pas que son mari répare ta bicyclette sans connaître tes livres. Et tu connais Mme Bagros, pas question de lui désobéir.

La remarque amusa Zola.

— Elle, au moins, est écoutée ! Il me semble qu'un certain Mimi ne peut pas en dire autant et que ses conseils d'écriture ne sont guère suivis. N'est-ce pas, madame Mimi ?

Mimi, comme Jeanne le surnommait, lui caressa le nez de l'index, comme à une petite fille gentiment grondée par son papa.

En cette fin d'année, Zola redevint italien. Il séjourna surtout à Rome mais aussi à Naples, Florence, Venise et Milan, et rapporta un journal de voyage dans lequel il avait noté les impressions de ses promenades et ses entretiens avec plusieurs journalistes et autres informateurs, ses rencontres avec Albert Billot, ambassadeur de France auprès du roi d'Italie, avec Humbert Ier, et Édouard Lefebvre de Béhaine, ambassadeur auprès du Saint-Siège. Ce journal devait lui servir de matériau pour son roman *Rome*, critique du néocatholicisme du pape Léon XIII, coupé des réalités du monde moderne et uniquement préoccupé par la défense de ses pouvoirs temporels, de la politique notamment urbaniste de Humbert Ier...

Comme pour les voyages précédents, Jeanne était informée des visites de Zola par ses lettres et par la presse. *Le Matin* rendait compte régulièrement du déroulement de son séjour. Comme par le passé également, Jeanne profita de l'absence de Zola pour resserrer les liens avec sa famille. La naissance d'un neveu, Maurice, un an après la mort du précédent bébé de Cécile, avait été pour Jeanne source d'émotion et de rapprochement avec sa sœur que le temps des couches laissait au repos. Elle espérait que cette naissance permettrait enfin à Cécile de sortir de sa mélancolie, elle qui ne s'était jamais consolée de la mort de son fils. Jeanne n'approuvait pas le choix, pour ce nouveau bébé, du même prénom que celui du petit mort. Celui-là n'allait pas remplacer l'autre, il était un autre et aurait dû en être distingué par un prénom différent. Les moments passés ensemble avaient gommé leurs vies de femme respectives. Elles s'étaient retrouvées dans toute la tendresse et la complicité de leur enfance. Cécile s'était réinvestie de son rôle de grande sœur protégeant la cadette.

— C'est moi qui viens d'accoucher et c'est toi qui parais la plus pâle. Tu devrais prendre de la quinine pour te remettre du rose aux joues. (Puis, observant longuement son bébé :) Tu crois qu'on va me le prendre aussi, celui-là ?

Cette fois, ce fut Jeanne qui donna la leçon.

— Ton bébé est là, bien vivant, comme tes filles, et tu n'enterreras personne. Il faut que tu les pousses vers l'avenir au lieu de les tenir suspendus au bord de la tombe.

— Mais tu vois, Jeanne, j'ai peur de trop aimer ce petit tout neuf et si fragile, et de souffrir ce que j'ai déjà souffert avec l'autre s'il s'en va…

— Mais justement, il a besoin de tout ton amour pour vivre, c'est la meilleure chance que tu puisses lui donner pour qu'il se porte bien ! Allez, chasse tes mauvaises pensées.

Elles avaient parlé longtemps de leurs vies. Après tout, avait remarqué Jeanne, elles avaient toutes deux eu leurs malheurs, mais elles devaient rester confiantes dans la vie, malgré ses infortunes. Le climat plus apaisé dans lequel vivait Jeanne la rendait plus optimiste. Elle osait maintenant regarder un avenir lavé de ses angoissantes incertitudes. Elle attendrait le printemps pour revoir sa famille de Bourgogne. Léon atteignait ses dix-sept ans. Il avait fait un apprentissage pour apprendre à travailler le bois et voulait se spécialiser dans le métier de sabotier.

Zola revint d'Italie les bras chargés de cadeaux : colliers en verre, objets en paille tressée, en corail, broches et épingles de cravate en mosaïque, règle en marbre pour Jacques... Un cadeau séduisit tout particulièrement celle à qui il était destiné : un collier de vingt et une perles couleur saphir qu'il avait fait monter sur une chaîne d'or.

Zola venait maintenant chaque jour rue Taitbout. Le thé, les gâteaux, les journaux qu'il lisait dans le grand fauteuil bleu, les histoires qu'il racontait aux enfants grimpés sur ses genoux... Tableau idéal d'une vie de famille réussie avec nurse anglaise pour Jacques, institutrice pour Denise... Un modèle bourgeois, sauf que Jeanne n'était pas l'épouse et que ses enfants restaient sans père officiel. Toujours est-il que ce fut bien à titre de papa que Zola inscrivit Denise aux cours Dieterlen. Jeanne n'éprouva aucune gêne à ce que Mme Dieterlen connût l'identité du père de sa fille, et Zola lui-même, s'il restait discret sur sa situation, ne cherchait plus à la cacher. Il n'hésitait plus à se montrer avec la mère de ses enfants. Jeanne avait bien ri, un rire teinté de fierté, quand Zola lui avait raconté la stupeur et l'émotion de la directrice face à un père d'élève aussi célèbre et prestigieux. Libérée du poids du secret, Jeanne, quoique toujours discrète, se sentait bien plus à l'aise dans ses sorties et recevait plus fréquemment le petit cercle d'amis qui gravitait autour d'elle avec, parmi les fidèles, la famille Alexis et le Dr Delineau. Elle fréquenta davantage les théâtres. Au programme notamment, une pièce d'Alexis : *La Provinciale.*

Cet été 1895, Cocotte s'installa chez Jeanne. Un sale caractère, Cocotte. Toujours de mauvaise humeur, méchante, commère, gloutonne. Cocotte était une perruche parlante du Sénégal que Léon Hennique, un ami de Zola, auteur de nouvelles et de romans et dont le frère vivait aux colonies, avait offerte à son ami. Zola en avait à son tour fait cadeau à Jeanne et à ses enfants. Récupérée à la gare avec sa cage, Cocotte s'était aussitôt montrée sous son jour le plus acariâtre. À vrai dire, elle n'avait guère de jour plus aimable. Jolie, certes, d'un vert très vif, mais deux yeux noirs et brillants qui semblaient vous transpercer de leur regard sévère. Jacques fut la première victime de Cocotte, qui lui fit comprendre plutôt vivement que rien n'était meilleur à son bec crochu que les doigts tendres des petits garçons. Bien meilleur que le morceau de banane imprudemment tendu par Jacques qui n'avait pas eu le temps de retirer son doigt. Jeanne avait dû venir à son secours et libérer le doigt meurtri. À ce moment-là, elle avait, stupéfaite, entendu la perruche s'écrier :

— Cocotte a bien déjeuné, Cocotte a bien déjeuné !

Jeanne connut des heures très douces. Zola avait retrouvé son équilibre entre Alexandrine et elle, entre le travail et les distractions. Il devenait de plus en plus à l'aise avec la bicyclette, parcourait de longs trajets sur les routes environnant Médan, et ses performances de vélocipédiste amélioraient autant son physique que son moral. Jeanne le trouvait plus vif, plus gai, et il semblait prendre la vie avec plus de légèreté qu'auparavant. Quand Alexandrine décida d'effectuer seule un voyage d'un mois en Italie, son précédent séjour à Rome avec Zola l'ayant conquise, Jeanne connut le plus bel automne de sa vie. Émile passait de longs après-midi chez elle, aidait Denise à faire ses devoirs. Il emmenait Jeanne se promener au bois de Boulogne à bicyclette avec lui, ne craignant plus de rencontrer quelques connaissances. La paix retrouvée avec Alexandrine libérait son amour pour Jeanne. Il arrivait rue

Taitbout les bras chargés de fleurs qu'il achetait aux marchandes autour de la gare Saint-Lazare. Parfois, il achetait à l'une d'elles toute sa cargaison de fleurs et, en arrivant chez Jeanne, jouait au livreur. Il apparaissait sur le seuil de la porte, caché derrière une énorme brassée de roses et de gerberas, et s'écriait :

— Je suis bien chez Mme Mimi ? De la part d'un admirateur...

Les deux après-midi par mois où Jeanne confiait Denise et Jacques à la femme de chambre pour qu'elle les conduise au jardin public des Tuileries, du Palais-Royal, des Champs-Élysées ou du bois de Boulogne, lieux de rendez-vous où les attendaient Émile et Alexandrine, contribuaient largement à la paix retrouvée dans le couple Zola. Jeanne se demandait ce qui pouvait bien se passer dans la tête de Mme Zola. Pourquoi avait-elle voulu les connaître ? Cherchait-elle, frustrée dans son désir de maternité, à jouer les mamans le temps d'une promenade main dans la main avec les enfants, à se donner l'illusion d'une maternité tardive ? Pensait-elle renforcer sa complicité avec Émile en partageant avec lui un amour qui leur serait commun ? Toujours est-il qu'elle s'attachait aux enfants, s'amusait de leurs petits mots, les couvrait de cadeaux bien embarrassants pour Jeanne, et que Zola y gagnait en sérénité.

Tout en achevant la rédaction de *Rome*, Zola chercha une autre maison d'été pour Jeanne et ses enfants. Le trajet de Médan à Cheverchemont, avec ses quatre kilomètres et surtout la rude côte à monter à pied, était un parcours assez long et fatigant. Il voulait une maison plus commode à rejoindre et trouva ce qu'il cherchait à Verneuil, au-delà de Vernouillet, à quelques kilomètres de Médan mais du même côté de la Seine. Avant qu'elle ne visite la maison, Jeanne se sentit emplie de nostalgie. Cheverchemont, qu'elle avait aménagé à son goût, avec ce jardin qu'elle aimait tant et tous ces souvenirs enfermés, lui manquerait. Mais il n'était pas question qu'elle s'oppose au déménagement. Elle se désolait de voir Émile arriver essoufflé, en sueur, par les chaudes journées d'été, et elle souhaitait elle aussi un chemin plus facile.

La visite de Verneuil dispersa ses regrets. Elle fut immédiatement conquise par cette grande villa flanquée d'une aile destinée aux chambres d'amis et au logement de la gardienne. Seule une petite fenêtre ovale donnait sur la rue. Le jardin était entièrement clos, fermé par une porte cochère à panneaux pleins qui garantissait l'intimité des lieux. Et quel jardin ! Accord parfait de l'élégance, du raffinement et de la bohème. Entre le jardin à la française, avec ses deux pelouses impeccables autour d'un bassin, une butte en labyrinthe, des massifs bien ordonnés, et le jardin de curé, avec ses allées et petits coins cachés, des arbres formant sous-bois où l'on pouvait installer table et chaises de jardin, un potager où se mêlaient sans façon légumes et fleurs. De quoi faire oublier celui de Cheverchemont.

Elle put emménager au 5, rue de Bazincourt dès l'été. Gare Saint-Lazare, embarcation des malles, de la cuisinière, de la femme de chambre et de Cocotte. Une heure de train et Jeanne, élégante, découvrait ses nouveaux quartiers d'été.

— Maman, on ne va pas pouvoir être sages. Ici, c'est fait pour courir !

Jacques entraîna sa sœur et Jeanne n'eut pas le temps de les retenir. Ils étaient déjà partis à courir, les bras écartés, au-devant des coteaux, des fermes entourées de prés à vaches, et, tout près de la maison, des cultures en damier. Les fermes étaient bien plus nombreuses que les maisons bourgeoises et Jeanne retrouvait à Verneuil les paysans en sabots de son enfance. La vie lui paraissait moins rude tout de même.

Les premiers temps de leur installation, Jeanne fit à Verneuil de longues promenades avec ses enfants. Elle découvrit le château seigneurial des Talleyrand-Périgord au bout de la grande-rue, caché derrière les hauts arbres du parc et les immenses bâtiments des communs ; les bois de Verneuil et leurs longues et nombreuses allées très fréquentées l'été, la population de Verneuil augmentant d'un quart par l'arrivée estivale de la bourgeoisie parisienne, et, vers l'ouest, les bois de Bécheville. Le séjour à Verneuil devait s'étendre de mai à octobre, mais Denise, âgée maintenant de sept ans, ne pouvait interrompre pendant tout ce temps sa scolarité. Il fallait lui chercher d'autres cours. Jeanne se renseigna et trouva. Mlle Ernestine Rochegude, l'institutrice dirigeant l'école communale de filles, assurerait des leçons particulières. Tous les jours, Zola, attendu pour le goûter, prenait à bicyclette le chemin de Verneuil. Il ne rentrait chez lui que pour six heures et demie.

Rue de Bazincourt, le cercle intime s'élargit bientôt aux amis. Les Alexis étaient souvent invités à partager les après-midi avec Jeanne, Émile et les enfants. Paul avait définitivement choisi son camp : celui de Jeanne. Les portes de Médan s'étaient fermées, celles de Verneuil s'ouvraient à lui, aussi déchirant ce choix fût-il pour lui. Cette année-là, les Alexis passèrent les quinze premiers jours de juillet chez leur amie, logés dans l'aile de la maison. Jeanne se sentait pleinement heureuse. Paule et Marthe étaient liées à Denise et Jacques comme l'étaient leurs parents, et les journées s'écoulaient pleines de rires. Les jeux, les promenades à pied ou à bicyclette avec Mme Alexis, Paul étant incapable de se tenir sur un vélocipède, les repas fins et joyeusement animés sous les arbres entraînaient Jeanne dans un vertige d'insouciance et de légèreté.

Ce fut pendant ce bel été que Zola fit ses lectures de préparation pour son prochain roman, *Paris*. Comme il avait besoin d'effectuer des repérages au cœur de la ville, il prévoyait d'y consacrer quelques semaines en automne. Le 13 septembre, Alexandrine, de son côté, repartait pour six semaines en Italie, et c'est en compagnie de Jeanne et des enfants que, au début d'octobre, le romancier parcourut Paris. Seule, Jeanne n'avait jamais eu l'envie ni même l'idée de prendre le temps de visiter les monuments de la ville. Avec Émile comme guide, c'était un plaisir. Elle vit Paris de haut, des tours de Notre-Dame, de celles du Trocadéro, de la tour Eiffel, du Sacré-Cœur. Elle voyait Paris et c'est sa vie future qui se déployait sous ses yeux. Par cette journée d'automne ensoleillée qui faisait étinceler toute la ville, sa vie lui apparaissait teintée de cette même flamboyance. une passion amoureuse qu'elle vivait toujours en rouge et or, des enfants superbes devant qui s'ouvrait un avenir plein de promesses, aussi droit et clair que les grandes avenues haussmanniennes qui rayaient la capitale.

Zola prenait des photos et des notes, accompagné d'un architecte qui répondait à ses questions, et Jeanne se remplissait d'impressions si douces et si fortes qu'elle aurait voulu les prolonger d'un point d'orgue qui s'étirerait sans fin. Le temps, pourtant, passait à toute allure, Jeanne en faisait souvent la remarque à Émile.

— La vie est mal faite. Quand tout va bien, quand on est heureux, les jours s'en vont trop vite alors que le malheur ralentit le temps. Tu n'as jamais montré ça dans tes romans.

— Dans les romans, on parle surtout des malheurs. Le bonheur ne doit être qu'une parenthèse.

— J'espère que ce que tu dis n'est vrai que dans les romans.

Deux événements, le premier sans gravité mais qui la toucha personnellement, et le second dramatique, qui frappa la société parisienne, inquiétèrent, secouèrent Jeanne sans remettre en cause l'heureux équilibre qu'elle avait atteint. Ce fut tout d'abord Émile qui se fit renverser par une voiture en revenant de chez Jeanne à son domicile rue de Bruxelles, alors qu'il contournait un fiacre en stationnement. Une roue lui blessa une jambe, le sabot du cheval effleura sa tête et le marchepied passa si près de son visage que sa lèvre fut écorchée. Une voisine avait prévenu Jeanne. Affolée, ne sachant dans quel état se trouvait Émile, informée seulement de l'accident, elle cria à l'une de ses bonnes :

— M. Zola a été accidenté. C'est au croisement de la chaussée d'Antin et de la rue de Provence, allez vite chercher des nouvelles !

Les pires idées lui passèrent par la tête. Voilà, elle était punie d'avoir été heureuse, elle avait eu trop de chance, il fallait qu'elle paie ! Les enfants pleuraient, se blottissaient contre le ventre de leur mère. Jacques avait des accès de fureur et tapait du pied. Heureusement, la bonne fut vite de retour pour rassurer tout le monde. Des contusions, rien de grave. « Merci, merci… », s'écria Jeanne, qui ne savait qui elle remerciait, le sort, Émile, la bonne ou Dieu.

Le lendemain, Jeanne et les enfants assistaient pour la première fois au palais Garnier à la représentation de *Messidor*. Zola les y rejoignit et les rassura tout à fait. Sa jambe lui faisait mal, il avait du mal à marcher, mais il n'y avait rien de cassé, il se remettrait vite. Tous les journaux rendirent compte de l'accident, les caricaturistes aussi, avec cruauté. Jeanne était habituée.

Onze jours plus tard, un incendie au Bazar de la Charité faisait cent dix-sept morts, essentiellement des femmes, dont beaucoup d'aristocrates. Tout Paris se sentait endeuillé. Jeanne aussi, qui ne savait déjà que trop combien le bonheur était fragile et qui imaginait la panique des clients, dont elle aurait pu faire partie, et l'horreur qu'ils avaient vécue. Une grande cérémonie funèbre fut organisée en présence du président de la République, des membres du gouvernement, des présidents des Chambres et des représentants officiels des gouvernements étrangers.

La vie parisienne devenait de plus en plus troublée. Depuis les attentats de 1894, les Parisiens avaient été déstabilisés dans leur relative tranquillité. La bombe lancée par l'anarchiste Émile Henri dans le café de l'hôtel Terminus, près de la gare

Saint-Lazare, qui avait fait un mort et plusieurs blessés, les avait bouleversés. À cet attentat s'était ajouté celui de la rue Saint-Jacques, puis un troisième, provoqué par l'anarchiste belge Pauwels, tué par les explosifs qu'il avait apportés à l'église de la Madeleine. Il y eut aussi la bombe au restaurant Garnier qui avait fait de nombreux blessés, dont l'écrivain Laurent Tailhade. Ces attentats avaient été suivis de l'assassinat du président de la République Sadi Carnot, et voilà que maintenant on tentait d'assassiner Félix Faure au bois de Boulogne. Et puis encore une bombe éclatait place de la Concorde. Dans ce contexte, Jeanne se sentit respirer en prenant ses quartiers d'été à Verneuil. Les enfants jouaient bien plus librement qu'à Paris et faisaient tant d'exercice que même Jacques, qui avait souvent du mal à s'endormir, tombait de sommeil au moment du coucher. Leur père leur avait octroyé deux plates-bandes à cultiver dans le jardin, devenues « la plate-bande Denise » et « la plate-bande Jacques ». C'était à qui aurait les plus belles fleurs ; la rivalité était âpre et sans merci. Le jardinier, M. Chantôme, donnait des conseils, mais il ne devait en aucun cas faire le travail à leur place, Jeanne avait été ferme sur ce point. Ils choisissaient les plantes, bêchaient, plantaient, arrosaient sans jamais rechigner, et Jeanne ne manquait pas d'admirer, de s'étonner, de féliciter dès que la moindre pousse verte faisait son apparition. Zola les prenait en photo, bêche à la main, rougis par l'effort, les cheveux dans la figure. Il réalisa deux portraits qu'il fit agrandir et confia à l'artiste de renom Lalique, qui les reproduisit sur une plaque d'émail, d'agate et d'or bruni dont Jeanne avait choisi les couleurs. Une chaîne d'émail bleu marine et vert rehaussée d'or fin accompagnait la plaque. Jeanne reçut ce cadeau avec solennité. Les jours où elle se faisait belle, elle portait ainsi le bijou sur sa robe et le prenait souvent dans sa main, contemplant gravement ses enfants éternisés dans ce bijou superbe qu'elle vénérait comme une relique.

D'autres amis se joignirent bientôt aux Alexis dans la maison de Verneuil. Jeanne avait rencontré à Paris le couple Triouleyre et s'était immédiatement sentie attirée par leur gentillesse, leur simplicité. Rapidement, Louis et Hortense Triouleyre devinrent des familiers de Verneuil. Les enfants les adoraient. Ils partageaient leurs jeux, surtout Louis qui redevenait enfant avec eux. D'ailleurs, son physique de petit homme mince le rapprochait des enfants. Son apparence modeste et sympathique contrastait avec ses fonctions. Ingénieur brillant, ancien élève de l'École des mines, il s'était lancé dans la fabrication d'appareils d'éclairage et dans la construction d'automobiles. En 1892, il avait fondé une revue mensuelle, *Le Génie industriel*, et créé deux ans plus tôt la Compagnie générale des automobiles avec l'ingénieur G. Valentin.

Louis et Hortense avaient deux enfants : Maurice, seize ans, et Alice, sept ans, nouvelle compagne de Denise et Jacques. Parties de croquet, jeux avec le cheval mécanique, les poupées, les bulles de savon… autant de scènes joyeuses immortalisées par l'appareil photographique de Zola, qui fit cadeau à Jeanne d'un album relié de toutes ces photographies, portant ce titre : « Denise et Jacques, histoire vraie par Émile Zola ». À droite de la couverture, une date : « juin-septembre 1897 ».

Quand Jeanne regardait les photos, celles de ses enfants, mais d'elle aussi, elle était parfois surprise par son air un peu mélancolique, lointain, alors qu'il lui semblait qu'elle se sentait heureuse au moment où la photo avait été prise. Cela la troublait. Quels étaient donc les pouvoirs de cet étrange appareil, qui lui montrait un autre visage que celui qu'elle pensait avoir ? Quel était le vrai ? Était-il une mémoire qui restituait sur les visages les souffrances passées, ou plaquait-il sur le présent les blessures encore inconnues de l'avenir ?

Cinquième partie

VÉRITÉ

1

Une conscience

En décembre, Jeanne déménagea au 3, rue du Havre, dans un grand appartement de cinq pièces où les enfants avaient chacun leur chambre. De ses fenêtres, elle pouvait voir les mannequins dans les devantures des magasins du Printemps, à l'angle du boulevard Haussmann, et le lycée Condorcet, juste en face de l'immeuble. À pied, il ne fallait à Zola que vingt minutes pour rejoindre la rue du Havre.

Le 31 août, il avait terminé *Paris*, clôturant ainsi son second cycle romanesque, « Les Trois Villes », et Jeanne avait partagé avec lui le soulagement de l'œuvre achevée, les après-midi de complicité chez elle et ceux passés dans Paris à la recherche d'un appartement. Au bras d'Émile, avec les enfants ou devant une tasse de thé, Jeanne aimait écouter le romancier lui parler de ses projets d'écriture, évoquer ses relations professionnelles ou amicales. Elle avait l'impression que ces moments privilégiés apaisaient Zola. Quelques semaines après l'achèvement de *Paris*, Zola s'était entretenu avec elle de son prochain cycle romanesque, « Les Évangiles ».

— Tu sais, Jeanne, tout se tient ! Je me considère souvent comme un écrivain-médecin. J'ai passé plus de vingt ans à établir le diagnostic des maux dont souffre notre société. J'en ai fait le bilan dans « Les Trois Villes », et maintenant, je veux passer à la guérison, montrer comment on peut guérir la société, comment le siècle prochain doit être débarrassé de ses tares et de ses maux.

Jeanne avait pris Jacques sur ses genoux et frottait son nez sur les cheveux de son fils en le berçant.

— Pourtant, tu m'as déjà dit que tu ne croyais guère en l'homme pour rendre la vie plus juste et plus belle. Les intérêts individuels l'emportent toujours sur le bien général, avec les politiques, les socialistes par exemple, qui mettront au pouvoir des hommes pleins d'idéaux et qui finiront par utiliser ces pouvoirs à leur profit...

— Je crois en des forces. Les lois de la nature, la vérité, la justice, le travail dépassent les hommes, et grâce à certains qui sauront les valoriser, les sublimer, grâce à la science aussi, elles feront de la cité future un monde bien meilleur.

— Pourvu que tu dises vrai. Et que nos enfants connaissent cet avenir !

Un autre sujet venait de plus en plus souvent s'immiscer dans les conversations sur l'écriture du prochain roman, *Fécondité*, et prenait, en ce mois de décembre, une tournure inquiétante : l'affaire Dreyfus. Jeanne avait bien appris trois ans plus tôt dans les journaux l'arrestation du capitaine d'artillerie Alfred Dreyfus, accusé, analyse graphologique à l'appui, d'espionnage pour avoir communiqué à l'attaché militaire allemand Schwartzkoppen des documents concernant la défense nationale. Mais, comme tout le monde, y compris Zola, elle s'était réjouie qu'on démasque et arrête un traître à la France. À l'époque, les attentats des anarchistes l'avaient autrement préoccupée, d'autant plus que celui d'Émile Henry l'avait concernée de près, la bombe ayant été lancée près de la gare Saint-Lazare. Deux mois plus tard, la presse avait rendu compte de la condamnation de Dreyfus à la déportation à vie dans une enceinte fortifiée à l'île du Diable, en Guyane. Puis on n'en avait plus guère parlé. Lors de la dégradation publique de Dreyfus dans la cour de l'École militaire, le 5 janvier 1895, Émile avait tout de même confié à Jeanne quelques impressions :

— Je n'aime pas beaucoup ce que j'ai entendu le soir du 5 janvier chez les Daudet. Je veux bien que Dreyfus soit coupable, il a fait des aveux semble-t-il. Si cela est confirmé, il mérite sa peine. Mais cette haine contre les juifs que cette histoire ne fait que renforcer… Si tu entendais Léon Daudet, le fils d'Alphonse. Et puis ce « tous contre un », contre cet homme seul face à une foule en furie…

Jeanne n'avait rien répondu. À vrai dire, elle ne s'était jamais interrogée sur cette haine des juifs qu'elle avait mille fois constatée. Quand elle y réfléchissait, elle ne savait même pas ce que cela signifiait d'être juif. On disait qu'ils prêtaient de l'argent à taux usuraire, qu'ils avaient un grand nez crochu et qu'ils pratiquaient une autre religion. On ne les aimait pas, on se servait même du mot juif pour dire du mal de quelqu'un.

Par la suite, Zola était revenu à ses préoccupations littéraires : la publication de *Rome*, les articles pour la presse, les débuts de *Paris*, le travail avec Bruneau sur le dernier acte de *Messidor*, l'écriture de *L'Ouragan* et de *Violaine la Chevelue*… Mais le 16 mai 1896, profitant de sa tribune au *Figaro* pour lequel il rédigeait depuis cinq mois des chroniques réunies sous le titre de *Nouvelle Campagne*, il avait défendu les juifs et dénoncé l'antisémitisme dans son article « Pour les Juifs ». Cet article avait ouvert les yeux de Jeanne sur les « dix-huit cents ans d'imbécile persécution » dont ce peuple était victime. Avec Émile, elle avait mieux compris le sens des clichés qu'elle avait toujours entendus sans en connaître l'origine. Du coup, elle ne lisait plus la presse avec les mêmes yeux, doutait des informations, se méfiait des commentaires.

À partir de novembre, cette affaire toucha Zola de plus près. L'écrivain journaliste Bernard Lazare avait rendu visite au romancier, qu'il avait pourtant sévèrement critiqué dans le passé, et lui avait révélé, dans l'espoir d'un soutien, ce qu'il tenait être la vérité sur l'affaire Dreyfus. L'auteur du bordereau livrant à l'attaché militaire allemand Schwartzkoppen des renseignements sur la défense nationale française n'était pas Dreyfus, mais le commandant Esterhazy. Bernard Lazare venait de faire publier à Bruxelles, afin d'éviter qu'elle ne soit saisie en France, une brochure intitulée *Une erreur judiciaire. La vérité sur l'affaire Dreyfus*. Jusqu'alors, Zola avait gardé une certaine distance mêlée d'agacement face à l'agitation qui secouait le monde journalistique et intellectuel. Et puis la presse « pour », la presse « contre », ainsi que ses informateurs, tels l'historien Joseph Reinach, le vice-président du Sénat, Auguste Scheurer-Kestner, et maître Leblois, l'avocat et ami du lieutenant-colonel Picquart, avaient éveillé sa conscience. Picquart, alors à la tête du service des renseignements, avait acquis la conviction qu'Esterhazy était effectivement l'auteur du bordereau. Il en avait informé ses supérieurs hiérarchiques, les généraux de Boisdeffre et Gonse qui, opposés à ce que la condamnation de Dreyfus soit remise en cause, ce qui risquait de porter atteinte à l'État-Major, avaient contrecarré ses démarches en l'envoyant en mission dans l'Est, puis en Tunisie. Le commandant Henry, adjoint de Picquart, avait alors fabriqué un faux qui accablait Dreyfus. Picquart, venu à Paris en juin 1897, avait confié à son ami l'avocat Leblois, sous le sceau du secret, tout ce qu'il savait sur l'affaire. Une chaîne s'était formée. Maître Leblois s'entretetint avec Scheurer-Kestner qui, s'il ne pouvait révéler les découvertes de Picquart, manifesta son intention de mener campagne pour la réhabilitation de Dreyfus. Il essaya, en vain, de convaincre le ministre de la Guerre, Jean-Baptiste Billot, et Félix Faure, le président de la République. La seconde affaire Dreyfus commençait.

Au début du mois de novembre 1897, un coulissier de la Bourse, de Castro, reconnaissait l'écriture du bordereau. C'était celle d'un de ses clients, le commandant Esterhazy. Les découvertes de Picquart étaient ainsi confirmées. De Castro en informa Mathieu Dreyfus, le frère d'Alfred. Mathieu avertit Scheurer-Kestner qui ne put que lui confirmer la mise en cause d'Esterhazy. Le romancier mondain Marcel Prévost, que Zola avait connu à la Société des gens de lettres, déjà engagé dans cette affaire, mit Zola en relation avec maître Leblois. Le samedi 13 novembre, Émile se rendait à l'invitation à déjeuner chez Scheurer-Kestner en compagnie de Leblois et de Prévost. Une campagne de presse en faveur de Dreyfus y fut décidée. Zola ne s'était pas encore formellement engagé mais, déjà, il confiait à Jeanne qu'il ne pouvait plus dormir, hanté par l'image de l'Innocent, détenu dans des conditions terribles à l'île du Diable… Jeanne l'interrogeait, de plus en plus inquiète :

— Que vas-tu faire ? Cette campagne de presse… J'ai peur que tu ne t'exposes toi-même à toute cette haine qui remplit les journaux. Prendre parti publiquement pour Dreyfus, c'est jeter sur toi tous ces chiens enragés. Et puis, il n'y a pas que les journalistes. J'entends les gens parler…

— Je sais, Jeanne. Je sais aussi que je risque de vous exposer. Si je m'engage, vous devrez être plus prudents… Mais ne t'inquiète pas pour moi, je suis fort, et puis il faut que je réfléchisse encore un peu.

Sa réflexion ne dura pas longtemps. La presse antidreyfusarde se déchaînait contre Scheurer-Kestner en l'insultant. Mathieu Dreyfus était lui aussi traîné dans la boue par le camp des Drumont et Rochefort pour avoir publié une lettre dénonçant Esterhazy. Et voilà que Zola publiait dans le *Figaro* du 25 novembre son premier article dreyfusard : « M. Scheurer-Kestner ». Deux autres articles suivirent : « Le syndicat », dénonçant la rumeur selon laquelle les dreyfusards auraient appartenu à un syndicat animé par les banques juives, et « Procès-verbal », accusant la « basse presse » d'attiser les mauvais instincts du lectorat populaire et la grande presse de véhiculer le mensonge. Zola s'insurgeait contre l'antisémitisme à la Drumont et contre « les spectateurs, les acteurs, vous et moi, nous tous », qui se laissaient mener par complicité ou par lâcheté. Une série d'avertissements et un bon nombre de désabonnements mirent fin à la collaboration de Zola au journal. Les craintes de Jeanne trouvaient leur pleine justification. Les articles de Zola faisaient tomber sur lui une pluie d'injures, l'entourage de l'écrivain se détournait de lui. Lors de l'enterrement d'Alphonse Daudet il fut même apostrophé. Ce jour-là, Zola, qui tenait – avec Drumont ! – les cordons du poêle, avait prononcé un discours au cimetière du Père-Lachaise et, sur le chemin du cimetière, des cris avaient fusé : « À bas Zola ! »

Outre sa peur, Jeanne était troublée. Entre les voix puissantes des défenseurs de l'État-Major et celles des défenseurs de Dreyfus, aurait-elle, sans Zola, su entendre la vérité ? Elle essayait de se rassurer en se disant que les injures antisémites, par leur violence, leur outrance grossière, auraient éveillé sa méfiance, sans être sûre tout de même du parti qu'elle aurait choisi. Une fois ses craintes confiées à Émile, une fois celui-ci lancé dans la bataille, Jeanne n'envisagea pas de le retenir dans son action. Elle le soutiendrait, quoi qu'il arrive. Le 14 décembre, il publiait, en brochure chez Fasquelle, sa *Lettre à la jeunesse*, qui tentait d'ouvrir les yeux d'une jeunesse « gangrenée » par l'imbécillité de son antisémitisme, son intolérance fanatique, et qui l'appelait à la générosité, à la liberté d'esprit, à la justice et à la vérité. Cette lettre avait bouleversé Jeanne par sa lucidité, sa hauteur, sa grandeur d'âme. Cette fois, nul doute pour elle que son émotion et sa conviction auraient été aussi grandes si elle avait été une lectrice parmi d'autres. Du coup, elle se rassurait tout à fait : non, elle n'aurait pas applaudi à la condamnation de Dreyfus, elle aurait écouté la voix qui le défendait. Cela ne pouvait pas être autrement.

Trois semaines plus tard, Zola publiait dans les mêmes conditions une *Lettre à la France* dans laquelle il interpellait la nation tout entière afin qu'elle demeure, en reconnaissant les faits, « la nation d'honneur, la nation d'humanité, de vérité et de justice ». La vérité, la justice. Jeanne ne comptait plus le nombre de fois où Émile avait prononcé ces mots, défendu l'idée qu'ils désignaient. Ce combat dans lequel Zola s'engageait renforçait son amour. Il était donc possible que sa passion pour cet homme grandît encore, et elle grandissait en même temps que sa peur.

— Maman, il y a quelque chose…

Denise avait appelé sa mère alors que celle-ci la croyait endormie, un soir où elle était passée dans la chambre de ses enfants pour les contempler dans leur sommeil, comme elle aimait le faire. Denise avait jailli de son lit comme un diablotin.

— J'ai envie de pleurer depuis tout à l'heure et je ne sais même pas pourquoi !

— Tu as dû faire un mauvais rêve. Je vais rester un peu avec toi.

Jeanne fit recoucher sa fille, remonta sa couverture et s'assit sur le lit. Denise n'avait aucune envie de se rendormir.

— Tu ne chantes plus, maman, et papa a des soucis, je le vois bien.

— C'est vrai, papa a beaucoup de travail qui le préoccupe. Mais il ne faut pas t'en faire, il n'y a rien de grave. Il travaille trop, c'est tout.

— Tu me dis de ne pas m'en faire, mais toi tu es triste, je le vois bien aussi.

— Tu es une demoiselle qui voit des choses là où il n'y a rien à voir ! J'ai juste peur que ton papa ne se fatigue trop.

Il fallut raconter l'histoire de la princesse au pois dont Denise ne se lassait jamais, chanter pour que la petite s'apaise et finisse par s'endormir. Jeanne pensa qu'il faudrait redoubler de prudence pour qu'elle ne puisse pas lire le nom de son père et toutes les horreurs dont on l'entourait dans les journaux. Il ne serait pas facile de préserver ses enfants.

Mathieu Dreyfus ayant dénoncé Esterhazy comme véritable auteur du bordereau après une nouvelle enquête avec expertise graphologique, le commandant comparaissait les 10 et 11 janvier devant le conseil de guerre. L'affaire était jugée d'avance : le commandant Esterhazy était acquitté et Picquart, accusé d'avoir communiqué à des civils – maître Leblois – des pièces du dossier, fut arrêté et incarcéré au mont Valérien.

2

« J'accuse »

Zola avait déjà prévu la riposte. Avant même le verdict qu'il avait anticipé, il prévenait Jeanne qu'il préparait sa « Lettre à Félix Faure, président de la République ». Le 12 janvier 1898, dans les locaux de *L'Aurore*, Ernest Vaughan, le directeur du journal, Urbain Gohier et Georges Clemenceau lisaient le texte du romancier dénonçant nommément les officiers coupables du complot contre Dreyfus. Chaque paragraphe commençait par « J'accuse ». Clemenceau eut l'idée de faire de ce verbe le titre de la lettre qui, le lendemain, paraissait en première page du journal, tiré à trois cent mille exemplaires. Émile n'était passé qu'en coup de vent rue du Havre pour embrasser son petit monde et informer Jeanne de la situation :

— Mes lettres précédentes n'ont pas eu assez de retentissement. Il me fallait viser haut et publier dans un journal d'action.

— Que va-t-il t'arriver ? Que risques-tu ?

— Les assises.

— Mais tu n'es pas un criminel !

Jeanne revoyait le palais de justice de Rouen. Elle imaginait l'accusé Émile Zola au banc des prévenus, derrière son avocat. À l'époque de leur voyage à Rouen, c'est lui qu'elle avait vu en avocat !

— Je ne suis pas un criminel, mais je m'expose au délit de diffamation. Je n'ai pas peur, Jeanne. Un procès aux assises est désormais le seul moyen de révéler au grand jour tous les dessous de cette histoire, de faire triompher la vérité.

— La vérité, la justice, je sais…

Elle n'ignorait pas que l'emballement d'Émile, sa passion à défendre cette cause qui le dépossédait de ses repères habituels, heurtant son goût de la tranquillité et sa timidité, étaient irréductibles, d'autant plus que « J'accuse » se nourrissait aussi de romanesque, et même d'un héroïsme à la Hugo. Car Jeanne ne s'était jamais trompée sur la vraie nature de son Émile. Un romantique, bien sûr, un idéaliste avant tout guidé par son cœur et par ses passions. Leur amour n'en était-il pas la preuve ? Et le fait de décrire dans ses romans les réalités du corps et de la vie ne contredisait en rien les valeurs dites romantiques de l'héroïsme et des nobles sentiments. Les grandes idées de vérité et de justice pour lesquelles Zola se battait en étaient la meilleure illustration. À nouveau, Jeanne devrait se cacher, préserver ses enfants, non plus de l'épouse furieuse mais des journalistes, du voisinage, de la persécution antisémite.

La réponse à « J'accuse » ne se fit pas attendre. Outre la violence de l'indignation, outre les soutiens, certes moindres mais dans tous les milieux, populaires, intellectuels, journalistiques et politiques, le général Billot, ministre de la Guerre, porta plainte le 18 janvier, au nom du gouvernement, contre Zola et contre *L'Aurore*. Seules les quinze lignes par lesquelles l'écrivain accusait le conseil de guerre d'avoir acquitté Esterhazy « par ordre » et « commis le crime juridique d'acquitter sciemment un coupable » étaient visées. Informée par Émile, par Paul Alexis et par la presse, Jeanne mesurait les conséquences de cette habile restriction. Zola ne pourrait apporter la preuve matérielle de cette accusation « par ordre », et aucune autre question, lors du procès, ne serait abordée. Le 20 janvier, il recevait l'assignation à comparaître devant la cour d'assises de la Seine, et le 21, les trois experts en écriture mis en cause dans « J'accuse », Belhomme, Couard et Varinard, lui intentaient un procès en diffamation.

La première audience eut lieu le lundi 7 février 1898. Jeanne n'aurait guère été plus tendue si elle-même avait dû monter les marches du palais de justice, affronter les menaces et les injures de la foule et prendre place dans la salle des assises. Elle ne pouvait que tourner en rond dans son appartement, incapable de fixer son attention. En imaginant ce qui pouvait se passer au palais, à la seconde même, une décharge lui traversait la poitrine. Son miroir lui renvoyait l'image d'une femme fatiguée, pâle, les yeux creux. Elle dormait très peu depuis plusieurs semaines, et d'un sommeil agité. Ce tumulte politico-judiciaire lui en avait fait oublier un autre, tout intérieur celui-là, ressenti à l'arrivée de ses trente ans. Comme elle s'était sentie vieille ! Émile avait beau rire et la gronder d'aborder ce cap avec tant de gravité, elle ne pouvait s'empêcher d'éprouver, tout en se le reprochant, un sentiment de honte à devenir trentenaire. Elle s'en voulait de ce visage qui s'était à la fois épaissi et durci. Mais, ce jour-là, elle avait bien d'autres préoccupations. Le procès durerait trois jours et elle devrait attendre le jeudi ou le vendredi suivant pour revoir Zola et connaître ses impressions. Pendant ces trois jours, Paul Alexis viendrait la voir. Elle pouvait avoir confiance, il ne serait pas avare d'informations. Lesquelles lui furent d'autant plus précieuses qu'elle ne revit Émile ni le jeudi, ni le vendredi, et dut attendre le dimanche suivant pour passer quelques heures avec lui. À travers le récit d'Alexis, elle entendit le vacarme, les hurlements dans la salle d'audience quand Zola y eut pris place ; elle vit le public entassé, les avocats par terre, les dessinateurs, les policiers en civil, le président en robe rouge, et Émile, assis à la droite de la barre des témoins en observateur attentif, chapeau haut de forme sur les genoux, Légion d'honneur sur redingote noire. L'avocat général Van Cassel s'était bel et bien limité à l'affirmation de l'acquittement d'Esterhazy « sur ordre ». Alexis s'obligeait à parler bas à cause des enfants, mais il compensait par de grands gestes et énervait un peu Jeanne à se lever et se rasseoir sans cesse. Il conspuait les témoins :

— Ils se défilent, Jeanne, c'est la débandade ! Tous malades ou muets !

La seconde audience fut marquée par les prises de parole de Leblois et de Scheurer-Kestner, et par le refus du président d'auditionner Lucie Dreyfus. Révolte de Zola qui réclama la liberté de se défendre. Jeanne disposait aussi des comptes-rendus de Desmoulins, dessinateur et graveur, ami de Zola depuis dix ans, et qui soutenait le romancier de façon très dévouée.

Le 9 février ne fut pas, comme il était prévu, la dernière audience. Le procès promettait de durer. C'est dans *L'Aurore* que Jeanne eut connaissance des désordres survenus à la sortie du palais de justice. Des bagarres furent provoquées par une horde de manifestants et la police eut fort à faire pour protéger l'accusateur accusé.

Le dimanche après-midi, enfin, Jeanne entendit la clé tourner dans la serrure de la porte d'entrée. Elle se blottit dans les bras d'Émile sans prononcer un mot. Lui non plus ne disait rien. Elle aurait voulu rester ainsi indéfiniment, dans ce silence étrange et dans la chaleur de ces bras refermés sur elle. À son tour, elle le serra contre elle, très fort, comme pour le faire entrer dans son propre corps, le dissoudre dans sa chair, comme pour l'isoler de cette scène parisienne folle et haineuse, qui l'exposait à tous les dangers. Les enfants se tenaient un peu à l'écart, attendant que les bras de leurs parents se détachent pour embrasser leur père. Jeanne voyait bien qu'ils n'avaient pas leur fougue et leurs babillages habituels. Malgré ses précautions, ils avaient entendu insulter le nom de leur père, et ses explications – « votre père défend un innocent qui a été injustement condamné et cela provoque la colère des mauvaises gens et des imbéciles » – ne les avaient pas vraiment éclairés. Zola décrivait les itinéraires secrets qu'il devait emprunter, escorté de policiers, pour que ne se renouvellent pas les émeutes passées. Loin de rassurer Jeanne, cela ne faisait qu'accroître son angoisse. Et ce n'était pas la garde rapprochée d'Alfred Bruneau, de Fernand Desmoulins ou d'Eugène Fasquelle, qui accompagnaient Zola et informeraient la police jusqu'à la fin du procès sur les lieux où il déjeunerait afin qu'il soit suivi en voiture, qui allait la rassurer.

Lorsque, à six heures et demie, il quitta le domicile de Jeanne, la jeune femme, selon son habitude, se mit à sa fenêtre avec Denise et Jacques pour le regarder s'éloigner. Elle s'aperçut qu'il retournait chez lui à pied ! Alors qu'il venait d'énumérer toutes les précautions prises pour assurer sa sécurité dans les rues, il s'en allait seul, à pied, reconnaissable par n'importe quel passant ! Un grand mouvement de panique s'empara d'elle. Sans réfléchir, elle cria :

— Denise, Jacques, prenez vos chapeaux, vite ! Nous allons suivre votre père.

Elle leur passa très vite un manteau et les entraîna dans l'escalier. Jacques protestait :

— Pourquoi on court, maman ? Pourquoi il faut suivre papa ?

Elle aurait été bien en peine de lui répondre. Il fallait qu'elle le suive, c'était tout, comme si sa surveillance lointaine et affolée allait le protéger d'un coup de feu, d'une agression. Dans la rue, trois silhouettes, l'une longue et fine, les deux autres accrochées à la première, traversèrent dans la foule la place du Havre, la rue d'Amsterdam, la rue d'Athènes et la rue de Clichy. Puis Jeanne, Denise et Jacques rejoignirent la rue de Bruxelles. Zola disparut de l'autre côté de la porte cochère, au 21 bis. Jeanne sentit ses muscles se relâcher, elle se baissa et prit ses enfants contre elle.

— Tout va bien, mes chéris, papa est à l'abri.

Elle frotta les petites mains glacées, posa ses lèvres sur elles en « soufflant du chaud », comme disait Jacques, et refit le chemin en sens inverse.

La semaine qui suivit fut très éprouvante. Jeanne était à l'affût des nouvelles. Heureusement, les amis, Desmoulins et Alexis le plus souvent, lui en donnaient, évoquant les dépositions du graphologue Bertillon, les questions concernant les expertises d'écriture ou les débats sur les dossiers secrets. Étaient aussi commentés les révélations du général de Pellieux, lequel faisait état d'une pièce censée accuser Dreyfus alors qu'il s'agissait du faux établi par Henry, ainsi que le refus du général de Boisdeffre, au nom de la défense nationale et de l'honneur de l'armée, d'ajouter quoi que ce soit à la déposition de Pellieux...

Jeanne recevait de petits billets de Zola et lui répondait en adressant son courrier sous double enveloppe à Desmoulins. Elle le revit le dimanche précédant les trois derniers jours du procès. Du lundi au mercredi, ce furent les plaidoiries et le verdict. L'avocat de Zola, Fernand Labori, plaida trois jours de suite, orientant sa plaidoirie, comme il lui était désormais possible de le faire et à la demande de son client, sur Dreyfus lui-même, et, le 23 au soir, Jeanne reçut ce petit mot d'Émile commençant ainsi : « Ma bonne Jeanne chérie, les choses ont mal tourné, j'ai un an de prison. »

Elle n'aurait pu dire ce qui l'emporta en elle, entre le chagrin, la colère et l'incompréhension. Colère, comme chez tous ceux qui soutenaient Zola, contre ceux qui s'étaient jusqu'au bout accrochés à leurs mensonges et tous ceux qui avaient fait semblant de les croire pour protéger d'indignes intérêts. Colère, aussi, mais moindre, contre Émile. Elle se souvenait de ses propos lorsqu'il avait envisagé la prison : « Au moins, j'y travaillerai au calme, à l'abri du monde, seul, dans le recueillement de mon prochain roman. Et puis, je serai allé jusqu'au bout de mon combat, et quand la vérité éclatera enfin au grand jour, la faute de ceux qui violent la justice n'en sera que plus lourde... » Sur le moment, Jeanne n'avait pas voulu entendre. Mais maintenant que ces paroles lui revenaient à l'esprit, elle se sentait abandonnée, blessée par cette acceptation sereine, cette revendication, presque, de l'enfermement. Il n'était donc pas malheureux à l'idée d'être séparé d'elle et des enfants pendant une année, lui qui prétendait les aimer tant ! Elle s'apaisa, puis reprit espoir.

Délivré des séances quotidiennes au palais de justice, Émile put reprendre ses visites quotidiennes rue du Havre. Pour un peu, Jeanne aurait oublié le verdict, d'autant plus que Zola lui avait fait savoir que, poussé par Labori et Clemenceau, il allait se pourvoir en cassation, ce qu'il fit le 25 février. Mais le lendemain, en voyant les yeux de Jeanne retrouver leur lumière, il la prit contre lui et, tout en caressant ses cheveux, lui dit doucement :

— N'espère rien, Jeanne. En admettant même que l'arrêt soit cassé, je prévois que le conseil de guerre renouvellera sa plainte.

— Je ne comprends rien. Pourquoi tant d'acharnement contre toi ?

— J'ai osé m'attaquer à des chefs d'état-major, et c'est l'armée tout entière qui se sent atteinte et veut se protéger, malgré l'évidence, en me condamnant.

Ce fut maître Henri Mornard qui plaida pour Zola devant la Cour de cassation. Le 2 avril, elle cassa l'arrêt de la cour d'assises au motif que la plainte aurait dû émaner, non du ministre de la Guerre, mais du conseil de guerre diffamé. Cependant, Émile avait vu juste. Les officiers du conseil de guerre décidèrent de porter plainte contre lui et, le 10 avril, l'assignèrent en justice en restreignant leur plainte, une fois de plus, à la phrase déjà incriminée : « Un conseil de guerre vient, par ordre, d'oser acquitter un Esterhazy, soufflet suprême à toute vérité, à toute justice. » Cette fois, Jeanne entra dans une phase de résignation, s'attendant au pire, pensant peut-être qu'imaginer le pire empêcherait qu'il se réalise. Zola, lui, se révoltait non pas contre la perspective de la prison, mais contre « l'ignominie » de cette assignation qui ne portait que sur une seule phrase.

— C'est abominable, Jeanne, ils veulent me museler, m'étrangler !

Il avait écrit une réponse à l'assignation dans *L'Aurore* : « Une nouvelle ignominie ». Et Jeanne le préférait ainsi, en colère, en action, plutôt que dans ses divagations sur la « retraite » en prison. Elle se méfiait moins que pendant le procès, sortait plus librement, ignorant qu'elle faisait l'objet d'une surveillance policière. Un rapport de police fit état d'une nommée Rozerot, maîtresse de Zola : « Celle-ci est âgée de trente ans et demeure 3, rue du Havre, au loyer annuel de 4 000 francs. C'est une grande femme blonde (le policier avait dû se laisser aveugler par ses fantasmes), très élégante, et menant grand train de maison. »

Le 23 mai, le second procès s'ouvrit à Versailles. Maître Labori déposa des conclusions d'incompétence de la cour de Versailles. Ses conclusions furent rejetées, comme il le prévoyait, ce qui lui permit de se pourvoir immédiatement en cassation et d'obtenir ainsi la suspension du procès. Le 16 juin, la cour rejeta le pourvoi ; un troisième procès aurait lieu le 18 juillet à Versailles.

En retrouvant Verneuil, Jeanne se sentit dépossédée du présent, partagée entre la nostalgie des étés passés et la projection dans un avenir proche et menaçant. Le 9 juillet, les trois experts mis en cause par Zola obtinrent sa condamnation à deux mois de prison avec sursis, 2 000 francs d'amende et 5 000 francs de dommages et intérêts pour chaque expert.

Jeanne était soutenue par les Alexis qui s'étaient installés à Verneuil dans une maison proche de la sienne. Leur présence lui était d'autant plus précieuse qu'elle était surveillée par des journalistes qui la suivaient dès qu'elle sortait de chez elle. La journée du 18 juillet, elle s'efforça de ne pas penser au verdict, qui devait tomber le soir. Avec Paul et Marie, ils parlèrent de choses et d'autres, faisant mine de s'intéresser aux enfants, mais leur conversation sonnait faux et tous n'avaient qu'une idée en tête : la décision de la cour d'assises. Le lendemain, assis dans le jardin devant la maison, ils entendirent la cloche annonçant un visiteur. Jeanne, tremblante, se précipita vers la porte et se trouva face à Desmoulins et son cousin, le Dr Larat. À leur mine, elle comprit que rien de bon n'était à espérer. Desmoulins lui tendit une lettre d'Émile :

Paris, lundi soir.

Chère femme, l'affaire a tourné de telle façon que je suis obligé de partir ce soir pour l'Angleterre. Ne t'inquiète pas, attends tranquillement de mes nouvelles. Dès que j'aurai pu décider quelque chose, je te préviendrai. Je vais tâcher de trouver un endroit où tu viendras me rejoindre avec les enfants. Mais il y a quelques difficultés et plusieurs jours seront nécessaires. D'ailleurs je te tiendrai au courant, je t'écrirai dès que je serai à l'étranger. Ne dis à personne au monde où je vais.

Je vous embrasse bien tendrement tous les trois.

Jeanne regarda Desmoulins, grave, muet, les yeux baissés vers son chapeau qu'il faisait tourner entre ses mains, et dit simplement :

— Venez, Fernand, venez, monsieur, vous allez nous raconter…

3

Exil

Déjà alertée par les prévisions pessimistes de Zola, Jeanne n'avait pas été véritablement bouleversée en apprenant que la cour d'assises avait confirmé la précédente condamnation à un an de prison et 3 000 francs d'amende, même si cela mettait fin à la petite lueur d'espoir qu'elle avait malgré tout conservée au fond d'elle-même. Desmoulins lui avait expliqué que la cour avait rejeté les conclusions de maître Labori, qui avait plaidé l'irrecevabilité de la plainte du conseil de guerre au motif qu'il ne disposait pas de la personnalité civile, et elle avait tout autant refusé que le débat porte sur le fond de l'Affaire. Labori s'était alors de nouveau pourvu en cassation contre l'arrêt de refus, mais le pourvoi n'étant pas suspensif, la cour avait décidé de commencer aussitôt le procès. Zola s'était alors retiré (dans un grand tumulte), car il fallait à tout prix que la condamnation ne lui soit pas signifiée, et il avait été condamné par défaut. Labori et Georges Clemenceau lui avaient alors conseillé de quitter immédiatement la France. Refus de l'écrivain, qui redoutait que son attitude ne soit interprétée comme une lâcheté, et qui envisageait toujours la prison comme un refuge. Mais on l'avait convaincu de partir : ne lui étant pas notifié, l'arrêt resterait ainsi suspensif et pourrait reprendre plus tard, quand les circonstances seraient meilleures.

Jeanne avait demandé des détails : comment était-il parti, que s'était-il passé ensuite ? Et Desmoulins avait poursuivi son récit. Mouquin, le chef de la police municipale de Paris, avait fait venir un coupé. L'attente, angoissante, avait paru longue. À tout moment l'arrêt pouvait être signifié à Zola dans le cabinet où il attendait. La voiture enfin arrivée, Zola et Labori avaient quitté le palais à travers une foule en furie. Des groupes pro et antidreyfusards s'affrontaient, et la police avait dû les contenir en chargeant et en formant des barrages. Grâce à cette protection, le coupé avait pu sortir de la capitale. Après un parcours à travers la campagne, Zola et Labori étaient redescendus par Saint-Cloud à Paris, chez les Charpentier, rejoints par Albert et Georges Clemenceau, et par Desmoulins. Il avait été décidé que Zola partirait le soir même pour Londres. Alexandrine, prévenue par Desmoulins, avait rejoint son mari et lui avait remis une chemise de nuit et quelques affaires cachées dans un journal, une valise pouvant attirer l'attention. Zola, accompagné à la gare par Alexandrine et Charpentier, s'en était allé…

Jeanne imaginait Émile, seul avec son angoisse de l'inconnu, sa tristesse de quitter son pays et les siens, son sentiment d'injustice et sa colère. Elle retraçait son voyage en pensée, le suivait dans le train jusqu'à Calais puis dans le bateau, comme si cet accompagnement imaginaire pouvait gommer un voyage si solitaire et malheureux et lui en substituer un autre où elle aurait été auprès de lui, le réconfortant de son amour. Très vite, elle reçut plusieurs courriers d'Émile lui disant que, sans doute, il la ferait venir auprès de lui avec les enfants, mais qu'il fallait attendre qu'il puisse se fixer et s'installer de façon durable dans un logement qui permettrait leur accueil. Et, surtout, qu'elle ne dise à personne au monde où il était, qu'elle ne réponde à aucune question, qu'elle et les enfants ne se montrent pas trop.

Elle avait tout d'abord trouvé ces recommandations un peu blessantes. Et puis elle s'était dit qu'elle n'était pas à l'abri d'une imprudence et que cette invitation au secret n'était sans doute pas si inutile. Elle songeait aussi que sa vie était depuis quelque temps à l'image de ces romans d'aventures qui paraissaient en feuilletons dans les journaux. Zola n'était plus le romancier, mais le héros du roman utilisant des noms d'emprunt pour dissimuler son identité. Jeanne devait lui écrire en libellant d'abord son courrier à l'adresse de Monsieur Pascal, Hôtel Grosvenor à Londres, Angleterre, puis de M. Beauchamp, sur une enveloppe placée à l'intérieur d'une seconde adressée à un *solicitor*, un homme de loi avec lequel Vizetelly, le traducteur anglais de Zola, l'avait mis en rapport et qui avait accepté de l'héberger : M. J. W. Wareham, 70 Bishopsgate Street, Londres E. C., Angleterre. Zola, en héros amateur, n'était en vérité pas toujours à la hauteur de son rôle, commençant parfois à signer avec un « Z » qu'il surchargeait ensuite du « B » de Beauchamp…

Attendre, c'était décidément la destinée de Jeanne. Attendre et se cacher. Faire front maintenant face aux journalistes, à la police, aux antidreyfusards qui venaient l'épier et lui lancer des insultes. Partir, rejoindre Émile, vite. Elle n'avait plus la force d'être patiente. Toutes les précautions qu'elle devait prendre, en premier lieu celles relatives au courrier – ne pas poster ses lettres à Verneuil et ne plus en recevoir par la poste : Desmoulins, après six jours passés en Angleterre, lui avait à son retour remis une lettre d'Émile en main propre –, renforçaient son sentiment non seulement d'être en danger, mais de représenter une arme potentielle contre Émile.

Après son passage chez Wareham, Zola s'était installé à Oatlands Park Hotel, à Weybridge, avec Desmoulins. Aurait-on jamais assez de reconnaissance, pensait Jeanne, pour l'extraordinaire dévouement de Fernand, qui avait eu le malheur de perdre son épouse quatre ans plus tôt et que le chagrin n'avait pas empêché de s'engager courageusement aux côtés de son ami, l'accompagnant dans toutes ses démarches au cours des trois procès, le protégeant même avec un pistolet dans la poche, tenant conseil avec et pour lui, le faisant héberger par une amie, le rejoignant maintenant à Londres, au moment où il avait le plus besoin d'aide, et se chargeant de son courrier ? Pour Jeanne, la générosité, l'abnégation, le courage de cet homme compensaient l'abomination de tant d'autres.

D'autres amis entouraient fidèlement Zola, le défendaient et servaient d'intermédiaires entre lui et Jeanne. Parmi les plus proches, Alfred Bruneau, Eugène Fasquelle, les Charpentier et, bien sûr, les Alexis, soutenaient Jeanne, partageaient avec elle les soucis et les espoirs. Une habitante de Verneuil, Mme Auger, qui s'était liée d'amitié avec Jeanne, se rangeait elle aussi du côté des alliés. Jeanne avait toute confiance en cette femme modeste et douce, de surcroît grande admiratrice de Zola, qui s'était toujours montrée discrète et serviable. Toutes deux s'invitaient, s'échangeaient livres et journaux de mode, nouant une de ces complicités de femme que Jeanne appréciait tant. Ainsi, devant les difficultés que posait la réception des lettres d'Émile, Jeanne avait demandé à Mme Auger de les recevoir chez elle. Des courriers qui ne cessaient de lui recommander la prudence, la patience, la raison, à elle qui comprenait bien la situation mais ne supportait plus d'attendre dans cette maison tant aimée où elle se sentait maintenant prise au piège. Un voisin, le peintre Leloir, n'avait-il pas prêté une échelle à des journalistes antidreyfusards afin qu'ils puissent franchir le mur entourant la propriété ?

Une nuit, Jeanne, alertée par des bruits de pas sur le gravier, se leva et, dominant son émotion, se mit à observer les intrus derrière les persiennes. Soudain, elle aperçut à côté d'elle Denise, pieds nus, toute pâle dans sa chemise de nuit blanche, visiblement effrayée elle aussi. Elle lui fit signe de se taire et poursuivit son observation, se demandant ce qu'elle ferait si on essayait d'entrer. Il n'en fut rien, et le silence revint. Jeanne prit alors Denise dans ses bras et la reconduisit dans son lit.

— Ne t'inquiète pas. Quand ils comprendront que ton père n'est pas ici, ils se fatigueront de nous épier.

Les intrusions pouvaient prendre d'autres formes, plus odieuses. Ce matin-là, Denise en fut la victime. Jeanne n'avait pas prêté attention au courrier et n'avait pas vu une enveloppe cachetée, adressée à sa fille, lorsqu'elle l'entendit s'écrier :

— Maman, viens voir ! On lui a crevé les yeux ! Pourquoi ?

Jeanne se précipita et découvrit le courrier : des photographies de célébrités glissées à titre de réclame dans les tablettes de chocolat Félix Potin. Sur celle de Zola, deux trous remplaçaient les yeux. Jeanne arracha la photo des mains de Denise et, hors d'elle, se révolta.

— Les misérables ! À cette enfant !

D'autres émotions l'attendaient. En ce début du mois d'août, elle venait d'apprendre par Desmoulins que Zola avait loué, à partir du 1er août, une maison nommée « Penn », à Weybridge, où il pouvait enfin les accueillir, Alexandrine ayant décidé de rester à Paris, de s'effacer devant « les autres affections » de son mari et de laisser les enfants venir auprès de leur père. Desmoulins était chargé de transmettre à Jeanne les directives d'Émile : libérer pour les deux mois à venir la cuisinière et la femme de chambre, laisser entendre qu'elle partait pour la Belgique ou pour la Suisse, faire les malles – prendre des vêtements chauds et ne pas apporter de culotte de cycliste, les femmes, en Angleterre, pratiquant la bicyclette en jupe –, que Desmoulins prendrait la veille du départ pour les enregistrer à la gare du Nord pour Victoria Station après avoir réservé deux places et une demi-place. Ne pas prendre non plus d'appareil photographique, Zola ayant déjà le sien, mais des partitions pour que Denise puisse travailler sur le piano de « Penn », ainsi que de la nourriture pour le voyage, et recommander au gardien de la maison de conserver les journaux et les lettres, sans donner d'adresse à personne.

Quant aux conditions du départ, elles inquiétaient fort Desmoulins qui eut plusieurs entretiens avec Jeanne pour les régler. Il fut décidé que les Triouleyre, également amis de Desmoulins, l'accompagneraient avec les enfants à la gare. Le soir du 10 août, Jeanne, dominée par des peurs obsédantes malgré sa satisfaction de rejoindre enfin Émile, peur d'être reconnue, suivie, peur de se perdre, accueillit les Triouleyre pour le dîner. Elle leur ouvrit la porte le cœur battant, comme si elle allait recevoir une personnalité intimidante. Louis et Hortense... Dieu qu'elle les aimait avec leur bonhomie, leur modestie et leur dévouement. La gentillesse qui se lisait sur leur visage la rassura. Denise et Jacques voulaient rester avec eux, et il fallut prétexter des « conversations de grandes personnes » pour les éloigner, le temps de discuter des détails du départ. Après le dîner, ce fut Louis qui rassura les enfants, intrigués par ce parfum de complot et par la gravité inhabituelle de cette soirée.

— Vous allez me promettre de bien obéir à ce que je vais vous demander.

Ils promirent.

— Vous allez partir avec votre mère rejoindre votre père en Russie. Dans une heure, nous irons à la gare et demain, vous serez avec votre papa. Vous devrez être très sages et ne rien dire à personne. Je veux que vous me le promettiez.

Les enfants, interdits, promirent à nouveau. Aidée d'Hortense, Jeanne remplit la grande valise apportée par Louis de Paris et, vers dix heures, sous le regard des bonnes médusées, tout le monde quitta la maison. Il était hors de question de prendre le train à la gare de Verneuil, où l'on aurait pu les reconnaître. On irait à la gare des Mureaux. Il fallait traverser les bois de Verneuil. Des bois qui avaient la réputation de servir de repaire aux brigands et dans lesquels tous s'engagèrent avec méfiance. Louis portait la valise, Jeanne donnait la main à ses enfants ; Hortense faisait en sorte de rassurer tout le monde, et peut-être elle-même en premier lieu :

— On aura vite fait d'être aux Mureaux. Mais que cette nuit est belle et claire ! Nous avons de la chance…

Elle ne croyait pas plus que les autres en cette prétendue chance, et personne ne lui répondit. Jeanne sentait les mains de Denise et de Jacques trop serrées sur la sienne, Louis pensait à son revolver dans sa poche et se voyait déjà dégainant en cas d'attaque, héros malgré lui en dépit de sa petite taille et de ses épaules de garçonnet. À son tour, il tenta de mettre un peu d'entrain et entonna le premier couplet de *L'Arlésienne* :

De bon matin, j'ai rencontré le train
De trois grands rois qui allaient en voyage,
De bon matin, j'ai rencontré le train
De trois grands rois dessus le grand chemin…

— Continuez, Jeanne, vous qui chantez si bien…

Jeanne n'avait vraiment pas le cœur à chanter, mais elle s'exécuta :

Venaient d'abord
Des gardes du corps,
Des gens armés, avec trente petits pages,
Venaient d'abord
Des gardes du corps,
Des gens armés dessus leurs justaucorps…

Un parfum de bruyère un peu acide qui montait du sol, des claquements d'aile juste au-dessus de leurs têtes, la blême émanation lumineuse dans laquelle se détachait la masse brune des arbres, il y avait longtemps que Jeanne n'avait ressenti la puissance fragile de ce monde sans hommes, face auquel elle se sentait grandie en même temps que dépouillée d'elle-même. Bientôt, les bois glissèrent derrière le petit groupe et la gare fut en vue. Les voyageurs ne firent pas plus de rencontres indésirables dans le train qu'ils n'en avaient fait dans le bois. Tout se passa bien et Jeanne, Denise et Jacques passèrent le restant de la nuit chez les Triouleyre.

Le lendemain matin, ils retrouvaient à la gare du Nord le fidèle Desmoulins, qui veilla au bon déroulement de leur départ pour Calais.

Sur le bateau, la mer étant calme, Jeanne voulut suivre les recommandations d'Émile : « Que “Jean” – c'est ainsi que, par précaution, Émile désignait Jeanne dans ses lettres – et les enfants restent sur le pont du bateau si la mer n'est pas grosse. » Drôle d'idée. Comme Jeanne l'apprit, hélas trop tard, par quelques commentaires, il aurait mieux valu rester dans la cabine et allonger les enfants avant que les nausées se précisent. Denise et Jacques furent rapidement pris de vomissements, qui se renouvelèrent jusqu'à l'arrivée à Douvres. Jeanne s'affolait de les voir malades, le visage blanc, les yeux creusés. Épuisés, ils eurent bien du mal à se tenir debout en arrivant à la gare de Douvres. Jeanne avait peur de se tromper de train, aussi suivit-elle les conseils d'Émile : elle montra ses billets à un employé et, parlant plus fort que nécessaire, s'écria :

— Victoria !

Dans le train elle fut rassurée. Les enfants s'étaient endormis, et elle savait qu'au bout de la ligne, à Londres, Vizetelly l'attendrait. Mais, dans la gare Victoria bondée, où tout le monde s'appelait, se bousculait, s'énervait, Jeanne eut un moment de panique : Vizetelly n'était pas là. Elle se retrouva seule face à un porteur s'emparant de ses bagages qu'elle tenta en vain de reprendre sans comprendre un mot de ce qu'il lui criait. Un homme s'approcha d'elle. Un interprète qui venait à son secours. Presque au même moment, elle aperçut Vizetelly au bout du quai, qui se rapprochait d'un pas rapide. Dès lors, tout s'arrangea et Jeanne se retrouva bientôt à Weybridge, dans le Surrey, à environ vingt-cinq kilomètres de Londres, devant un cottage ravissant entouré d'un jardin clôturé, séparé par une allée menant jusqu'à la maison. Elle commençait à détailler le bow-window à petits carreaux sur le côté droit, l'entrée à colonnes, la façade joliment découpée avec son pignon à colombages, ses fenêtres à meneaux de bois sans volets, quand la porte s'ouvrit. Deux bras se tendirent, aussitôt refermés sur les « trois mignons ». Une jeune fille à l'air sage, coiffée d'un chapeau entouré d'un ruban avec un gros nœud de chaque côté, apparut, discrète, derrière Zola.

— Je vous présente Violette, l'aînée des filles d'Ernest. Mademoiselle Vizetelly loge ici pour me servir de gouvernante et d'interprète.

Violette salua, un peu embarrassée par la présence de cette famille qu'elle savait illégitime. Jeanne raconta combien les enfants avaient été malades. On les plaignit, on les cajola et on les emmena dans leur chambre. Pour la première fois, Jeanne vivait l'ordinaire d'une vie de famille : les parents couchant tendrement leurs enfants avant de rejoindre le lit conjugal... La fatigue l'empêcha de vivre plus intensément ce dont elle avait longtemps rêvé. Elle se laissa glisser dans le sommeil, blottie contre celui qu'elle aimait. Elle était bien.

Deux mois s'écoulèrent auprès d'Émile. Les quinze premiers jours, ce fut à Penn que Jeanne découvrit, en même temps que la campagne anglaise, la vie de famille, l'une embellissant l'autre. Pour un peu, elle aurait oublié les raisons de son séjour en Angleterre. Le matin, Émile travaillait à son roman *Fécondité,* et les après-midi avaient pour cadre les petites routes se faufilant dans une nature sans mystères et sans mauvais esprits. Jeanne se sentait en harmonie avec ces collines et ces prairies lumineuses où lui apparaissait une multitude de fées vaporeuses et argentées ondoyant dans la douce agitation des peupliers. Elle se prenait à rêver comme elle le faisait petite fille. À bicyclette, seule avec Émile pendant que deux domestiques gardaient les enfants, elle profitait pleinement des promenades du côté de Weybridge, et de ce beau mois d'août qu'elle aurait voulu voir durer toujours. Elle trouvait que la maison de Penn était à l'image de cette campagne tranquille et gaie : une vraie maison de poupée, aussi rassurante que les paysages environnants, avec, comme l'avait écrit Émile, des « pièces peintes en couleurs claires, des verts tendres, des roses tendres, des jaunes tendres », et des boiseries dont les teintes contrastaient joliment par « des verts paon, des bruns vifs, des oranges foncés ». Et des tapis partout qui donnaient la même impression de moelleux que les tapis d'herbe… La maison était encombrée de bibelots un peu enfantins avec leurs représentations d'animaux, auxquels Émile reprochait l'excès de sentimentalité mais que Jeanne trouvait drôles et plutôt attendrissants, même s'ils n'étaient pas du meilleur goût.

Weybridge et les petits bourgs alentour la frappaient par leur propreté, leurs maisons coquettes et soignées. Quand Émile travaillait, elle partait se promener avec les enfants sur les bords de la Tamise et s'enchantait de ces paysages d'eau que les longues barques immobilisées à terre ou glissant sur le fleuve rappelaient à la vie humaine.

La location de Penn s'achevant à la fin du mois, il fallut trouver un autre logement. Le 27 août, Zola, Jeanne et les enfants, accompagnés de Violette, s'installèrent dans la maison de Summerfield, à Addlestone, village proche de Weybridge. La maison, tout en brique, plus grande que celle de Penn, comportait un perron surmonté d'un élégant auvent, des avancées vitrées, une serre. Elle était entourée d'un jardin sauvage hérissé de grands arbres laissant dans l'ombre des zones un peu mystérieuses.

C'est dans cette demeure agréable et tranquille que les rebondissements de l'Affaire vinrent à la connaissance de ses occupants. Le 31 août, le cousin de Desmoulins, Jules Larat, adressait une dépêche à Zola : « Dites immédiatement à Beauchamp victoire. » Pour une fois, Jeanne vivait les événements en même temps qu'Émile, avec lui. Les jours suivants, les nouvelles furent plus précises. Une lettre du Dr Larat apprenait à Zola que le lieutenant-colonel Henry avait avoué avoir produit un faux pour incriminer Dreyfus. Deux ans plus tôt, Henry, alors adjoint de Picquart à la direction des services de renseignements, avait remis à l'état-major une lettre saisie à l'ambassade d'Allemagne et accablant Dreyfus. Cette lettre de l'attaché militaire italien Panizzardi à son homologue allemand Schwartzkoppen était en réalité un faux fabriqué par Henry : « le faux Henry ». Après son aveu, celui-ci avait été emprisonné au mont Valérien, où il s'était suicidé.

La nouvelle bouscula la vie à Summerfield. Ce fut d'abord une explosion de joie, l'espoir que tout serait vite conclu. Et puis la course aux informations. Jeanne assistait, impuissante, aux efforts désespérés d'Émile, installé dans le jardin sur la chaise longue, pour tenter de déchiffrer au moyen d'un dictionnaire la presse anglaise commentant les rebondissements de l'Affaire. Heureusement, Violette, du haut de ses quinze ans, l'aidait à traduire avec dévouement. Malgré la différence d'âge, elle était la compagne des enfants, leur apprenant des jeux anglais, leur racontant comment se passaient l'école et la vie en Angleterre. Dans le grand jardin, Denise et Jacques jouaient dans un recoin sauvage entouré d'arbres qu'ils avaient baptisé « le trou ». Ce mois de septembre était très chaud et Jeanne s'installait dans les endroits les plus ombragés du jardin, surveillant ses enfants, cousant, brodant ou lisant. Les après-midi, elle était rejointe par Émile qui s'abandonnait sur sa chaise longue, lisant lui aussi et contemplant les jeux de ses enfants. Un exil au goût de vacances et d'espoir, avec la transmission de la requête de Lucie Dreyfus à la commission de révision, et la démission du ministre de la Guerre Émile Zurlinden.

Jusqu'à ce que de nouvelles inquiétudes et surtout un profond chagrin viennent perturber la fin de l'été à Summerfield. Un nouveau militaire, le général Chanoine, arrivait au ministère de la Guerre, tandis que Zurlinden retrouvait son poste de gouverneur militaire de Paris. Autant d'éléments défavorables à Dreyfus, d'autant qu'on apprenait le transfert du colonel Picquart dans une prison militaire. Zola commentait ces fâcheuses nouvelles et affichait un pessimisme que Jeanne n'était guère en mesure de chasser. Tout ce que lui expliquait Émile lui paraissait bien pensé, bien réfléchi. Elle ne pouvait que l'encourager par des formules passe-partout :

— Tu verras que malgré ce que tu me dis, les choses finiront par bien tourner... Il ne faut pas te décourager... Il y a aussi de bonnes nouvelles. N'oublie pas qu'ils ont été obligés d'accepter la révision du procès...

Ces préoccupations furent balayées par une annonce terrible pour Zola : la mort de son chien. Le 28 septembre, il venait de prendre connaissance de son courrier quand Jeanne le vit venir vers elle, les yeux pleins de larmes. Il posa ses mains sur ses épaules, appuya son front contre le sien et, la prenant contre lui comme si c'était elle qui avait besoin d'être consolée, lui dit :

— Mon pauvre Pin est mort.

Cela faisait plusieurs jours que Zola recevait d'Alexandrine des nouvelles inquiétantes de Pinpin, le petit loulou noir qui aimait son maître d'une affection tyrannique et jalouse. Jeanne était le premier témoin de l'apparent paradoxe de cet homme qui s'était exposé héroïquement, pour la défense d'une noble cause, à la persécution, à la prison, à la ruine, et qui s'effondrait en apprenant la mort de son chien. Pour Jeanne, ce que d'aucuns auraient considéré comme une faiblesse, un enfantillage, montrait la vraie grandeur de l'homme. Avoir la capacité de reconnaître dans l'animal un être doué d'un caractère, d'une nature sensible et souffrante ; s'y attacher et souffrir aussi profondément de sa perte était pour elle un signe d'élévation, qu'il vînt des riches ou des pauvres, des ouvriers ou des écrivains, des gens célèbres ou inconnus. Ni Jeanne ni les enfants ne purent adoucir sa peine. Émile dut s'aliter pendant deux jours, éperdu de chagrin. Jeanne n'en pouvait plus de le voir ainsi. Elle se savait impuissante et ne pouvait que partager sa peine. Quelques jours plus tard, elle eut peur. Zola fut pris d'hallucinations, croyant voir Pinpin passer, se mettre dans ses jambes... Un matin, Jeanne le vit qui tentait d'ouvrir la lourde porte coulissante de la pièce où il travaillait. Extrêmement pâle, il vacillait sur ses jambes et s'accrochait à la porte.

— Émile, que t'arrive-t-il ?

Jeanne s'était précipitée vers lui. Elle l'aida à se diriger vers le fauteuil le plus proche, imaginant le pire. Émile lui sourit.

— Ce n'est rien, c'est l'ébranlement de ces derniers jours...

Dans ce contexte, Jeanne accueillit avec soulagement l'annonce de la venue de Georges Charpentier à Summerfield. L'ami de toujours l'obligerait à se ressaisir, à se distraire. Ses prévisions étaient justes. Georges, qui avait été cruellement frappé par la mort de son fils Paul trois ans plus tôt, fut à l'initiative de promenades et de visites qui sortirent Émile de son isolement maladif et de son anéantissement. Un beau matin d'octobre, Georges, Émile, Jeanne, Violette, Denise et Jacques partirent tous en landau pour visiter Windsor. Les enfants, tout heureux de voir leurs parents s'extraire de la noirceur des jours précédents, redevenir gais, plaisanter même avec Georges, trouvaient tout ce qu'ils voyaient exceptionnellement beau et intéressant. Jeanne partageait leur enthousiasme, observait comme eux, du haut de la terrasse du château, des corbeilles de fleurs reproduisant la couronne d'Angleterre. Dans la chapelle, chacun voulut s'asseoir dans le fauteuil de la reine. L'extraordinaire se rencontra même au restaurant, où l'on mangea une soupe à la tortue. Zola et Charpentier s'amusèrent en racontant aux enfants des recettes effrayantes de préparations, trop compliquées et trop incroyables pour qu'ils soient dupes bien longtemps.

Le séjour à Summerfield s'acheva en compagnie de Georges Charpentier. La location, déjà prolongée de deux semaines, arrivait à son terme et il fallut à nouveau changer d'adresse. Le 10 octobre, toujours avec Charpentier, Zola, Jeanne et les enfants s'installèrent à Londres au Bailey's Hotel, dans le quartier de Kensington. Vizetelly y avait loué pour eux un appartement avec plusieurs chambres et un salon. Ils pouvaient s'y faire servir leurs repas, ce qui limitait les risques pour Zola d'être reconnu. Jeanne sortait seule pour promener les enfants dans les jardins alentour.

Charpentier repartit deux jours plus tard et Jeanne le 15 octobre. Difficile retour. Après deux mois passés en compagnie d'Émile à partager avec lui l'intimité de la vie quotidienne, les petits déjeuners en tête-à-tête avant que Denise et Jacques ne se lèvent, les nuits l'un contre l'autre, la séparation était plus difficile que jamais. Et quelles tracasseries, quels tourments allait-elle retrouver à Paris ?

Dans le bateau, Jeanne fit allonger les enfants, à l'intérieur cette fois, et le voyage, avec une mer très tranquille, se passa bien. Des images de son séjour en Angleterre reparaissaient devant ses yeux : la « maison hantée » qu'elle avait découverte avec Émile lors d'une promenade dans les environs de Summerfield, maison abandonnée que les gens du voisinage appelaient ainsi ; cet homme tombé un soir devant Summerfield et qui s'était cassé la jambe. Jeanne lui avait donné les premiers soins à la lueur d'une lanterne, dans le tumulte des cris des bonnes, des allées et venues de la route à la maison pour chercher du linge, des coussins, une cuvette. Un policier était intervenu, avait pansé la jambe et remercié Jeanne. Et puis encore, tout dernièrement à Londres, le brouillard tombé si subitement tandis que Jeanne promenait les enfants dans le quartier. Elle s'était perdue et avait dû, dans l'impossibilité de retrouver son chemin, héler un taxi pour rentrer à l'hôtel où Zola commençait à s'inquiéter.

À Paris, elle avait pour consigne de laisser les bagages à la gare du Nord, de ne pas se rendre directement chez elle mais d'aller aux nouvelles dans une maison amie et de revenir ensuite à pied, comme si elle rentrait de promenade. Elle ignorait que sa cuisinière, Mathilde, revenue chez elle après deux mois de congés, avait révélé à des voisins, lesquels s'étaient empressés de le transmettre à la presse antidreyfusarde, que, comme le rapportait le 13 octobre le journal *La Libre Parole*, « Madame » serait de retour le 15 avec les deux enfants et M. Zola, mais que celui-ci « descendrait à une station de la banlieue où des amis l'attendraient ». Mathilde prétendait tenir ces informations d'une lettre de sa maîtresse postée à Saint-Pétersbourg. Panique. Jeanne risquait d'être surprise à la gare du Nord et d'attirer les soupçons sur sa provenance, révélant ainsi la liaison de Zola à travers les détails de sa vie intime en Angleterre. Shocking ! Alexandrine télégraphia à Zola le lendemain de la parution du journal : « Dites Beauchamp suspendre départ. » Mais il était déjà trop tard. Finalement, rien de fâcheux ne se produisit. Jeanne et ses enfants ne furent pas reconnus. Les Triouleyre les hébergèrent quelques jours, le temps que l'agitation autour d'eux se calme, et la vie reprit son cours habituel rue du Havre.

Jacques fit sa rentrée avec vingt jours de retard en classe primaire, au « petit lycée » de Condorcet, et Denise reprit ses cours Dieterlen, boulevard Haussmann. Jeanne tremblait qu'ils n'évoquent leur séjour en Angleterre. Elle leur faisait la leçon chaque jour : ne rien dire à personne, surtout ne jamais parler de l'Angleterre, papa était en danger s'ils parlaient. Elle évita même la fréquentation des Alexis, comme le lui avait recommandé Zola : « Je crains que nos enfants ne causent avec les leurs. » Et, à propos des parents : « Je les crois incapables de tenir un secret. »

Jeanne, dans ses lettres à Émile qu'elle adressait maintenant à M. Richard, au Queen's Hotel à Upper Norwood, dans la banlieue de Londres, près du Crystal Palace où Zola avait déménagé le 15 octobre, lui donnait des détails sur le travail et les progrès des enfants, les premières impressions de Jacques au lycée et les difficultés aussi qu'elle rencontrait avec lui.

Jacques était certes affectueux, curieux et intelligent, mais c'était aussi un enfant turbulent, indiscipliné, rétif au travail scolaire. Jeanne ne voulait pas accroître en Émile le poids de la culpabilité en lui faisant remarquer qu'il manquait à leur fils la présence d'un père qui le guide avec plus de fermeté dans son apprentissage de la vie. Mais elle voyait bien que Jacques était plus calme et plus sage quand son père était là.

Émile disposait au Queen's Hotel d'un appartement au premier étage, dont deux pièces avaient vue sur le jardin. C'était maintenant au tour de Mme Zola de l'y rejoindre, ce qu'elle fit le 25 octobre. Rideau. Alexandrine avait brouillé ses images, et Jeanne cessa d'imaginer Émile dans son appartement, à sa table de travail, en promenade, devant son thé jusqu'au coucher, vers dix heures…

À Paris, la vie politique connaissait de nouvelles secousses. Le ministère Brisson tombait au milieu de violentes manifestations nationalistes, faisant place à un nouveau cabinet présidé par Charles Dupuy ; la Cour de cassation déclarait recevable en la forme l'examen de la demande de révision déposée par Lucie Dreyfus et autorisait une enquête supplémentaire. Pendant ce temps, Denise gagnait une médaille d'argent à son concours de piano, Jeanne engageait une nouvelle femme de chambre, tout en gardant Mathilde dans la crainte que celle-ci ne se venge en révélant d'autres secrets à la presse, et Jacques redescendait de la neuvième à la dixième, une classe plus adaptée à son âge et à son niveau… Certes, son petit garçon commençait seulement sa scolarité, mais Jeanne se désolait des résultats médiocres de ses enfants. Il lui en coûtait de transmettre à Émile ceux de Denise et d'avoir ensuite à lire sa déception : « Il faut en faire son deuil, elle ne sera jamais une savante. Dis-lui pourtant qu'elle me fera bien plaisir en s'efforçant de n'être pas toujours parmi les dernières à son cours. » Quant à Jacques, il fallait souvent le menacer de punition pour qu'il se mette au travail. Ses résultats inégaux venaient de là.

Et il n'avait pas davantage d'ardeur au piano. Jeanne en rejetait la faute sur elle. S'ils ne réussissaient pas mieux, c'est qu'ils avaient une mère qui venait de bien bas et qui n'avait fréquenté que la petite école de son village ! Une mère qui s'était montrée paresseuse dans ses apprentissages tardifs. Émile le lui avait bien reproché, de ne pas faire ses pages d'écriture et de ne pas se mettre sérieusement au piano !

Mais un autre sujet l'inquiétait bien davantage. Cécile traversait des moments très difficiles. Son petit Maurice était sourd et souffrait d'on ne savait quelle maladie, qui faisait de lui un « enfant pas comme les autres ». Et, comme si cela ne suffisait pas, la vie commune avec Étienne devenait insupportable. Étienne avait toujours été un homme rude, adouci quelque temps par la conquête de Cécile, mais ses sentiments s'étaient vite usés, et sa vraie nature avait repris le dessus... Une brute toujours prête à rouspéter, à crier, et ayant la gifle facile. Si, d'une certaine façon, le handicap de Maurice protégeait le petit de la violence de son père, les filles, en revanche, vivaient dans la peur. Quoi que fît leur mère pour les défendre, c'était toujours mal, et Étienne avait d'autant plus d'occasions d'être désagréable qu'il n'aimait rien de ce que Cécile aimait et qu'il était en désaccord avec elle sur à peu près tout. Lui qui n'avait désiré que des fils se retrouvait avec deux filles et un garçon handicapé, après avoir perdu le précédent. Cela n'avait pas arrangé son caractère. Une dispute plus violente que les autres, des coups, des insultes, et Cécile avait décidé de quitter son mari. Elle était partie avec ses enfants et avait, dans un premier temps, trouvé refuge chez sa tante.

Jeanne essayait de faire face sur tous les fronts : elle aidait sa sœur comme elle le pouvait, affectivement mais aussi matériellement ; elle s'efforçait de pousser ses enfants à mieux travailler, encourageait Émile à ne pas baisser les bras malgré la décision du gouverneur militaire de Paris de déférer le colonel Picquart devant un conseil de guerre... Un sursis permit à

Picquart d'échapper à ce conseil qui devait avoir lieu le 12 décembre. L'hiver mit à l'épreuve le peu de patience qui restait à Jeanne. Sans cesse, Émile lui écrivait que les nouvelles étaient meilleures et que son retour était proche, mais sans cesse aussi il lui annonçait que ce retour devait être repoussé et qu'il faudrait encore attendre. Elle lui en voulait d'avoir refusé qu'elle reste en Angleterre après le 15 octobre. Certes, il y avait l'école, mais on aurait pu trouver un professeur français pour les enfants, et elle ne voyait pas pourquoi Zola lui disait qu'ils n'auraient pu vivre sous le même toit, comme pendant l'été 1898, et que leurs conditions de vie auraient de ce fait été trop incommodes et trop solitaires. D'ailleurs, il le regrettait maintenant. Tout de même, elle se reprochait parfois de lui avoir écrit des lettres un peu méchantes, un peu capricieuses, trop plaintives, de ne pas avoir toujours bien réalisé que c'était lui l'exilé, le premier à souffrir de son isolement et la première victime des aléas de l'Affaire.

L'année s'acheva dans la déception. Malgré les espoirs qu'il lui avait laissé entrevoir, Émile ne rentra ni pour Noël, ni pour le Jour de l'An. Jeanne s'était chargée de l'achat des cadeaux pour Denise et Jacques, et elle leur avait remis ceux qu'Alexandrine avait achetés, selon le désir de son mari : une boîte de soldats pour Jacques, une boîte de petits travaux de demoiselle pour Denise.

Les espoirs de retrouvailles avaient ensuite été repoussés à la fin de février : il fallait attendre la fin de l'enquête décidée par la Cour de cassation, qui ne pourrait que constater les irrégularités du premier jugement et le manque de preuves contre Dreyfus. Et puis, Zola avait parlé du printemps pour se revoir. Il y avait eu un nouvel espoir d'aboutissement proche avec la mort de Félix Faure, opposé à la révision du procès d'Alfred Dreyfus, puis le pessimisme était revenu : l'arrêt de la Cour ne pourrait être rendu avant Pâques et le retour d'Émile semblait impossible avant juin…

Il fut donc décidé que Jeanne et les enfants passeraient les vacances de Pâques auprès d'Émile, du 29 mars au 11 avril. Comme Alexandrine avait rejoint son mari plusieurs semaines au Queen's Hotel, il était impossible que Jeanne retrouve Zola au même hôtel. Deux femmes pour un seul homme, c'était par trop offenser la direction. Zola changea donc, pour quinze jours, d'hôtel et d'identité : il se fit inscrire sous le nom de Roger au Crystal Palace Hotel et y accueillit Jeanne, Denise et Jacques, conduits par Vizetelly.

Des promenades furent l'occasion de nombreuses photos et de la rencontre des « pauvres de papa », comme disait Jacques. L'un, un vieux mendiant, balayait le trottoir pour faire un chemin « pour les dames » ; un autre, un artiste, dessinait sur le trottoir et vendait des pastels. Un incident se produisit avec le vol par un valet de chambre de la montre de Jacques, montre heureusement restituée par le voleur qui feignit de l'avoir retrouvée, tout cela sur fond de critiques impitoyables de la cuisine anglaise, et ce fut à nouveau la séparation, déchirante.

Les enfants faisaient des progrès à l'école. Jacques pouvait très bien réussir. Lui manquaient la discipline, le travail et surtout l'obéissance. N'avait-il pas déclaré à son maître d'étude qu'il ne voulait pas faire son devoir ? En raison de son chahut, il s'était aussi fait mettre à la porte de la salle Pleyel où Denise devait jouer une sonatine lors d'une audition organisée par le cours Fabre dont elle était l'élève. Il eut tout de même un premier prix de lecture. Jeanne aurait préféré qu'Émile insiste moins sur les résultats scolaires. Elle était agacée quand il comptait les fautes d'orthographe dans les lettres de ses enfants, exigeait de Jacques qu'il soit au tableau d'honneur, lui écrivait que ce serait la honte pour ses parents s'il restait dans les derniers et que sa mère et lui n'oseraient plus sortir dans les rues ! Elle sentait une pointe de reproche : il fallait qu'elle le stimule davantage et qu'elle soit plus exigeante.

De temps à autre, des distractions avec ses amis lui faisaient oublier pour quelques heures ses soucis. Elle se promenait en automobile avec les Triouleyre, accompagnait ses enfants au Nouveau Cirque, rue Saint-Honoré, à la Grande Roue, avenue de Suffren, se promenait le dimanche à l'île de la Grande-Jatte avec son amie Mme Loyau. Elle sortait aussi au théâtre avec les Alexis, et avait même emmené Denise et Jacques au Casino de Paris, où tout le monde s'était bien amusé. Parenthèse d'insouciance, suivie du retour à l'attente, à la lecture des nouvelles sur l'Affaire dans les journaux, aux inquiétudes pour sa sœur qui, sans travail, après s'être débattue pour faire face au quotidien, s'était résolue à regagner le domicile conjugal.

Enfin, le président de la chambre civile Alexis Ballot-Beaupré, chargé de l'enquête supplémentaire, remit son rapport selon lequel le bordereau n'était pas de la main de Dreyfus, mais d'Esterhazy. Il réclama l'annulation de l'arrêté de 1894 et le renvoi de Dreyfus devant un autre conseil de guerre. Le 3 juin, la Cour cassait et annulait le jugement du 28 décembre 1894 contre Alfred Dreyfus et renvoyait l'accusé devant le conseil de guerre de Rennes, pour juger si Dreyfus était coupable d'avoir « pratiqué des machinations ou entretenu des intelligences avec une puissance étrangère ». Deux jours plus tard, le 5 juin au matin, Zola débarquait à la gare du Nord, au moment même où son article « Justice » paraissait dans *L'Aurore*. Jeanne n'attendit que le soir pour embrasser le père de ses enfants.

Sixième partie

FINS DE PARTIE

1

Un été en famille

Jeanne aurait voulu ne plus jamais entendre parler de l'Affaire. Qu'elle soit classée, réduite à l'état de mauvais souvenir. Vœu pieux. L'arrêt de la cour d'assises de Versailles fut signifié à Zola dès son retour à Paris. Repoussé au 23 novembre, le procès l'inquiétait moins que Jeanne, qui essayait de ne pas trop y penser, tout à la joie des retrouvailles et heureuse de partager avec ses enfants l'événement de l'été : deux acatènes, ces bicyclettes dépourvues de chaîne, offertes à Denise et à Jacques par leur père, selon une promesse faite en Angleterre. Jacques ne se fit pas prier pour cet apprentissage-là, et les enfants furent bientôt capables d'accompagner leurs parents sur les petites routes de Verneuil. Mais les bicyclettes n'attirèrent pas seulement les rires et les sourires attendris des parents. Elles reçurent aussi des seaux d'eau sale jetés à toute volée à leur passage. L'Affaire n'était décidément pas classée.

Le procès de Rennes s'ouvrit le lundi 7 août dans la salle des fêtes du lycée, transformée pour la circonstance en tribunal. Alfred Dreyfus, revenu de l'île du Diable sur le *Sfax*, ignorait tout des soutiens dont il avait bénéficié, et particulièrement du rôle de l'écrivain. Ni Zola ni Clemenceau ne devaient assister aux audiences, afin de ne pas envenimer les débats. Presque tous les jours Émile rendait compte à Jeanne des impressions d'audience de Théodore Duret et Fernand Desmoulins, présents au procès. Et puis, le 14 août, nouveau bouleversement avec l'attentat dont fut victime maître Labori, l'avocat de Zola, et désormais celui de Dreyfus avec maître Demange. Une balle tirée dans la rue par un inconnu se logea dans le dos de l'avocat tandis qu'il se rendait au conseil de guerre. Jeanne savait bien tout ce que Zola devait au talent, à l'habileté et aux qualités humaines de Fernand Labori. L'angoisse fut très vive. Par chance, deux jours plus tard, l'avocat était déclaré hors de danger. Jeanne redoutait qu'Émile ne soit la prochaine victime.

Le 22 août, Labori put reprendre sa plaidoirie. Mais les choses tournaient mal. Zola tenta de faire intervenir les attachés militaires allemands et italiens Schwartzkoppen et Panizzardi pour qu'ils attestent avoir été en relation avec Esterhazy, et non avec Dreyfus. Peine perdue. Pour protéger le général Mercier, que l'acquittement de Dreyfus aurait mis en cause, et bien que sachant parfaitement que le bordereau émanait d'Esterhazy, le conseil de guerre reconnut Dreyfus coupable et le condamna à dix ans de réclusion et à la dégradation militaire. Consternation à Verneuil, faisant écho à un large mouvement de révolte, de mépris à l'égard des acteurs d'une injustice scandaleuse. Jeanne se sentait à nouveau très concernée par l'Affaire, qu'elle avait pourtant voulu laisser derrière elle, tentant de chasser l'idée vague que, peut-être, ce désintérêt avait pu contribuer à l'issue lamentable du procès.

Le 12 septembre, *L'Aurore* publiait un dernier article, « Le cinquième acte », qui stigmatisait la justice militaire et appelait à poursuivre le combat : que le gouvernement obtienne de l'Allemagne qu'elle livre les documents prouvant la culpabilité d'Esterhazy et que, ce fait nouveau ainsi établi, la Cour de cassation révise le procès. Jeanne avait honte pour son pays, condamné de toute part dans le monde entier. D'ailleurs, l'Exposition universelle de 1900 risquait fort d'en souffrir : des exposants commençaient déjà à annuler leur participation. Acculé par la pression nationale et internationale, par l'état de santé de Dreyfus, jugé médicalement incompatible avec la détention, le président de la République signa le 19 septembre le décret de grâce d'Alfred Dreyfus.

Restait maintenant à se battre pour défendre l'honneur de l'homme et obtenir sa réhabilitation. Pour Jeanne, la frontière entre vie publique et vie privée allait peut-être commencer à se reconstruire. La grâce rendait en tout cas improbable le procès Zola, et Jeanne retrouvait sa tranquillité, sauf parfois avec les Alexis chez qui elle se rendait souvent le dimanche. Leur maison se situait à Levallois-Perret, et si Paule, Marthe, Denise et Jacques jouaient avec insouciance dans le jardin qui entourait la maison, Paul, animé par ses sentiments de gauche – il était adhérent au Parti ouvrier socialiste de Jean Allemane, président à Levallois d'un comité « Justice-Liberté » –, s'emportait.

— Il faut voter la destruction des conseils de guerre ! Et continuer la lutte, Jeanne, ne pas s'endormir !

À vrai dire, après tant d'émotions, Jeanne aspirait plus à un doux sommeil qu'à la révolution. D'autant que Paul, avec son allure bonhomme, sa grosse moustache et son petit ventre rond, n'avait rien d'un redoutable révolutionnaire.

1900 : le XXe siècle, dont on avait tant parlé et sur lequel on avait projeté tant de désirs et de peurs, s'était inscrit dans le présent. Il serait bientôt fêté et symbolisé par l'Exposition universelle qui devait s'ouvrir le 15 avril. L'événement tombait bien. Rarement Jeanne avait eu autant besoin de légèreté, de distraction, d'amusement. Elle s'enivra de cet air de fête et de découverte qui envahissait Paris sur les deux rives de la Seine, attendant avec impatience le départ de Mme Zola pour une quinzaine de jours chez sa cousine Amélie Laborde. Alexandrine partit la dernière semaine de mai. Jeanne et les enfants avaient déjà, en compagnie des Alexis, visité quelques pavillons étrangers, se rendant de l'un à l'autre par le trottoir mobile suspendu. Ce trottoir dont tout le monde parlait comprenait trois niveaux : un trottoir fixe et deux autres roulants, actionnés par la reine de l'Exposition : l'électricité. On accédait à la plate-forme mobile du côté du trottoir fixe et on passait ensuite sur le trottoir à petite vitesse, deux kilomètres et demi à l'heure, et, de là, sur celui à grande vitesse, huit kilomètres et demi à l'heure. Jacques en avait oublié tous les spectacles autour de lui.

— Maman, ça avance tout seul !

— Fais attention, Jacques, ne bouscule pas les gens !

Jeanne avait dû le tenir fermement par la main pour rejoindre le chemin de fer électrique qui faisait le tour de l'Exposition en sens inverse. Avec Émile, elle avait trouvé le temps long dans la galerie des machines, mais Jacques était passionné par leur fonctionnement, par ces grandes roues qu'il voyait tourner. Il ne cessait d'interroger son père, qui était d'autant plus intéressé qu'il avait visité en février les usines métallurgiques d'Unieux, près de Saint-Étienne, pour son prochain roman, *Travail*. Et Jeanne était heureuse de voir le père et le fils fiers l'un de l'autre, unis dans la même passion de la science et du modernisme. Il suffisait de savoir l'intéresser, son petit Jacques, et il pouvait alors faire preuve de curiosité, et même d'entêtement à comprendre ! On ne savait pas s'y prendre avec lui, on le grondait trop, voilà tout.

Zola, passé maître dans l'art de la photographie, prenait des photos de tout, y compris des deux premiers étages de la tour Eiffel. Pendant plusieurs jours, ils firent ensemble le tour des pavillons exotiques illustrant l'expansion coloniale de la France. Orientalisme et hétéroclisme. Ils se promenèrent à travers le monde, un monde un peu folklorique entre les minarets, les tours cambodgiennes, les murailles du Kremlin... jusqu'aux palissades en bois entourant le Village suisse, ses chalets et ses rochers artificiels. Au pavillon-coupole du Creusot, à ceux des Mines et de la Métallurgie, de la Navigation et du Commerce, Jeanne avait de loin préféré le palais du Costume.

Un soir qu'Émile était venu les chercher, elle et les enfants, pour flâner de nuit sur les lieux de l'Exposition, elle eut une sensation de déjà-vu. Ils franchirent la porte d'entrée principale, surmontée d'une statue féminine personnifiant Paris accueillant ses hôtes, mais Jeanne se sentit très loin de ce spectacle de Paris en fête. Hypnotisée par la lumière des trois mille deux cents lampes à incandescence et des quarante lampes à arc qui illuminaient la porte et incendiaient la nuit, elle savait bien que ce n'était pas l'exotisme de tous ces pavillons, ni cette porte construite en forme de coupole, montée sur trois arches et flanquée de deux minarets hauts de trente-cinq mètres, qui expliquaient ce sentiment d'éloignement, celui d'être comme une morte qui reviendrait dans le monde des vivants, perdue, invisible, absente aux autres.

Dans le même temps, Denise fit sa première communion. Jeanne n'était pas pratiquante, mais elle se souvenait avec émotion de sœur Astérie. Zola ne s'y opposa pas.

— Tu as raison, ce sera un souvenir marquant pour Denise. Elle est pieuse et elle aura la fierté de la cérémonie et de la robe blanche. Et puis ce sera agréable de vous retrouver en famille pour le grand jour.

— Tu sais aussi comment va le monde. Officiellement, elle n'a déjà pas de père, alors si elle manque en plus de religion…

Denise fut assidue aux cours d'instruction religieuse. Jeanne assistait, amusée, aux devoirs faits en commun par Denise et son père, qui en rédigea plus d'un, obtenant indirectement, et il s'en montrait fier, les compliments de l'abbé. Zola ne fut pas de la cérémonie, mais il veilla à ce que l'appartement de Jeanne soit rempli de fleurs. Il s'occupa même du goûter et accueillit les amis avec beaucoup de chaleur et de gaieté. Pour Jeanne ce fut une merveilleuse journée, si pleine de convivialité que l'avenir lui parut porteur de promesses.

Un mois plus tard, elle s'en voulut de s'être laissée aller au plaisir de la fête sans avoir su se préserver par son habituelle méfiance conjuratoire. Le 31 mai 1900, Marie Alexis, sa confidente, sa tendre et chère amie, mourait d'une fièvre typhoïde, à l'âge de trente-cinq ans. La maladie avait d'abord atteint Paule. En lui prodiguant des soins, Marie l'avait à son tour contractée et en était morte en moins de trois semaines. Et c'est maintenant à travers les larmes que Jeanne voyait arriver ce qui aurait dû être un bel été à Verneuil. Verneuil sans Marie !

Marthe avait été envoyée dans une pension à Neuilly pendant la maladie de sa grande sœur, puis de sa mère. Personne ne lui avait appris la mort de Marie. Paul, terrassé par le chagrin et souffrant d'une grave maladie des yeux, n'avait pas voulu paraître devant sa fille dans cet état. Mais, redoutant qu'elle n'apprenne à la pension que sa mère n'était plus, il demanda à Jeanne de la prendre quelques jours chez elle, le temps qu'il prévienne son frère Félix, à Fumay, dans les Ardennes, où il la conduirait la semaine suivante.

Quand Marthe quitta la maison, Jeanne se trouva privée d'une présence qui avait un moment endormi sa douleur. La mort de Marie, qui la touchait de si près, la renvoyait maintenant avec violence à la maladie et à la mort de ceux qui l'entouraient. Des images insupportables ne cessaient désormais de la hanter, celle surtout de ses enfants, qu'elle voyait allongés sur le lit de mort ou repliés dans leur détresse. Sans la famille Alexis, sans les rires et les jeux des enfants, la maison lui parut affreusement vide. Alexis ne se remit jamais de la mort de sa femme. À son retour à Levallois-Perret, il sombra dans un profond dégoût de vivre, traînant de café en café, incapable de s'occuper de ses enfants. Marthe fut placée à l'orphelinat des Arts à Neuilly.

Paul ne survécut qu'un an à son épouse. Le 28 juillet 1901, il mourut chez lui d'une rupture d'anévrisme. Pas plus que pour Marie Jeanne ne put assister à ses obsèques et à son enterrement au cimetière de Triel, où reposaient déjà Marie et leur fille aînée. Malgré l'intimité de ses liens avec les Alexis, elle restait la femme de l'ombre ; toute présence officielle lui était interdite.

Il fallut attendre l'été suivant pour que la vie à Verneuil reprenne son cours normal. Après les tourmentes de l'affaire Dreyfus, après tant de deuils, Jeanne s'ouvrit à nouveau à la douceur du jardin, où l'on prenait le thé devant le petit muret encadrant l'escalier, à gauche de la porte d'entrée. Précieuse tasse de thé où se reflétaient les museaux des enfants, le lorgnon du père, les moustaches de Finette aussi, la petite chatte blanche tigrée trouvée affamée sur le rebord d'une fenêtre et aussitôt adoptée. Avec le thé versé dans les tasses de porcelaine coulaient l'amour, la chaleur, la tendresse. Denise, âgée maintenant de treize ans, devenait une jeune fille que sa grande taille, un mètre soixante-dix, semblait éloigner davantage encore de l'enfance. Jeanne s'amusait de la voir jouer l'amoureuse de son père, s'appuyant sur son bras en flânant dans les rues de Paris, jouant à se montrer jalouse. Jacques, lui, était encore un petit garçon passionné de sciences naturelles et de botanique. Il suivait le jardinier, M. Chantôme, lui posait sans cesse des questions, apprenait à distinguer les annuelles des vivaces, les plantes d'ombre ou de soleil. Il s'essayait à l'art du jardinage, ce qui faisait dire une fois de plus à sa mère :

— Tu vois, Émile, il n'est pas si paresseux que ça. Il suffit qu'il s'intéresse…

Émile offrit aussi à son fils des ouvrages de botanique et le conduisit à la chasse aux fossiles dans une carrière du voisinage. Il écoutait Denise lui raconter des épisodes de la vie des saints, puis s'attelait avec les enfants aux devoirs de vacances.

Jeanne vivait ces moments de partage et de complicité comme une réparation de tant d'absences passées.

À l'automne, Alexandrine se rendit comme tous les ans en Italie, et Jeanne profita de plus longs moments avec Émile. Ils dînèrent au premier étage de la tour Eiffel et dans d'autres grands restaurants. Depuis longtemps déjà, elle ne craignait plus de se montrer avec lui au théâtre. Tous les quatre assistèrent même à la représentation de *L'Aiglon,* avec Sarah Bernhardt, et entendirent *Louise,* de Charpentier, à l'Opéra-Comique. Une ombre vint pourtant assombrir cette lumineuse peinture. Depuis quelques mois, Jacques manquait d'appétit, perdait du poids et toussait. Ce fut Émile qui en parla le premier à Jeanne.

— Je crois que tu t'inquiètes, tout comme moi. Je vais écrire au Dr Delineau. Je lui demanderai dans quelles conditions il faut le remettre au lycée.

— Je ne me fais pas trop de souci tout de même. S'il mange moins, il s'amuse toujours autant. Et Denise continue de se plaindre de son frère, qui est insupportable et qui n'arrête pas de l'embêter !

— Tu as raison, mais je vais demander à Delineau de prendre rendez-vous avec son confrère, le Dr Victor Hutinel.

Jeanne pensait que son fils avait peut-être grandi trop vite, ou manquait de sommeil car il mettait toujours très longtemps avant de s'endormir. Il avait été malade au printemps et allait mieux, mais il n'avait pas encore retrouvé tout son allant.

En attendant la rentrée, Émile décida de les emmener faire une promenade le long de la Seine dans sa nouvelle barque, *L'Enfant roi,* baptisée ainsi du nom de l'opéra sur lequel travaillait Alfred Bruneau à partir de son livret. Libéré de son dernier roman, *Vérité,* paru en feuilleton dans *L'Aurore* depuis une dizaine de jours, il ne songeait qu'à faire connaître Médan à ses enfants, eux qui ne s'étaient jamais aventurés vers cette cité interdite et qu'ils n'avaient pu imaginer qu'à partir des lieux décrits par leur mère.

— Ce sera ma façon de fêter les treize ans de Denise.

En prononçant ces mots, l'œil brillant, Zola pensait plus loin. Il se tut un instant et reprit :

— Et peut-être aussi d'ouvrir les yeux et la vie de nos enfants sur Médan, sur ce à quoi ils ont droit...

Jeanne perçut immédiatement la portée de cette phrase : faire tomber la frontière entre l'ombre et la lumière, entre Verneuil et Médan ; introduire Denise et Jacques dans le domaine jusque-là réservé à l'épouse et, au-delà, leur donner accès à l'héritage matériel et glorieux de leur père. En même temps, cette perspective froissait une toile qu'elle aurait voulue lisse et claire. L'effondrement des barrières dressées autour d'Émile ne laisserait passer que ses enfants. Une ouverture qui risquait peut-être de la laisser de l'autre côté, plus isolée que jamais, d'autant que Paul et Marie n'étaient plus avec elle. Elle laissa cependant cette inquiétude au fond d'elle-même et, le 22 septembre, sous un beau soleil automnal, fit la route presque aussi joyeusement que ses enfants jusqu'au pont de Triel. Trois bicyclettes filant vers *L'Enfant roi*, à la rencontre de celui qu'on attendait toujours, et peut-être d'un nouveau destin... Zola était déjà arrivé.

— Papa est là, papa est là !

— Ne crie pas si fort, Jacques, je le vois bien !

Jacques, pris d'une légère toux, se tut, et on se pressa d'embarquer. Les quatre passagers remontèrent le cours du fleuve en ramant jusqu'au chenal qui séparait les deux îles de Médan. Zola voulait faire visiter à ses enfants le Paradou, l'île sur laquelle il possédait plus de deux hectares et demi de terrain, où il avait fait édifier un chalet norvégien d'une seule pièce entourée d'un balcon et surmontée d'un étage. De là, ils devaient ensemble contempler la maison de Médan, au bas du coteau, avec la grande baie vitrée du cabinet de travail. Jeanne se sentait submergée d'images portées par sa mémoire, imprimées sur sa peau, enracinées dans sa chair, à la vue de ces lieux découverts quatorze ans plus tôt, de cette maison qui avait bouleversé sa vie. Mais, juste avant d'aborder dans l'île, Denise voulut sauter sur la berge pour attacher la chaîne de la barque à un arbre. Son pied glissa et, très vite, elle s'enfonça dans la vase. Jeanne, plongée dans ses souvenirs, ne comprit rien à ce qui se passait. Plus Denise cherchait à s'extirper de cette boue, plus elle s'enlisait. Sa mère riait et se moquait gentiment d'elle. Affolée, Denise se mit à crier :

— Papa, viens m'aider, je vais me noyer ! Papa !

Émile, qui ne l'avait pas vue s'enfoncer dans l'eau, se précipita. Il empoigna les deux mains de sa fille et la tira de toutes ses forces en prenant garde à ne pas glisser lui-même dans l'eau. Denise se retrouva enfin le ventre sur la berge, trempée et grelottante, mais sauvée. Elle dut rester au soleil pour se sécher et la visite du chalet ne fut plus au programme. Il fallait rentrer.

Cinq jours plus tard, le « jour des malles », le dernier passé à Verneuil, sonna la fin des vacances. La rentrée ne réjouissait pas plus Jeanne que les enfants, qui ne manquaient pas de communiquer à leur mère leurs appréhensions. Émile, qui allait rentrer à Paris lui aussi, fit sa dernière visite à Verneuil. Dernier goûter dans le jardin, discussions sur les détails concrets de la reprise de l'école et du suivi médical de Jacques, puis ce fut pour Émile le moment de s'en retourner à Médan.

— Aujourd'hui, nous ne t'accompagnerons pas au-delà de la porte, dit Jeanne, l'index levé dans une attitude de fermeté. Les bagages nous appellent.

Jacques prit alors une petite voix pour contrefaire celle du « bagage-qui-appelle ».

— Madame Jeanne, mon ventre est encore bien plat. Il faut me le remplir de linge, de livres, d'habits. (Il leva l'index, comme sa mère.) Ne pas oublier les devoirs de vacances de papa. Il a bien travaillé, papa. Le maître sera content.

Jeanne ébouriffa les cheveux de Coco, surnom donné par Denise à son frère.

— Toi, la petite arsouille, tu as la langue bien pendue. Tâche de la rentrer un peu avec tes professeurs.

Émile enfourcha sa bicyclette et s'éloigna en faisant des petits signes d'adieu sans se retourner. Jeanne, Denise et Jacques se tinrent un moment devant la porte cochère, le regard tendrement dirigé vers la silhouette qui s'éloignait.

2

Le cri

Ne rien oublier.

Les enfants étaient déjà prêts à sortir, Jeanne vérifiait une dernière fois la liste des courses pour la rentrée des classes, Denise s'impatientait.

— Maman, on y va ? Il est presque deux heures... On doit être rentrés avant quatre heures pour papa, et on n'aura pas le temps de tout faire !

La sonnette retentit. Denise était exaspérée.

— Tu fais vite, maman, tu dis qu'on doit sortir.

Jeanne, contrariée par cette visite inopportune, se hâta d'ouvrir la porte. Fernand Desmoulins et Eugène Fasquelle se trouvaient sur le palier, le visage décomposé, les yeux rouges et battus, le regard douloureux. Ils n'eurent pas le temps de dire un mot : leur regard avait suffi. Jeanne eut la sensation que des coups martelaient son front. Un hurlement sortit d'elle. Cri d'épouvante, cri d'agonie remontant des ténèbres de son âme, du bouillonnement glacé de sa chair.

— Ils l'ont assassiné !

Elle serra ses poings sur son visage, se courba sous le poids du vide et des larmes. Fernand lui prit les épaules et les caressa d'une main tremblante et compatissante, puis tenta avec Fasquelle de la redresser pour la conduire jusqu'au divan. À cet instant, elle se retourna et vit Denise et Jacques en larmes eux aussi, immobilisés, recroquevillés dans l'effroi et la douleur. Elle se précipita vers ses enfants et referma ses bras autour d'eux, longtemps. Au bout d'un long moment, elle put lever les yeux vers Fasquelle et Desmoulins. Des yeux qui cherchaient cette fois une explication. Ce fut Fernand qui prit la parole.

— Émile est mort asphyxié par sa cheminée. C'est Jules, le valet de chambre, qui a donné l'alerte ce matin. Il s'est inquiété en voyant qu'à neuf heures trente Émile et Alexandrine n'étaient toujours pas levés.

Desmoulins avait du mal à poursuivre. Il se tut et ce fut Eugène qui prit la parole :

— Des ouvriers fumistes étaient sur place. C'est Alexandrine qui les avait convoqués la veille… La cheminée ne tirait pas bien. Ils ont enfoncé la porte. Émile était étendu sur la descente de lit, sans vie.

Jeanne secouait la tête, les mains collées sur ses yeux comme pour s'étourdir, chasser cette image insupportable. Elle reprit ses enfants contre elle dans un geste consolateur et maternel alors qu'elle-même n'était plus qu'une petite fille abandonnée, seule face à l'absolu de sa détresse.

Fasquelle hésita un instant avant de poursuivre :

— Alexandrine a survécu. Elle est maintenant hors de danger. C'est elle qui a voulu que nous vous prévenions aussitôt.

Jeanne ne pouvait pas parler. Pour ses enfants elle essayait de retenir ses sanglots, qui s'épuisaient en un long gémissement plaintif. Desmoulins, l'ami fidèle, pleurait silencieusement. Un cruel « plus jamais » se plaquait sur toutes les figures d'Émile, qui se superposaient dans l'esprit de Jeanne : Émile la prenant dans ses bras, Émile apportant des fleurs, Émile, soucieux, lisant les journaux, Émile s'éloignant en envoyant des baisers… Pendant plusieurs jours, Jeanne, Denise et Jacques ne purent que pleurer, se tenir serrés les uns contre les autres, sans bouger ni manger. Précieuse, dans ces circonstances, fut la tendre amitié des Triouleyre qui leur rendirent visite quotidiennement et prirent soin d'eux.

Alexandrine, de la maison de santé du docteur Defau, à Neuilly, où elle avait été transportée, avait tenu à ce que Jeanne et les enfants viennent se recueillir auprès du défunt, rue de Bruxelles. Ce furent Alfred Bruneau et Fernand Desmoulins qui les conduisirent à l'étage où Zola reposait sur le divan de son cabinet de travail. Comme l'enterrement devait être un peu retardé, Alexandrine n'étant pas encore autorisée à quitter la maison de santé, le corps de Zola avait été embaumé, mais on n'avait pas touché à sa tête. Jeanne trempa de larmes ce visage apaisé par la mort. Elle n'embrassait plus que le froid de l'absence, un visage sans âme.

L'enterrement eut lieu le dimanche 5 octobre. Une foule immense était massée de la rue de Bruxelles jusqu'au cimetière Montmartre au passage du convoi funèbre. Les honneurs militaires furent rendus à la levée du corps, devant l'entrée de la maison couverte de tentures noires dont une affichait trois grands écussons portant un « Z ». Devant le caveau, trois discours furent prononcés, l'un par le ministre de l'Instruction publique, l'autre par Abel Hermant, le troisième par Anatole France. Puis ce fut le défilé du peuple de Paris se recueillant devant la tombe où chacun jetait une fleur. Anonyme parmi la foule, Jeanne, tout en noir, le visage caché par une voilette, avançait, portée par la foule, en tenant Denise et Jacques par la main avec, à leurs côtés, Louis et Hortense Triouleyre.

Durant les premières semaines qui suivirent la mort d'Émile, Jeanne fut étrangère à sa vie. Elle déambulait au bord des jours, en transparence, rattachée à la vie uniquement par la douleur et le manque qui lui lacéraient la poitrine à chaque instant. Un matin, tandis que Denise reposait sa tasse de chocolat sur la table, elle fut frappée par l'attitude de sa fille. Elle avait exactement la même façon de tenir l'anse de la tasse qu'Émile, le poignet tourné vers elle, le pouce derrière l'anse. En levant les yeux sur le visage de la jeune fille, Jeanne remarqua aussi la petite bouche bien dessinée, un peu boudeuse, qui ressemblait tant à celle de son père. Émile vivait encore. Et c'était à travers cette petite main un peu ronde que Jeanne percevait un de ces signes révélateurs de l'impalpable permanence des êtres.

Ce fut ensuite celle sur qui elle aurait dû le moins compter qui l'aida à poursuivre son chemin en ouvrant sa maison, sa bourse et son cœur aux enfants de son époux, mais aussi à leur mère. Depuis longtemps déjà, « Bonne Amie », comme l'appelaient les enfants, avait accepté le second foyer de son mari et l'avait même intégré dans sa propre existence. Avec sa mort, elle défiait les tabous, abattait les barrières institutionnelles et morales, oubliait ses souffrances passées en tendant la main à sa rivale. Jeanne avait appris qu'Alexandrine avait tenu à ce qu'Émile emporte dans son cercueil non seulement les portraits de ses enfants, mais aussi celui de leur mère. Du vivant de Zola, les deux femmes n'avaient été que souffrance l'une pour l'autre ; par-delà sa mort, elles allaient s'unir dans le culte et la mémoire de celui qu'elles avaient également et tant aimé. Sans les enfants, le rapprochement n'aurait pu se produire, mais Denise et Jacques, pour qui Alexandrine jouait déjà le rôle d'une grand-mère ou d'une tante aimante et attentive, permettaient d'abolir rivalités et interdits.

Peu de temps après l'enterrement, Alexandrine prit contact avec Jeanne. Elles seraient deux à aimer les enfants et à veiller sur eux. En lui ouvrant sa porte, Jeanne tremblait de toute la culpabilité avec laquelle elle avait vécu pendant quatorze ans. Alexandrine lui parut fidèle à l'image qu'elle avait conservée d'elle. Une femme forte, droite, déterminée, généreuse ; une femme de tête et de cœur. Une femme fragile en quête d'amour. Jeanne, affreusement intimidée, ne put guère que l'écouter, la remercier, lui offrir le thé comme à une vieille amie. Le thé !

Ce même thé qu'elle avait servi tant de fois à Émile, c'était maintenant l'épouse qui le buvait. Comme si Alexandrine avait saisi le sentiment de Jeanne, elle lui fit comprendre qu'elle serait là, succédant à Émile, pour les aider et les aimer. Jeanne lui parla avec franchise.

— Je comprends mal votre geste.

— J'agirai au nom d'Émile en chérissant ses petits. Il continue à vivre à travers ses enfants. Et puis, je les aime déjà comme s'ils étaient les miens. Je veux être là pour vous trois, pour lui, mais aussi pour moi…

Les faits suivirent les intentions. Alexandrine constitua un conseil d'amis, parmi lesquels Alfred Bruneau et Fernand Desmoulins, qui se réunit une seule fois à la mairie de l'Élysée, sous la présidence d'un juge de paix, afin d'établir certaines dispositions en faveur des enfants. À la sortie de la séance, Alexandrine et Jeanne s'éloignèrent côte à côte, comme des complices, discutant avec gravité de l'avenir de « leurs » enfants.

Jacques allait bien malgré lui resserrer davantage ces liens inattendus. Les petites toux, le manque d'appétit dont son père s'était inquiété avaient maintenant un nom : la tuberculose. Une tuberculose osseuse qui avait atteint son bras et, plus légèrement, ses poumons. Au fil de l'hiver, sa santé s'était considérablement dégradée. Son bras lui faisait mal et l'empêchait souvent de dormir. Puis la fièvre s'éleva de façon inquiétante. Au printemps, Jacques était très malade et Jeanne dut le soumettre à des traitements parfois pénibles. Il redoutait les bains froids destinés à faire baisser sa fièvre, Jeanne devait faire preuve de persuasion.

— Tu verras, Jacques, tu te sentiras bien mieux après. Sois courageux, je t'en prie. C'est pour que tu guérisses !

Quand cela ne suffisait pas, elle prenait son fils contre elle, le berçait comme un bébé tout en flattant l'homme en devenir.

— Tu auras bientôt douze ans ! Si tu te laisses soigner, tu nous prouveras que tu es déjà un homme !

L'argument portait et aidait Jacques à supporter ses maux. Chaque jour, Jeanne relevait et notait la température de son fils, avant et après le bain et à différentes heures de la journée. Elle en rendait scrupuleusement compte à Alexandrine, avec le plus d'optimisme possible. Mais, bientôt, il fallut envisager une cure dans une station hospitalière. Celle de Berck était renommée. Son climat marin, son air iodé, la réputation des sommités médicales qui y exerçaient en faisaient un des lieux privilégiés du traitement de la tuberculose. En septembre, Jeanne y conduisit Jacques pour environ deux semaines. Malgré les conseils d'Alexandrine, qui lui recommandait d'y passer l'hiver, elle rentra à la fin du mois, ne voulant pas empêcher Denise de reprendre ses cours. Mais elle commença à rechercher un chalet à louer pour le prochain séjour, sachant bien que leur vie à tous les trois se déroulerait maintenant, et pour un bon moment, entre Paris et Berck. La maladie de Jacques mobilisait toute l'énergie, toutes les pensées de sa mère. Veiller à l'organisation et à la bonne exécution des soins, c'était se battre pour la guérison de son fils qu'elle chérissait de toute son âme, mais c'était aussi entendre battre encore le cœur d'Émile, sentir son souffle contre elle. Elle attendait chaque soir d'être couchée pour lui parler, pour partager avec lui ses inquiétudes et ses espoirs, pour l'aimer comme si la nuit des vivants s'ouvrait à celle des morts. Elle s'enfonçait dans l'oreiller comme elle s'était si souvent blottie contre son épaule et lui promettait l'inextinguible force de son amour. Et chaque nuit renouvelait de la même façon cette secrète célébration de noces funèbres.

Le jour, c'était en communion avec Alexandrine que Jeanne réenchantait ses heures avec Émile. Alexandrine, qui lui fit parvenir un paquet : « Voici une petite branche de pélargonium, je viens de la cueillir sur notre chère tombe, partagez-la avec nos chers enfants ; [...] vous devez être vous et lui à la fois pour eux. » Notre tombe, nos enfants : les deux femmes s'étaient unies dans la douleur, et si, du vivant d'Émile, elles s'étaient partagé leur « grand homme » malgré elles, dans la souffrance, elles partageaient maintenant leur amour et leur culte pour celui que chacune contribuait à garder vivant pour l'autre. En s'ouvrant à elle, Alexandrine lui avait aussi ouvert la porte de ses amis, de ceux qui, jusqu'à la mort d'Émile, s'étaient rangés dans son camp. Jeanne et les enfants, à qui elle avait présenté les Bruneau lors d'un concert au Trocadéro, fréquentaient maintenant, outre les Bruneau, les Charpentier et les Fasquelle. Les enfants étaient invités à goûter chez les uns et les autres, et c'est Alexandrine qui réalisait ce que Zola n'avait pas pu faire : légitimer aux yeux du monde son second foyer.

La reconnaissance, la légitimité, mais aussi l'aide matérielle. Jeanne devait en effet à Mme Zola le versement par Eugène Fasquelle d'une rente de six mille francs par trimestre, ce qui la délivrait des inquiétudes matérielles mêlées au chagrin après la mort d'Émile. Les questions s'étaient bousculées dans sa tête : qu'allait-elle devenir ? Elle s'était imaginée reprenant son ancien métier. Mais comment un misérable salaire de couturière financerait-il les études de ses enfants ? Même en vendant ses bijoux et les plus beaux objets offerts par Zola, même avec l'assurance qu'avait souscrite Émile pour elle et les enfants, ils seraient exposés à la pauvreté, eux qui avaient été si gâtés. Grâce à Mme Zola, tous ces soucis s'étaient envolés, d'autant plus qu'Alexandrine prenait en charge l'éducation de Denise et Jacques. Lorsque Jeanne avait dû quitter son appartement de la rue du Havre, dont le loyer était devenu trop coûteux, pour un autre, plus petit, au 80, rue Blanche, Alexandrine avait tenu à payer les frais du déménagement.

Mais la reconnaissance n'excluait pas l'embarras, car Jeanne avait le sentiment de redevenir la jeune femme de vingt et un ans recevant sa rétribution de Mme Zola, la remerciant pour ses bontés. Elle payait le prix de sa tranquillité par le mordant de l'humiliation et de la soumission, et cherchait des aménagements pour en souffrir le moins possible. Elle écrivit à Alexandrine :

Je vous remercie bien vivement pour la question argent. Les six mille francs que vous me proposez nous suffiront grandement. Vous serez donc bien gentille en donnant des ordres pour que tous les trois mois je n'ai [e] pas besoin de demander ; car je vous avoue que cela a été pour moi très pénible d'exposer ainsi notre situation.

C'est en fait de grand cœur et tout naturellement – ce qui pourtant n'avait rien de naturel – qu'Alexandrine se porta au secours de Jeanne, alors qu'elle-même se trouvait dans une situation financière délicate, avec les retombées de l'Affaire, les romans de Zola qui se vendaient moins, et son statut de veuve qui ne lui permettait plus de maintenir le même train de vie. En retour, Jeanne faisait don à son ex-rivale de deux enfants à travers lesquels son mari vivait encore et grâce à qui sa vie gardait un sens. Au-delà des conventions, au-delà des blessures passées, l'épouse, la maîtresse et les deux enfants formaient une nouvelle famille.

3

Fièvres

Pour Denise et Jacques, la mort du père et la maladie avaient accéléré le temps. L'heure n'était plus aux querelles d'enfants. La sœur avait fait place à la mère, et Denise veillait sur la santé de son frère comme une seconde maman, attentive et inquiète. Le rôle s'était d'ailleurs imposé naturellement face à un Coco qui ne l'embêtait plus, trop fatigué et trop souvent malade pour cela. Le jour si souvent rêvé par Jeanne d'une maison sans dispute ni bagarre était arrivé, mais il n'avait pas apporté le soulagement espéré.

Jacques ne pouvait plus suivre sa scolarité au lycée. Le docteur Pierre, qui le soignait, s'y opposait. Alexandrine avait contacté un professeur du lycée Condorcet, M. Lafargue, pour qu'il donne des cours particuliers à Coco. Le petit garçon n'aimait pas plus ce professeur que les autres, et si la maladie lui avait fait don de la sagesse, elle ne lui avait pas pour autant transmis le goût de l'instruction telle qu'elle était pratiquée. Il renâclait à suivre ses cours, et Jeanne se sentait incapable d'exiger de son « pauvre Coco » un travail plus soutenu. Elle était encore plus désarmée face aux médecins et à la diversité des traitements. La tuberculose, qui avait atteint le bras, avait provoqué plusieurs abcès qu'il avait fallu ouvrir et qui tardaient à se refermer. Aux remèdes « classiques », massages, électricité, pansements au Naphtol camphré, Jeanne avait choisi d'ajouter les piqûres des Drs Marmoreck et Hauser, qui divisaient le milieu médical. Un sérum un peu mystérieux administré au moyen d'une quinzaine de piqûres au ventre… Desmoulins, qui avait assisté à la première injection, approuvait le traitement ; le Dr Delineau n'était pas contre. Alexandrine, en revanche, se ralliait à l'avis du Dr Pierre et à l'Institut Pasteur, niant l'efficacité du sérum. Jeanne voulait y croire : après tout, les autres soins ne guérissaient pas plus vite son enfant. Mais l'état de Jacques s'aggrava, et le traitement dut être interrompu. Avec les montées de fièvre, les bains froids devinrent plus fréquents. Jacques devait être porté dans la baignoire, ce dont Jeanne ne pouvait se charger seule. Coco s'était révolté quand sa mère lui avait proposé de se faire aider par une infirmière.

— Pas une infirmière ! Je n'en veux pas ! Les infirmières, c'est des sorcières qui ne pensent qu'à faire souffrir. Je préfère mourir !

Pudeur d'un garçon de treize ans, représentations faussées par elle ne savait quel préjugé ? Jeanne ne comprit jamais pourquoi son fils manifestait une telle panique à l'idée d'être assisté par une infirmière. Et elle ne put le convaincre d'accepter. Jacques voulait que ce soit Jules, le valet de chambre d'Alexandrine, qui vienne à l'heure du bain. L'affaire fut arrangée. Le fidèle Jules accepta, avec un dévouement presque paternel, de venir toutes les trois heures porter Jacques pour son bain. L'« effet Jules » fut miraculeux car avec lui, Jacques se montrait d'une docilité d'ange. Hélas, les baisses de température obtenues grâce aux bains étaient souvent de courte durée. Jeanne confiait son inquiétude à Alexandrine.

— Je suis dans une inquiétude mortelle pour la vie de mon pauvre enfant. […] Il est si beau et si bon. Je lui ai coupé ses jolis cheveux pour lui verser de l'eau froide sur la tête.

Au mois de mai, Jeanne s'installa à Berck, confiante. Elle avait loué une maison agréable, abritée du vent, mais sans autre cheminée que celle de la cuisine. Il ne fallait pas se montrer trop difficile, car Berck était une station très fréquentée. Elle avait emporté une bonne provision de couvertures de laine et de couvre-pieds et, par chance, il faisait très beau. Le temps doux et le soleil l'aidaient à nourrir ses espoirs. Après la mort d'Émile, la vie de Jeanne s'était à tout jamais fermée au désir, à la lumière, à l'avenir. Si elle n'espérait plus rien pour elle, si elle se contentait de vivre pour ses enfants, à la lisière des jours, la maladie de Jacques avait rempli le vide de son âme. Le séjour à Berck aurait pour elle une fonction de passage : celui de la maladie à la guérison, mais aussi d'un avant sans horizon à un après effleuré par une nouvelle lumière.

Une vie de villégiature s'ouvrit dans un mélange insolite de plage et d'hôpital, de visages du cru durcis par le travail et de mines étrangères, amollies par la maladie, de soins médicaux et de promenades entre amis. L'année précédente, elle avait déjà eu un aperçu de cette petite ville qui hésitait entre deux vocations : la pêche et la médecine. Berck-Plage s'était adaptée à une clientèle plus parisienne, plus aisée, et sa rue commerciale principale, la rue Carnot, offrait de jolis commerces, des boutiques de modes et ouvrages de dames à l'imprimerie-librairie, en passant par les restaurants et les épiceries. Les commerçants avaient leurs célébrités. Tout le monde connaissait le magasin du père Kilomètre à l'enseigne alléchante :

Au rendez-vous des enfants petits et grands
La renommée de Berck ce sont les kilomètres
Goûtez et appréciez.

Le père Kilomètre avait été surnommé ainsi en raison de ses sucres d'orge qui pouvaient s'étirer sans fin. Impossible de les couper en deux ; plus on tirait sur les deux bouts, plus ils s'allongeaient. Le père Kilomètre ne travaillait pas que dans sa boutique. Il arpentait les plages aux beaux jours avec sa marchandise, et ce gros bonhomme à moustache, portant toujours la même casquette, le même panier en bandoulière, était la consolation des petits malades. Derrière le bonheur des enfants se livrait l'âpre concurrence des « kilomètres » et des « mascottes », une autre spécialité sous forme de gros bonbons fourrés à l'anisette, au chocolat et autres parfums. Les confiseries, les promenades sur la plage avec M. Georges et sa mère, les jeux de croquet et les moments de rêverie sous le parasol faisaient momentanément oublier les misères de la tuberculose.

Jeanne faisait preuve d'un optimisme entêté. Elle n'en démordait pas : les plaies étaient sur le point de se fermer. Déjà, elles étaient plus petites… « Ce n'est déjà presque plus qu'un mauvais souvenir », écrivait-elle à Alexandrine. Pourtant, la maladie s'obstinait autant qu'elle, bravant les traitements qui variaient au fil du temps. Jacques dut subir à même la plaie plusieurs injections d'une composition de vin préparé. L'une d'elles fut particulièrement douloureuse, deux petits fragments d'os étant sortis de son bras. La maladie se compliqua suite à une fièvre typhoïde contractée quelque temps auparavant, et qui avait fait pénétrer d'autres microbes dans la plaie. On envisageait maintenant un grattage de l'os. L'opération fut programmée quelques jours plus tard. Le mardi suivant, Jeanne se rendit à la clinique avec Jacques, aussi pâle et tremblante que son fils. Elle se demandait si c'était bien elle qui prononçait ces mots rassurants :

— Le docteur a promis que tu ne souffrirais pas. Tu ne vas même pas te rendre compte de l'opération et tu seras tout de suite en pleine forme pour jouer avec Hector.

Hector était le chien du propriétaire, un gros chien jaune aux yeux tristes et doux qui ne s'éclairaient que sous l'effet des paroles et des caresses. Jacques l'adorait et passait de longs moments à le câliner. Jeanne reconnaissait bien là son fils et celui d'Émile, leur amour des animaux ne s'était pas perdu. Denise, elle, avait le don de trouver les chats faméliques et perdus. Dès le début de leur séjour à Berck, elle avait recueilli une petite chatte souffrant d'un coryza, toute maigre et si frileuse que Jeanne lui avait confectionné un petit manteau à l'aide d'une chaussette, ce qui lui avait valu son nom. Ainsi réchauffée, nourrie de « lait de poule », Chaussette s'était remise et Jeanne envisageait, au grand bonheur des enfants, de l'emporter avec eux à Paris.

Jacques fut opéré à dix heures du matin. Les médecins eurent beaucoup de difficultés à l'endormir. La typhoïde avait aggravé le mal et les lésions étaient plus importantes que prévu. Il était temps que l'opération soit pratiquée. Jeanne passa la journée à la clinique, s'échappant juste à midi pour rassurer Denise, restée seule. À cinq heures, elle put rentrer avec son fils à la maison. Il se mit au lit dès son retour et vomit pendant deux jours à cause du chloroforme. Quand on retira enfin son plâtre, lourd et incommode, il fallut attendre la cicatrisation pour que l'enfant bouge ses doigts.

Jeanne lui faisait donner des cours trois fois par semaine par un professeur qui n'obtenait guère plus de résultats que M. Lafargue. Coco semblait aussi imperméable aux reproches qu'aux encouragements, et Jeanne s'en désolait. À l'inverse, Denise travaillait avec beaucoup de sérieux. Elle voulait absolument atteindre le niveau pour être présentée la même année au brevet. Son éloignement à Berck l'avait contrainte à prendre des cours par correspondance, et même les mathématiques, sur lesquelles « elle se rasait », lui valaient d'assez bonnes notes. Elle aussi bénéficiait de cours particuliers, une fois par semaine, mais, à la différence de son frère, loin de les subir elle les organisait elle-même, les dirigeait, même, en demandant au maître de revenir sur ce qu'elle avait mal compris, de l'aider à corriger ses faiblesses. Sa capacité d'initiative étonnait sa mère, même si elle savait bien qu'au fond Denise était comme elle d'une nature inquiète et angoissée, et que cette apparente détermination n'était peut-être qu'un moyen de dominer ses peurs.

Denise agissait avec sa mère comme elle le faisait avec son professeur. C'est elle qui décidait de ce qu'elle devait entreprendre et Jeanne n'y trouvait rien à redire car, à quinze ans, la jeune fille était déjà parfaitement capable d'organiser sa vie en se projetant dans l'avenir de façon responsable et réfléchie. Les cours par correspondance n'avaient fait que renforcer cette autonomie. Seulement, et surtout depuis qu'elle vivait à Berck, Jeanne se sentait un peu dépossédée de son rôle de mère. Elle était certes heureuse de la sagesse si rapidement acquise de sa fille, d'autant plus qu'elle s'accompagnait d'un caractère bien trempé, voire d'une certaine insolence, mais elle se sentait déjà nostalgique de la petite Denise, celle d'avant, flottant encore dans les limbes de l'enfance.

Ce mois de novembre était exceptionnellement chaud, ce qui résolvait pour l'heure le problème du chauffage. Jeanne laissait même les fenêtres ouvertes toute la journée, convaincue qu'avec une telle douceur Jacques guérirait encore plus vite. Pendant que Denise restait à la maison pour faire les devoirs qu'elle devait envoyer régulièrement aux professeurs, avec la seule compagnie de Chaussette qui ne la quittait pas, Jeanne partait en promenade avec Jacques, et parfois avec Hector qui filait avec eux dès que son maître avait le dos tourné. Quand le chien était là, c'était le Coco au bon cœur, le Coco turbulent et tendre que Jeanne avait à ses côtés. Mais quand ils n'étaient que tous les deux, c'était un Jacques insaisissable et secret, perdu dans elle ne savait quel lointain, qui marchait avec elle. Dans ces moments-là, il lui faisait penser à Émile et à ses tête-à-tête douloureux avec lui-même. Jeanne observait son profil un peu buté, son regard sombre, presque dur, sur les gens qu'il croisait, sur les pêcheurs ou sur l'église de Berck-Ville, sur rien. « Un taiseux », aurait dit son arrière-grand-père. Jeanne se demandait quelle plante mauvaise poussait dans son jardin trop secret, de quels souvenirs blessés, de quelles amertumes il avait été nourri. Peut-être ce jardin renfermait-il un trop grand amour pour sa mère, un amour qui n'avait pas su s'accommoder des frustrations et des douleurs maternelles. Et la maladie n'avait fait qu'allonger les ombres sur cette nature trop sauvage. Jeanne avait cessé de rappeler à son fils, pour l'encourager à se battre contre la maladie, combien les amis pensaient à lui, quels petits mots affectueux il recevait de Desmoulins, des Bruneau, des Fasquelle, des Charpentier, des Jourdain, des docteurs qui s'étaient occupés de lui. Cela semblait l'agacer plutôt que le réconforter, et il fallait le prier cent fois de répondre gentiment et de remercier pour les attentions, les petits cadeaux parfois reçus. Fasquelle, justement, allait leur rendre visite à Berck, et Jeanne avait prudemment préparé le terrain.

— Jacques, je ne te demande pas grand-chose. Ne fais pas ton sauvage et ne t'énerve pas quand il prendra des nouvelles de ton bras. Il vient pour cela, parce qu'il a beaucoup d'affection pour toi. Il est votre tuteur et il fait beaucoup pour nous, ne l'oublie jamais.

Pour une fois, Jacques fut obéissant. Il fit bonne figure et n'eut d'ailleurs pas grand mérite, la visite d'Eugène Fasquelle, qui apporta par ailleurs un grand sac de chocolats, ne devant durer qu'une heure. Le mois suivant, ce fut au tour d'Alexandrine de rejoindre Jeanne et les enfants à Berck. Jeanne lui avait proposé de loger avec eux.

— Jacques veut vous offrir sa chambre !

Mais Alexandrine ne voulait pas « déranger », et elle s'installa à l'hôtel de la Terrasse. Jeanne se rendit compte pour la première fois de la distance que Jacques avait établie envers elle. Sans doute encore cet amour trop exclusif pour sa mère qui lui faisait considérer l'épouse de son père en rivale, comme elle l'était pour Jeanne du vivant de Zola ! Elle était toujours « la dame » généreuse et gentille, une « bonne amie » certes, mais dont la place restait à l'extérieur de la famille. Jeanne avait bien vu, quand Alexandrine était descendue du train, comment son fils lui avait tendu poliment sa joue, sans élan et sans joie. Elle avait vu aussi toute la différence avec Denise, dont le visage s'était éclairé à la vue de Mme Zola, qui s'était jetée dans ses bras et laissé embrasser avec contentement, joyeuse et bavarde. Le regard de Jeanne avait un instant rencontré celui de son fils. Elle s'était contentée de lui sourire tristement. Jacques s'était alors approché d'Alexandrine, lui avait pris l'autre bras en lui demandant si elle ne souffrait pas trop de ses jambes.

— Tu es un bon garçon, lui avait-elle répondu.

Jeanne savait bien qu'il ne manquait pas de cœur, son Coco ! Mais son difficile apprentissage de la vie s'accordait mal avec sa sensibilité d'écorché et sa nature taciturne.

Alexandrine avait vu les médecins, elle les avait interrogés sur l'évolution de la maladie, sur l'état de la plaie dont elle avait pu elle-même constater l'amélioration. Elle avait félicité Denise pour son courage et son sérieux, avait bavardé avec elle d'égale à égale, s'amusant des mots argotiques de « Nisette », surnom qu'elle lui avait attribué, fidèle au langage de la jeune génération. Elle gronda un peu Jeanne à cause de son manque de fermeté à l'égard de Jacques.

— Il faut contrôler son travail scolaire, exiger plus de lui. Je sais bien qu'il se fatigue assez vite et qu'on ne peut pas trop lui demander pour l'instant, mais son emploi du temps est déjà aménagé en fonction de sa santé. Il y a bien des moments où il peut travailler, soigner ses devoirs ! Vous devez être sa mère et son père et ne pas vous laisser mener par le bout du nez !

Jeanne eut un geste d'impuissance.

— Je suis incapable de sévérité. Je n'arrive pas à le gronder, encore moins à le punir !

— Vous savez, Jeanne, ce n'est pas en combattant sa paresse que vous serez moins aimée. C'est tout le contraire. S'il ne fait rien de sa vie alors qu'il est intelligent, il vous le reprochera plus tard !

Jeanne savait bien qu'Alexandrine avait raison, mais elle n'osait pas lui dire que ses complexes quant à sa propre éducation étaient un frein à ses exigences à l'égard de ses enfants.

Alexandrine venait d'être secouée par la mort de Marguerite Charpentier. Sans le vouloir, Jeanne avait été, quelques années plus tôt, à l'origine de leur brouille, Alexandrine ayant reproché au mari de son amie de l'avoir trahie en rejoignant Émile *et* Jeanne en Angleterre. Les deux femmes s'étaient finalement réconciliées et elles avaient travaillé ensemble au service de la Pouponnière créée par Marguerite, une œuvre de bienfaisance destinée à venir en aide aux mères seules et démunies et aux enfants en bas âge. Jeanne était triste pour Alexandrine, mais elle éprouvait aussi le chagrin de qui vient de perdre un proche. Émile lui avait beaucoup parlé des Charpentier, qu'elle avait par ailleurs bien connus, et avec la mort de Marguerite, c'était tout un pan du passé d'Émile et du sien qui tombait. Lors d'une promenade le long de la rue de l'Impératrice et de la place de l'Entonnoir, Alexandrine lui confia sa peine. Jeanne lui prit le bras et le garda enlacé au sien cependant qu'elles suivaient lentement *leurs* enfants.

4

Denise et Jacques Émile-Zola

Jeanne avait fêté la nouvelle année 1905 armée des vœux qu'elle formait pour ses enfants, la guérison de Jacques, le brevet pour Denise, mais ce fut la mort encore qui inaugura le mois de janvier. Le 6, Élisabeth, à soixante-dix ans, s'éteignait à son domicile de Courbevoie. Au chagrin de Jeanne s'ajoutait un sentiment de culpabilité. Les problèmes de santé de Jacques l'avaient éloignée de sa tante, elle ne l'avait pas accompagnée dans ses derniers moments, et celle qu'elle aimait tant depuis ses quinze ans était morte sans elle. Jeanne cessa d'envisager cette nouvelle année comme une promesse. Le mois suivant, avec ses enfants, elle regagna Paris. Ce départ ne traduisait pas, hélas, la guérison attendue. Jeanne avait beau répéter que Jacques allait de mieux en mieux, sa plaie ne cicatrisait pas. Les fongosités continuaient à apparaître et le médecin devait les recouvrir de cristaux pour les cautériser. Le séjour à Paris ne serait donc qu'une parenthèse, avec le prétexte de la représentation, à l'Opéra-Comique, de *L'Enfant roi,* dont Bruneau n'avait achevé la partition qu'après la mort du romancier. La date de la première n'était pas encore fixée : fin février ou début mars...

Jeanne décida de rentrer le 19 février. Denise comptait les jours qui la séparaient de « sa rentrée ». À son excitation joyeuse, son application à rayer les jours sur son calendrier, où le 19 était encadré de rouge, à ses battements de mains intempestifs, Jeanne voyait combien la vie parisienne manquait à sa fille, même si celle-ci ne se plaignait jamais. Souvent, elle comparait la jeunesse de Denise à la sienne. Quand elle la regardait jouant au tennis avec des amis plus âgés venus en vacances à Berck, elle se voyait elle-même à quinze ans, trimant dans son atelier, côtoyant chaque jour des femmes grises, des filles sans jeunesse, sinon le temps d'un bal. Elle pensait à ce qu'auraient été ses enfants si elle avait épousé un homme de sa condition : leurs habits, leur façon de parler, leurs projets sans horizon, leur vie toute tracée, réglée définitivement dès quinze ans... Elle, au moins, pouvait rêver à l'avenir de sa fille, même si Denise n'avait pas tous les atouts en main.

Jeanne admirait l'énergie qu'Alexandrine déployait pour l'organisation du spectacle, les invitations, les répétitions, les dates... Elle avait même proposé de faire confectionner par sa couturière la robe que Denise porterait pour la première. Elle en avait choisi le tissu, la façon, et prévoyait déjà les essayages. Jeanne s'amusait des descriptions précises, du vocabulaire de couturière qu'Alexandrine utilisait dans ses lettres à Denise : « Corsage de même plissé [que la jupe], le haut faisant guimpe, au-dessous de cette guimpe, un volant donnant l'aspect d'une berthe. [...] Manches plissées, avec une engageante de deux petits volants garnis du même petit ruban de satin. » Denise n'y comprenait rien... Nouvelle génération de jeunes filles ne connaissant plus grand-chose à la couture. Différence d'origine sociale aussi : Alexandrine et Jeanne, issues du même monde, avaient toutes deux été formées à la couture, seul moyen de gagner leur vie. Jeanne essayait d'expliquer, de traduire, mais la guimpe ou l'engageante restaient un mystère pour Denise.

Pas de jeune fille élégante sans corset. Dès son arrivée à Paris, Jeanne compléta les préparatifs d'Alexandrine, coordonna leurs interventions. Elle se chargea du « corset de jeune fille », car « pour une robe de jeune fille, il faut un corset en rapport », après quoi Alexandrine pourrait procéder aux essayages. « Dès le lundi matin, je la conduirai en acheter un, et l'après-midi elle sera à vous à partir de quatre heures. » Jeanne voulait aussi se faire belle pour la soirée. Il y avait si longtemps qu'elle ne s'était regardée ! Comme si Émile l'avait emporté avec lui, son corps lui était devenu étranger, fermé à la séduction, à la beauté, à la sensualité, à l'amour. Or, elle s'était surprise depuis peu à offrir son visage à la tendresse d'un rayon de soleil, à prendre Chaussette dans ses bras et à plonger son nez dans le parfum mielleux de sa fourrure tigrée. Pour la première fois depuis la mort d'Émile, elle se souciait de l'effet à produire auprès de ses connaissances et amis parisiens. Quelques jours avant le départ, elle se leva très tôt, nerveuse. Son café avalé, elle ouvrit en grand son armoire, inspectant ses toilettes, éliminant celles qui lui rappelaient trop de souvenirs, pour arrêter son choix sur un costume en cheviotte chocolat. Elle aimait beaucoup le corsage en soie ivoire recouvert de mousseline de soie plissée, la jupe ronde bordée de quatre rangs de galon mohair. Sa coquetterie ne s'était peut-être qu'endormie. Elle se dirigea, chargée de ses vêtements, vers la grande glace de sa chambre, plaça le corsage devant elle et se regarda. Ses yeux glissèrent de la mousseline à son visage et elle eut un choc. C'était elle, cette femme à l'allure vieillotte et au visage trop lourd, dont les contours s'étaient amollis et dont les plis d'amertume vieillissaient la bouche ! Alors qu'elle s'était sentie prête à soigner son apparence, voilà qu'elle la rejetait maintenant, en colère contre le temps qui avait profité de son absence au monde pour se venger de sa beauté passée. Que n'avait-elle continué à ne vivre qu'en tant que mère, sans jamais libérer la femme emprisonnée tout au fond d'elle-même depuis trois ans ! Elle jeta soie et cheviotte à travers la chambre et, soulagée que les larmes brouillent son image dans le miroir, alla s'installer dans le petit salon, prit le roman qu'elle avait commencé, sans parvenir à avancer dans sa lecture. Soudain, elle sentit quelque chose de doux se frotter contre ses jambes. Chaussette s'assit à ses pieds et plongea ses grands yeux verts dans les siens.

— Toi, au moins, tu t'en moques que je sois devenue laide et vieille... Allez, viens ma douce !

La chatte grimpa sur son épaule, et Jeanne se demanda pourquoi les chats choisissaient toujours l'épaule gauche pour ronronner à l'oreille des humains.

À Paris, Jeanne ne cessa de courir d'un rendez-vous à l'autre. La première eut lieu le 3 mars. Alexandrine avait réservé une loge pour Jeanne et ses amis, ainsi que des places pour les amis de Denise. Jeanne était sûre du succès de cette œuvre, mais elle n'en ressentait pas moins un trac aussi vif que si elle-même avait écrit cette comédie. Les chanteurs, l'orchestre furent très applaudis. Lorsque Bruneau vint saluer la salle, Jeanne se sentit défaillir : c'était Émile qu'elle voyait s'incliner sur la scène ! Une seconde d'illusion créée par l'étonnante ressemblance entre Bruneau et Zola.

Les jours qui suivirent furent un peu amers. Si la partition de Bruneau fut bien accueillie, la critique reprocha un excès de prosaïsme, des situations trop banales, la platitude du langage : « On chante le bottin. » Une autre déception nourrissait son amertume. Jeanne avait pensé que *L'Enfant roi* serait pour elle un moment fort de communion avec Émile. Ce fut le cas, mais cette présence fugace réveillée par les lumières de la scène fit dériver la douleur de l'absence vers une nostalgie désespérée. La donation de Médan le mois précédent avait déjà écorché sa mémoire : Alexandrine ne pouvant plus assumer l'entretien et les charges de la propriété, conseillée par Maurice Le Blond, elle avait renoncé à la vendre pour en faire don à l'Assistance publique. La maison deviendrait également un lieu de mémoire accessible aux visites. Le 23 février 1905, l'Assistance publique avait accepté la donation et y avait installé un établissement accueillant des nourrissons convalescents, qui avait pris le nom de fondation Émile-Zola. En 1903 déjà, Le Blond avait fondé le pèlerinage littéraire de Médan, qui réunissait chaque premier dimanche d'octobre les amis et admirateurs de l'écrivain. Jeanne préférait mille fois cette donation à une vente qui aurait définitivement refermé les portes de Médan, mais c'était tout de même une page qui se tournait. Elle avait beau se répéter que c'était bien ainsi, que la mémoire d'Émile en serait honorée, elle n'en éprouvait pas moins le sentiment que la maison ayant bouleversé son destin serait foulée par des pieds étrangers qui effaceraient toute trace de sa jeunesse.

Ce n'était pas la première fois que Jeanne entendait parler de Maurice Le Blond. Émile avait souvent évoqué ce jeune homme qu'il avait rencontré à la fin de l'année 1900 et dont il appréciait la modestie, la droiture et la rigueur, l'élégance et la discrétion. Avec Saint-Georges de Bouhélier, il était l'un des fondateurs du naturisme, courant de pensée et mouvement littéraire inspirés du naturalisme, mais prônant plutôt « l'émotion » que « l'observation », et la foi en l'homme. Cela n'empêchait pas Le Blond d'être un grand admirateur de Zola. Critique littéraire à *La Plume* et au *Radical*, il était entré en 1901 à *L'Aurore*. Zola, qu'il avait vu pour la dernière fois en juin 1902, lui avait à sa demande envoyé sa photographie. Jeanne, à l'époque, s'était sentie reconnaissante envers Maurice de son soutien pour Émile pendant l'affaire Dreyfus. Elle lui devait maintenant d'avoir été à l'origine des pèlerinages Zola. C'est lors du deuxième qu'elle l'avait rencontré, puisqu'elle n'avait pas eu la force d'assister au premier, et cette rencontre n'avait fait que conforter sa bonne opinion.

Cette broderie nostalgique avec le fil de ses souvenirs cessa aux premiers jours du printemps, à l'approche du brevet de sa fille, qui la fit revenir aux réalités du moment : Denise avait repris ses cours avec Mme Dieterlen et faisait vivre toute la maison, à l'heure des révisions, dans un climat pesant. Jeanne tentait d'adoucir au mieux son quotidien de labeur, veillant particulièrement à sa nourriture, lui épargnant toute contrariété. Bientôt, ce fut une explosion de joie. Denise fut reçue à son examen et l'heure, cette fois, fut à la fête et au soulagement. La fin d'un temps de travail qui, Jeanne ne cessait d'y penser, en ouvrirait un autre : celui du passage de la jeune fille à l'épouse. Le prochain grand événement serait son mariage. Encore une page qui serait tournée…

Alexandrine bouscula cet ordre prévisible dans les étapes d'un destin. Un an plus tôt, elle avait déjà informé Jeanne de sa volonté de faire porter à Denise et à Jacques le nom de leur père et, en novembre 1906, elle était prête pour lancer la procédure auprès du Conseil d'État. C'était le premier aboutissement d'un long chemin dont Jeanne avait été informée. Alexandrine avait dû en premier lieu faire la preuve, notamment par sa participation financière à l'éducation des enfants, du sérieux de sa tutelle officieuse. Après avoir fait publier un avis dans le *Bulletin des lois* et dans deux journaux d'annonces légales, elle avait adressé au ministère de la Justice une requête justifiant sa demande, accompagnée des pièces exigées. Le dossier avait d'abord été transmis à la chancellerie et il arrivait maintenant devant le Conseil d'État. C'était l'espoir, pour Jeanne, de voir aboutir ce qu'elle avait longtemps et ardemment désiré pour ses enfants : le nom du père, l'assurance pour eux d'être enfin officiellement reconnus comme les enfants du maître. Outre l'amour de leur père qu'ils portaient déjà en eux, ils porteraient aussi, si tout allait bien, la gloire du romancier. Ce nom leur donnerait des droits, les protégerait, réparerait leur enfance illégitime. Jeanne était reconnaissante à Alexandrine pour ce geste moralement et matériellement généreux, car la procédure était fort coûteuse. Elle tint à lui exprimer ses remerciements :

Chère Madame,

Je vous remercie bien vivement de vous occuper de façon aussi active afin que nos enfants aient le nom de leur cher papa. C'était un de ses désirs, car il s'en était déjà occupé lui-même, mais le sort a voulu qu'il ne puisse pas jouir de ce bonheur. Mais puisque vous avez bien voulu pousser la bonté de le remplacer auprès de ses chers enfants, je serai particulièrement heureuse le jour où vous aurez enfin réussi à donner à nos chers enfants (sic) le nom glorieux de Zola. J'espère qu'ils sauront le porter dignement et vous entourer de leur tendresse et de leur reconnaissance. Car ce grand nom, c'est à vous qu'ils le devront. Et je souhaite que vous et moi nous ayons encore de longues années à être auprès de nos enfants et à veiller sur eux, car vous et moi sommes toute leur famille, ils seraient bien seuls si nous leurs manquions.

Je vous embrasse.

J. Rozerot

Dès lors, Jeanne se tint prête, comme Alexandrine l'en avait informée, à se rendre aux convocations pour informations et signatures, et il ne fut plus question que d'attendre.

Une autre attente, d'importance pour Jeanne, pour Alexandrine, pour tous leurs amis, mais aussi pour la nation tout entière, avait pris fin l'été précédent avec la réhabilitation d'Alfred Dreyfus, le 12 juillet 1906. La révision avait déjà été décidée en 1903, mais il avait fallu attendre trois ans pour que la Cour de cassation décide l'annulation sans renvoi du jugement de Rennes et prononce l'arrêt qui réhabilitait pleinement Alfred Dreyfus. Le 13 juillet, Dreyfus était élevé au grade de commandant, cependant que Picquart recevait le titre de général, et le 21, il était fait chevalier de la Légion d'honneur dans la cour de l'École militaire. C'était donc décidément le temps des réparations. Jeanne avait partagé ce moment solennel avec ses enfants.

— Jusqu'à aujourd'hui, le combat de votre père n'était pas achevé. Justice lui est rendue à lui aussi.

— Quatre ans après sa mort ! avait déploré Jacques. Il n'est plus là pour s'en réjouir !

— Je ne le sais que trop. Mais justice est faite enfin, grâce à lui et au-delà de lui, pour toujours. C'est un des plus beaux hommages qui pouvaient lui être rendus.

De l'officiel au particulier… Jeanne trouvait là un argument supplémentaire pour tenter de secouer son fils.

— C'est pareil pour toi, Jacques. Ton père n'est plus là pour juger ton travail, mais tu dois faire honneur à sa mémoire et travailler. En te moquant de tes leçons, tu te moques de lui !

Ce discours-là n'avait guère plus porté que les autres et Jeanne se sentait impuissante à motiver son fils. Quelques mois plus tôt, elle s'était fait vertement gronder par Alexandrine, à qui elle avait envoyé les mauvaises notes de Jacques. « Tâchez donc qu'il fasse quelques efforts avant les vacances car je crains qu'il ne soit obligé de doubler sa quatrième. […] Lorsqu'il était malade, j'étais la première à le laisser à ne rien faire, mais maintenant, il est impardonnable de retarder ses études par sa faute. Il faudrait le stimuler un peu pour qu'il ne nous fasse pas paraître posséder un gentil garçon, mais qui n'est qu'un cancre. »

Lorsque Jeanne avait prié Alexandrine d'user de son influence pour convaincre Jacques de travailler, « Bonne Amie » l'avait sermonnée. « Comment voulez-vous que j'aie une influence sur nos enfants si vous n'arrivez pas à en avoir, vous qui êtes leur mère ? Ils devraient vous obéir et respecter toutes vos volontés. »

Un motif d'importance pour stimuler l'amour-propre et la motivation de Jacques au travail scolaire allait intervenir dès le lendemain de la réhabilitation de Dreyfus : la proposition de loi déposée le 13 juillet par le député du Cher, Jules-Louis Breton, et adoptée sans débat, concernant le transfert des cendres d'Émile Zola au Panthéon. En apprenant la nouvelle par Alexandrine, il sembla à Jeanne que son chagrin ensommeillé par le temps était entaillé d'une nouvelle blessure. Émile allait leur être arraché une seconde fois. Des images terribles d'exhumation se bousculaient dans sa tête. La hantise du manque, aussi. Elle ne pourrait plus fleurir « sa chère tombe », ni s'emplir, recueillie devant le marbre, de l'illusion d'une présence.

La lettre d'Alexandrine avait été reçue avec la même émotion et la même gravité par Denise et par Jacques, en vacances à Berck avec leur mère. Coco baissa la tête sans rien dire. Denise regarda sa mère en tentant de sourire, mais c'étaient les larmes qui avaient accompagné ses mots.

— C'est un grand bonheur pour nous, pour Bonne Amie, pour nos amis. Je suis si contente...

La fin de sa phrase s'acheva dans les sanglots. Jeanne comprenait tellement ce que ressentait sa fille ! Elle la prit contre elle pour la réconforter mais, le visage enfoui dans les longs cheveux de Denise, elle ne savait plus qui consolait l'autre. Elles restèrent un moment entrelacées, se berçant l'une l'autre, puis Jeanne regarda son fils, resté silencieux, frottant machinalement son bras. Elle se dirigea vers lui, lui caressa la joue, puis désigna la fenêtre du menton.

— Allez, l'air marin va nous remettre. On va marcher, ça nous fera du bien.

Jacques sourit à cette mère qui se soignait toujours en marchant.

1906, une année de bouleversements qui fut celle aussi de la nomination de Clemenceau à la présidence du Conseil. Il allait en découler deux décisions touchant Jeanne et ses proches : la promotion de Picquart en octobre au titre de ministre de la Guerre, et la nomination de Maurice Le Blond au poste de chef du secrétariat particulier de Clemenceau.

Il fallut attendre l'année suivante pour que se concrétisent les démarches entreprises par Alexandrine au sujet du nom de Denise et Jacques. Un décret accorda à ces derniers, dans le cadre du relèvement d'un nom illustre, le droit de porter celui de leur père. Selon l'usage sous la Troisième République, ils allaient porter, accolés par un trait d'union, le prénom et le nom de leur père : Denise et Jacques Émile-Zola. C'est donc avec leur nouvelle identité que, cet été-là, Denise et Jacques accompagnèrent leur mère à Rouvres. Comme c'était le cas depuis plusieurs années, Jeanne partit pour un petit séjour « au pays » avec les enfants. Après la mort de Zola, elle avait resserré les liens avec sa famille. Longtemps, elle avait laissé Rouvres le plus loin possible derrière elle ; elle y revenait maintenant avec la volonté de renouer avec ses origines. Au fond, elle n'avait jamais oublié ses demi-frères et sœurs, le « petit Léon », Marie-Anne et les autres. Son père était maintenant âgé de soixante-treize ans. Jeanne voyait bien que Denise et Jacques, qui l'avaient peu connu pendant leur petite enfance, se sentaient assez loin de ce vieil homme usé, rude, parlant peu, ayant toujours vécu dans un autre monde que le leur, eux qui n'avaient connu que les mots tendres, l'aisance matérielle, les belles toilettes et les vacances à la mer. C'était plus « un » grand-père que « leur » grand-père. En revanche, c'est avec joie qu'ils retrouvaient Léon, « l'oncle aux sabots » comme disait Jacques. Ses vingt-neuf ans, sa bonhomie, son accent bourguignon très rocailleux, sa nonchalance, qui ne l'empêchait d'ailleurs pas de travailler du matin au soir, expliquaient l'affection que lui vouaient Denise et Jacques. Sans doute aussi avaient-ils en eux l'attachement de leur mère pour ce frère qui l'avait toujours aimée et qui avait pleuré son départ pour Paris. Une génétique de l'amour que Jeanne trouvait émouvante.

L'ordinaire des campagnards faisait le bonheur des petits Parisiens Plaisir de boire « le lait de la vache à Léon », versé directement du bidon en fer où il avait été recueilli dans des bols blancs en faïence épaisse, plaisir d'aller donner à manger « au cochon de Léon » dans son petit enclos, juste en face de la maison de l'oncle. Plaisir suprême lorsque, parmi les quelques chats de Léon, surtout tolérés parce qu'ils chassaient les rongeurs des réserves de grain, une chatte avait la bonne idée de faire ses petits dans la grange. Jeanne lui préparait chaque jour un « bon lait de poule », un ou deux jaunes d'œufs battus dans du lait avec un peu de sucre pour « requinquer la pauvre bête », et elle allait avec Denise et Jacques le porter à la mère chatte sous l'œil outré de Léon qui ne comprenait pas qu'on puisse nourrir un animal qui n'était pas destiné à être mangé. Assoiffée par la mise bas, la chatte buvait tout avec des yeux noyés dans la douceur de ce lait nourrissant. Les enfants passaient plus de temps chez leur oncle que dans la maison de leur grand-père. Jacques, surtout, le suivait partout et passait de longs moments avec lui dans son atelier. Léon fabriquait des « sabots du dimanche » qu'il décorait de motifs sculptés. Aucune paire n'était semblable à une autre, et ses décors avaient fait sa réputation. Jeanne aussi aimait bien le voir travailler. Les clients lui apportaient des billes de tilleul, de hêtre, de fruitier – « jamais de chêne ! » – dans lesquelles il taillait les sabots à la taille exacte des pieds. Léon menait de front ses activités de sabotier et d'agriculteur. Il avait acheté quelques petits domaines cultivables, dont la Vaise et la Grande Margelle, tandis que sa femme s'occupait chez elle de gamins placés par l'Assistance publique. Jeanne avait du mal à comprendre comment ce frère blagueur, chaleureux et aimant, tout particulièrement avec les enfants, pouvait en même temps se montrer aussi dur avec son père et certains membres de sa famille. Curieux tissage de soie et de chanvre... Cet homme en apparence simple et bon était plus énigmatique qu'il n'y paraissait. Son épouse, Anne Garreau, avait accouché quelques années plus tôt d'un bébé mort-né, et le couple n'avait jamais pu avoir d'autres enfants.

Jeanne voyait Denise et Jacques s'amuser de tout : aller chercher l'eau au puits, participer au salage des harengs dans de petits tonneaux, à la cuisson du pain tous les huit à quinze jours, et elle ne pouvait s'empêcher de penser que ce que ses enfants vivaient aujourd'hui comme un jeu d'été leur laissait, à elle et à Cécile, le goût amer des mauvais jours. Dans le train qui les reconduisait à Paris, Jeanne observa Denise et Jacques, saisie d'un trouble en les voyant à nouveau dans leurs beaux habits de ville, quittant ces « vacances à la ferme » en petits citadins ayant bien profité du bon air de la campagne, le visage maintenant tourné vers leur avenir. Des petits Parisiens gâtés par la vie, mais qui avaient aussi leur lot de blessures. Jacques n'était pas encore déclaré guéri, et son bras réclamait toujours des soins à Berck. Mais on commençait à parler de la tuberculose au passé et à envisager pour lui une jeunesse lavée de ses douleurs, portée par un nouveau souffle, une jeunesse invitée par la vie.

5

Derniers feux

Lorsque la décision de transférer les cendres de Zola au Panthéon fut entérinée par le Sénat, Jeanne eut l'impression de revivre l'Affaire. Avec les débats houleux qui avaient précédé le vote, la campagne de l'Action française par affiches et les insultes d'une presse opposée au transfert, Jeanne mesurait combien la France était encore engluée dans la haine et la violence antisémites. La hargne des « anti » ne s'était pas affaiblie ; les antidreyfusards poursuivaient leur œuvre. D'ailleurs, l'application de la loi ne cessait d'être retardée. Un an après sa promulgation, elle ne l'était toujours pas.

Au printemps 1907, les journaux annoncèrent que le transfert aurait lieu dans la seconde quinzaine de juin. La nouvelle ayant été confirmée par Desmoulins qui la tenait de Clemenceau, Alexandrine informa Jeanne et les enfants de tous les détails concernant la cérémonie. Desmoulins, Duret et Bruneau étaient chargés par le ministre de l'Intérieur de participer à sa préparation. Alexandrine avait déjà promis à Jacques qu'elle lui obtiendrait un jour de congé si elle avait lieu en semaine, quand, nouveau grain de sable, le budget n'étant toujours pas voté, la cérémonie se trouva encore ajournée. Le cœur de Jeanne pensait à contre-tête. Au fond d'elle-même, elle était soulagée de ces atermoiements qui retardaient ce qu'elle redoutait comme une épreuve. Mais il était usant de voir sans cesse différé un honneur suprême pour ses enfants.

D'autres pensées l'en divertirent. Depuis à peine un an, Maurice Le Blond n'était plus seulement pour Denise l'admirateur et le défenseur de son père. Après le pèlerinage de 1906, il avait commencé à faire partie de son cercle d'amis. Jeanne avait remarqué qu'Alexandrine s'arrangeait pour les réunir autour d'elle. Elle invitait Denise avec Maurice et son ami de lycée Saint-Georges de Bouhélier, dont Denise et Jeanne adoraient les poésies. Le Blond revenait de plus en plus souvent dans la conversation de Denise. Et puis la jeune fille n'avait plus dit « Le Blond », elle n'avait plus discuté avec sa mère, en jeune Parisienne de son temps, du dernier spectacle à la mode dont elle avait débattu avec le jeune homme, ni des nouveaux romans analysés par celui-ci et ses amis, ni du dernier article écrit par Le Blond. Elle avait parlé à Jeanne de façon moins virevoltante, sur un ton moins haut perché, plus grave, de « Maurice ». Un jour, elle lui avait demandé ce qu'elle pensait de lui.

— Bonne Amie aime beaucoup Maurice, elle me parle tout le temps de lui ! Et toi ?

— Moi quoi ?

— Tu penses quoi de lui ?

— Quelle question ! Tu sais bien que je ne peux que l'aimer. Ce qu'il a fait et ce qu'il fait pour ton père… C'est un journaliste, un écrivain brillant, un proche de Clemenceau. Je l'admire.

— Il est tout ça, maman, mais tu sais, il est aussi plein d'humour et il aime s'amuser ! Il est gentil, chaleureux, beau, intelligent…

— J'ai compris, jeune fille !

Denise prit la main de sa mère dans les siennes. Elle n'avait plus rien à dire. Les choses se firent tout naturellement, comme s'il était allé de soi que Denise épouserait Maurice. Alexandrine rayonnait.

— Nous allons marier notre fille, Jeanne ! Elle a choisi le meilleur époux qui puisse s'imaginer. Grâce à lui, notre grand homme ne risque pas d'être oublié. Maurice aura Denise à ses côtés pour veiller à la mémoire d'Émile.

Jeanne sourit, car Alexandrine avait largement contribué à ce choix. Elle était heureuse et triste à la fois. Elle pensait sans cesse à quel point Émile, qui avait une grande affection pour ce jeune homme si fidèle, si brillant et de si noble caractère, aurait été comblé par l'union de Denise avec Maurice Le Blond. Mais elle était aussi une mère que sa fille chérie allait quitter. Elle s'était toujours interdit d'y penser ; il était bien temps que la vie se charge de lui rappeler l'ordre des choses. Elle revivait sa passion folle, coupable, éperdue pour Émile... Elle comparait cet amour exacerbé par l'interdit à l'amour tellement raisonnable, attendu, parfait du point de vue social, de Denise. Les sentiments de sa fille étaient intenses et sincères. Nul doute que Denise et Maurice étaient amoureux l'un de l'autre, mais comme toutes les jeunes bourgeoises, Denise organisait son union future et préparait son trousseau avec un souci des détails pratiques totalement en décalage avec le caractère absolu et impérieux de ses propres amours. Cependant, elle avait payé sa passion de tant de déchirements qu'elle ne pouvait que se féliciter du fossé qui séparait sa jeunesse de celle de sa fille.

L'année 1908 serait celle des cérémonies. Après d'autres reports de dates, le passage par des bureaux, des commissions, l'exhumation fut enfin fixée au mercredi 3 juin 1908. Ce fut encore plus terrible que ce que Jeanne avait prévu. Le cercueil était en si mauvais état – le bois de la bière entourant le cercueil en plomb s'était délité – qu'il fallut en commander un autre, dans lequel on plaça le premier. Cela prit des heures. Les grilles du cimetière Montmartre avaient été fermées pour éviter de laisser passer la foule des curieux. La police protégea le fourgon mortuaire se dirigeant vers le Panthéon. Dans les rues, sur le trajet du fourgon, des cris fusaient : « À bas les Juifs ! À bas Zola ! » Les « cannibales », comme Alexandrine appelait les émeutiers nationalistes, s'étaient regroupés autour de la place du Panthéon. En arrivant, Jeanne fut affolée par la foule. Le spectacle était effrayant. Les milliers de manifestants tentaient de barrer le passage. Ceux de l'Action française avaient organisé leur avancée de telle sorte que des jeunes se trouvent juste derrière le convoi funèbre pour fracasser le cercueil. Finalement, la vigilance du préfet Lépine écarta le danger. Insultes, bagarres entre groupes opposés, souvent constitués de jeunes gens… On fit intervenir la force armée et de nombreuses arrestations calmèrent un peu les opposants. C'est dans ce tumulte qu'Alexandrine, Jeanne – Alexandrine avait tenu à sa présence –, ainsi que les enfants et Lucie et Alfred Dreyfus, montèrent les marches du Panthéon. Le cercueil était posé sur un immense catafalque de douze mètres de haut, au centre de l'édifice. Jeanne se recueillit devant cet assemblage qui allait emporter pour toujours la dépouille d'Émile vers les profondeurs noires et humides des caveaux du monument. Malgré la présence de Denise et de Jacques à son côté, d'Alexandrine qui devait ressentir la même chose qu'elle, malgré les amis fidèles qui veillèrent le mort à leur tour, elle se sentit désespérément seule dans son recueillement.

Cette journée était réservée aux intimes et ne concernait que l'exhumation et le transfert. Celle du lendemain fut consacrée à la cérémonie officielle, qui débuta à neuf heures trente. Clemen ceau et le président Fallières arrivèrent en landau découvert, accueillis au son de *La Marseillaise*. Le général Picquart, ministre de la Guerre, était présent. L'orchestre joua le prélude du *Messidor* de Bruneau et la *Marche funèbre* de Beethoven. Jeanne et les enfants, Alexandrine et un groupe d'amis se tenaient, recueillis, autour du catafalque. Gaston Doumergue, alors ministre de l'Instruction publique et des Beaux-Arts, fit un très beau discours à la gloire de Zola, le seul de la cérémonie. Alfred Dreyfus, accompagné de sa femme et de ses enfants, s'était assis dans la nef du Panthéon. Soudain, tandis que le président Fallières terminait la revue des troupes, on entendit deux coups de feu. Début de panique. Jeanne aperçut Mathieu Dreyfus tentant de maîtriser un homme qu'elle voyait mal. Albert Clemenceau, le frère de Georges, se précipita pour lui prêter main-forte. L'homme, armé d'un revolver, fut aussitôt arrêté par les gendarmes. Ce n'est qu'à cet instant qu'elle vit Alfred Dreyfus tenant son bras, soutenu et conduit vers une voiture. Le lendemain, tout le monde sut que Louis Gregori, rédacteur au journal de droite *Le Gaulois*, avait tiré sur Dreyfus. Il avait présenté une carte d'invitation au gardien, demandé où se trouvait Alfred Dreyfus, et on le lui avait désigné ! Le commandant fut soigné par le chirurgien Samuel Pozzi. La blessure était sans gravité et il se remit vite.

Jeanne partagea sa révolte avec les siens en apprenant trois mois plus tard que, le 11 septembre 1908, Gregori avait été acquitté. Le crime passionnel, la passion de la patrie avaient été mis en avant. Elle tremblait de colère en pensant que Zola, qui s'était tant battu contre l'injustice, en était encore le témoin posthume à l'occasion – cynique circonstance – des honneurs qu'on lui avait rendus ...

Pendant ces événements, Maurice Le Blond avait été un soutien solide et précieux. Son amour grandissant pour Denise ne devait rien à sa fidélité à Zola, mais son mariage prochain avec la jeune femme allait le placer au cœur de la famille du maître et prolonger son action au service de sa mémoire. À cet égard, Jeanne prenait conscience, après les secousses du transfert des cendres, de l'importance de Maurice dans le cercle familial. Loin d'éloigner Denise, il l'aiderait à vivre dans l'amour de son père et de ceux qui avaient tant compté pour lui.

Les préparatifs du mariage et la constitution du trousseau occupèrent tant les trois femmes que Jeanne se laissa emporter dans un tourbillon de futilités où chaque détail – choix des étoffes, motif de la broderie pour le marquage des draps, quantité et choix du linge de maison – devenait une affaire d'État. L'été précédant les noces, Denise passant ses vacances à Berck avec sa mère et Jacques, pour qui il était bon, malgré un état de santé devenu satisfaisant, de refaire quelques cures, c'est Alexandrine qui se chargea des achats de lingerie et de linge de maison au magasin du Louvre. Encadrée par deux anciennes couturières, Denise faisait son apprentissage de future maîtresse de maison. Jeanne s'amusait de voir sa petite « Gavroche », comme la qualifiait Alexandrine avec son langage volontiers argotique et son côté frondeur, se préparer avec tout le sérieux d'une jeune fille de bonne famille à ses devoirs d'épouse. La robe serait en satin ivoire, la jupe ronde garnie d'un cordon de fleurs d'oranger, le même cordon ornant le corsage froncé à la taille, recouvert d'une cascade de dentelle de tulle brodée, avec col et ceinture de ruban. Et toujours des fleurs d'oranger, sur le poignet des manches, et en diadème au sommet du voile de tulle… Les essayages rappelaient à Jeanne ceux des dames dont elle s'était occupée à l'atelier de Courbevoie.

Enfin, les faire-part furent envoyés aux invités :

Madame A. Émile-Zola et Madame Rozerot ont l'honneur de vous faire part du mariage de leur pupille et fille, Mademoiselle Denise Émile-Zola, avec Monsieur Maurice Le Blond, Homme de Lettres, Sous-préfet en congé, Attaché à la Présidence du Conseil.

Et vous prient d'assister à la Cérémonie Civile qui aura lieu à la Mairie du VIIIe Arrondissement, rue d'Anjou, le Mercredi 14 Octobre à 2 heures de l'après-midi.

62, rue de Rome.

80, rue Blanche.

Ce fut une belle fête, émouvante, dans la sincérité des cœurs de ceux qui s'unissaient mais aussi de tous ceux qui étaient là et se réjouissaient pour la jolie Denise, dont les grands yeux gris-vert disaient les désirs et la splendeur des rêves. Jeanne ne voulut voir que la grâce de ce jour dont elle-même avait été privée. Elle enfouit au fond d'elle la désagréable sensation d'être un peu la seconde mère face à la rayonnante Alexandrine, mariant plus sa fille que sa filleule. Les invités étaient plus nombreux et plus prestigieux parmi les intimes et les proches de Mme Zola que parmi les siens… Même à la lumière du mariage de sa fille, elle restait toujours dans l'ombre.

Denise quitta le cocon familial. Elle quitta même Paris, d'abord pour un petit voyage de noces dans les Pyrénées, puis pour Clamecy, dans la Nièvre, où Maurice avait été nommé sous-préfet. Les conversations entre Jeanne et sa fille se firent désormais de manière épistolaire. Des histoires de trousseau, d'appartement à aménager, rue Boursault, pour Denise quand elle reviendrait à Paris avec Maurice, les nouvelles de ses amies, Mme Bouthors, Reine et Jeanne Hauser, ou de la famille à Rouvres. Elle lui parlait de Léon qui voulait faire un procès à l'homme qui avait « pris dans le champ de l'étang », de son parrain qui serait content de connaître Maurice… Autant de petites choses du quotidien qui lui permettaient de ne pas s'appesantir sur ce qu'elle voulait lui dire avant tout : le vide qu'elle laissait dans leur « petit chez-eux », la difficulté de se faire à l'idée que sa fille ne viendrait plus habiter chez elle. Et les recommandations d'une mère : « Soyez heureux l'un par l'autre, et profitez de la vie parce qu'elle est courte. » « Profitez du bon temps que la vie vous donne pour le moment. Le souvenir des beaux jours aide à faire passer plus tard ce que la vie a de cruelle [cruel]. »

Surchargé de devoirs, Jacques s'était enfin mis à travailler. Si tout allait bien, dans deux ans il passerait son baccalauréat.

Considéré comme guéri, il conservait néanmoins des séquelles de sa maladie : son bras gauche était un peu plus court que l'autre et la mobilité de ses doigts réduite. Il s'était procuré « une petite géographie de la Nièvre, afin d'étudier le pays ».

Jeanne commençait à s'habituer à la vie sans Denise quand une terrible nouvelle vint frapper toute la famille : la mort de Cécile, la fille aînée de sa sœur, à l'âge de vingt ans. Cruauté du sort, une fois encore. Jeanne venait de marier sa fille quand sa sœur perdait la sienne… Elle l'épaula de son mieux. Sa sœur avait d'autant plus besoin d'aide que l'état de santé de son fils, Maurice, se détériorait de jour en jour.

Jeanne trouva des moments d'apaisement à son chagrin avec Mme Le Blond mère. Toutes deux s'étaient occupées de l'appartement à aménager. Elles avaient choisi les papiers pour la chambre, « une copie de toile Liberty à grandes fleurs sur fond bleu ». Et puis, « la » grande nouvelle était arrivée. Officiellement, car Jeanne s'était déjà doutée de quelque chose : Denise était enceinte. À quarante-deux ans, elle allait être grand-mère. Tout cela arrivait si vite ! Joie et amertume. Émile ne connaîtrait pas le bonheur d'être grand-père. Elle ne pourrait pas partager avec lui l'émotion de prendre contre elle ce petit être à venir, de respirer sa peau, de le voir s'éveiller à la vie, de s'amuser de ses mots d'enfant… Elle songea à Alexandrine qui devait ressentir la même chose qu'elle, et se laissa aller à penser, même si elle n'y croyait pas vraiment, que l'âme d'Émile serait touchée par la force des pensées conjuguées de deux esprits toujours tendus vers lui.

Entrelacement, une fois de plus, de bonnes et de mauvaises nouvelles. En ce début de 1909, ce fut au tour de son neveu Maurice de perdre la vie, à quatorze ans. Sa sœur voyait ainsi disparaître son troisième enfant. Il ne lui restait plus que sa fille Eugénie. Dans ces circonstances, Jeanne avait honte de lui annoncer la grossesse de Denise. Elle attendit un peu pour le faire et eut beaucoup de mal à passer de ce second deuil aux préparatifs de la prochaine naissance. Mais le ventre de Denise s'arrondissait et les dispositions pratiques s'imposèrent d'elles-mêmes : le berceau que Jeanne devait faire réparer, la location d'une maison à Clamecy, les ustensiles et mobilier à louer ou à apporter pour les vacances à Clamecy en juillet prochain... De quoi meubler à la fois la maison et l'attente.

Le bébé arriva plus tôt que prévu. En septembre, une petite Aline vit le jour. Jeanne s'était installée à Clamecy auprès de sa fille, pour l'assister au moment de l'accouchement et pendant le mois qui suivrait. Elle eut le cœur gros en regagnant Paris. Elle venait de vivre les instants les plus forts, les plus complices, les plus émouvants qu'elle eût jamais vécus avec sa fille, et elle avait lu un sentiment d'abandon et de détresse dans les yeux de Denise en la quittant. C'est en retenant ses larmes qu'elle avait rassuré sa fille, qui craignait de mal faire et de ne pas savoir s'occuper du bébé... Une fois rentrée chez elle, Jeanne se raisonna. Denise et la petite allaient bien, et Nisette saurait faire son apprentissage de mère, même si elle n'avait pas eu, comme elle, l'expérience des bébés à travers de nombreux petits frères et sœurs. D'ailleurs, elle eut à faire face à d'autres soucis. Elle devait quitter son appartement et trouver un autre logement, ce qu'elle entreprit quinze jours plus tard. Elle habiterait désormais rue Truffaut.

Entre les conseils à sa fille, parfois des reproches – « il ne fallait pas l'emmener à Vichy par cette chaleur ! », « tu ne lui donnes pas assez à manger ! », « il lui faut quatre repas par jour, une bonne bouillie ou une soupe sitôt réveillée ! » –, les vacances avec Jacques à Carteret et les charges pour l'entretien de la maison de Rouvres, une vie plus ordinaire s'ouvrit, toujours assombrie par les deuils. D'abord, la mort de sa demi-sœur Catherine-Philiberte au cours de l'année 1910, à l'âge de vingt-huit ans. Et puis l'année suivante, ce fut au tour de son père de quitter les siens. Il était très affaibli depuis de longs mois. Sa fille Marie-Anne et son mari Jean l'avaient pris chez eux à Montceau, à vingt kilomètres de Rouvres, où il ne pouvait plus quitter son lit. Son décès, à soixante-dix-huit ans, fut perçu par toute la famille comme une délivrance.

Entre ces deuils, la naissance du second enfant de Denise s'annonçait. En septembre 1910, Denise avait prévenu sa mère de sa grossesse, et une petite Violaine naquit au mois de février suivant. Jacques travaillait toujours pour son bachot qu'il repassait cette année-là, la dernière partie etant prévue en juin. Jeanne, elle, était sans projets. Elle n'avait jamais su vivre pour elle-même et se laissait porter par le présent et l'avenir de ses enfants et de ses petites-filles. Elle fréquentait toujours les Triouleyre, ses plus anciens amis, mais aussi le couple Bouthors, dont le mari, un comédien, les invitait Jacques et elle à des spectacles. Il y avait aussi les Hauser, les Rodrigue, les Kahn... Sa complicité de maman avec Mme Le Blond s'était renforcée depuis la naissance de Violaine, et elle avait plaisir à courir les magasins, surtout le Printemps, en sa compagnie. En revanche, elle se sentait mal à l'aise avec les amis d'Émile et fuyait leurs invitations, ce que déplorait Denise.

Jeanne avait eu l'impression de retrouver ses vingt ans lorsque Denise, couverte de boutons et craignant une maladie contagieuse, lui avait confié la garde de ses deux petites filles. Aline, surnommée Linotte, savait déjà charmer son monde, Coco surtout. Quant à Jeanne, Alexandrine et Mme Le Blond, elles se laissaient esclavager avec délices par « Amour », surnom de Violaine, et par Linotte, déjà rompue à la corruption des grand-mères.

Enfin, Jacques fut reçu à son bachot avec mention. Jeanne ressentit le même sentiment de soulagement et de libération que son fils. On fit des projets de location de vacances en Normandie avec Paule Alexis, Alexandrine, Denise et sa petite famille. On fêta l'événement à Rouvres aussi. Jacques s'était fait un ami en la personne du cousin du châtelain de Meilly, Alexis Maire. Le jeune homme lui avait proposé de le conduire au château en voiture. Coco allait dans quelques semaines fêter ses vingt ans. Il voulait maintenant faire des études de médecine. Peut-être sa longue expérience de la maladie lui avait-elle fait apprécier la valeur et la compagnie des blouses blanches, à qui il avait eu envie de ressembler.

Les petites histoires de clocher, à Rouvres, alimentaient les conversations de la famille, comme la machine à sabots nouvellement acquise par Léon, révolutionnaire avec son moteur. Jeanne avait hérité de la maison de Rouvres et elle devait à grands frais la faire remettre en état pour y accueillir ses enfants lors de prochaines vacances. Elle renouait avec ses origines, et à chacun de ses séjours, à Pâques ou pendant les mois d'été, elle cultivait son petit jardin, récoltait les fruits, faisait des confitures de groseilles. Elle ne manquait pas de fleurir la tombe de Ninette, dont elle se souvenait avec reconnaissance et tendresse.

Elle était maintenant très liée avec sa demi-sœur, Maria, et son mari, Jean, et c'était pour elle et pour ses enfants un grand plaisir de les retrouver. Fille de la terre elle était née, à sa terre natale elle retournait. D'ailleurs, la vie de Denise à Clamecy, au bord du Beuvron dans la campagne nivernaise, la confortait dans son choix. Elle aimait moins Paris, encore qu'elle y eût ses amis, ses habitudes. Elle l'aurait aimé davantage si Denise, Maurice et ses petites-filles avaient été auprès d'elle. Jacques avait brillamment réussi sa première année de médecine, et Jeanne envisageait de déménager à nouveau, car son logement était trop loin de l'hôpital où il faisait ses études. Elle s'installa au 20, rue du Cardinal-Lemoine. En raison de son problème de bras, Coco avait été réformé et il pourrait poursuivre ses études sans s'interrompre.

Denise aimait peindre et, depuis deux ans, elle s'adonnait à ce qui était devenu une passion. Maurice l'encourageait et lui parlait d'exposition dans un futur proche. En revanche, Jeanne considérait les talents artistiques de sa fille comme un pur divertissement dont elle s'amusait, sans se rendre compte que lui parler de ses « croûtes » risquait de la blesser ! Elle était meilleure maman et grand-mère que critique artistique ou littéraire. Ainsi, elle n'avait pas aimé *Marie-Claire,* de Marguerite Audoux, qui lui rappelait sans doute son propre passé. Sa vie avec Zola, mais si souvent sans lui, ne lui avait pas permis de former ses goûts et son jugement.

Denise vivait à Clamecy depuis quatre ans et demi et voilà qu'elle s'apprêtait à revenir à Paris, où Maurice venait d'être nommé secrétaire des journaux officiels. En recevant la lettre de Denise lui apprenant la bonne nouvelle, Jeanne exulta. Ses petites-filles grandiraient auprès d'elle ! Elle voyait déjà leurs museaux à sa porte, s'imaginait écoutant leurs babillages, les installant pour le goûter, les conduisant au jardin public le plus proche. Pressée de dire à sa fille combien elle était heureuse, elle lui répondit immédiatement et se prépara pour aller poster sa lettre. Elle s'était habillée légèrement en ce début de mai déjà très chaud. Au moment de sortir, elle prit son chapeau et jeta un coup d'œil dans le miroir. Ce jour-là, elle se moqua bien du flétrissement de ses paupières et de ses joues un peu affaissées. À quarante-six ans, elle se trouva belle en grand-mère élégante, avec son visage comme éclairé d'une lumière intérieure, et elle courut dans la rue, sa lettre à la main. Elle regarda en passant les gros titres des journaux, qui tous évoquaient la crise des Balkans. Elle avait prévu d'aller jeter un coup d'œil sur les nouveautés du Printemps, mais il faisait si beau qu'elle changea d'avis et préféra flâner dans ses songes. Elle s'assit sur un banc, caressa sur son cou le collier de sept perles qu'elle ne quittait jamais et, doucement pénétrée par le soleil, il lui sembla que les parfums mêlés des roses et des seringas, la transparence vermeille de l'air, infusaient dans sa peau. Pendant un instant, elle ne sentit plus les limites entre sa chair et l'épaisseur du jour.

*

Jeanne est morte le 22 mai 1914 des suites d'une opération bénigne dans une clinique de la rue de la Chaise. Elle avait quarante-sept ans.

Elle repose dans le cimetière de Rouvres-sous-Meilly.

BIBLIOGRAPHIE

Correspondances

Bakker, B.H., « Vingt-cinq lettres inédites de Paul Alexis à Émile Zola et Jeanne Rozerot, 1890-1900 », *Les Cahiers naturalistes*, 1975 (49), 30-63.

— *Naturalisme pas mort. Lettres inédites de Paul Alexis à Émile Zola, 1871-1900,* University of Toronto Press, Toronto, 1971.

Lettres de Jeanne Rozerot à Alexandrine Zola, ITEM-CNRS, centre Zola.

Lettres d'Alexandrine Zola à Jeanne Rozerot, ITEM-CNRS, centre Zola.

Lettres de Jeanne Rozerot à Denise Le Blond-Zola, ITEM-CNRS, centre Zola.

Lettres de Denise Le Blond-Zola à Jeanne Rozerot, ITEM-CNRS, centre Zola.

Céard Henri, *Lettres inédites à Émile Zola*, librairie Nizet, 1958.

Zola Émile, *Lettres à Jeanne Rozerot, 1892-1902,* édition établie, présentée et annotée par Brigitte Émile-Zola et Alain Pagès, Gallimard, 2004.

— *Correspondance,* édition B.H. Bakker, Presses de l'Université de Montréal/CNRS, 1978-1995, 10 volumes.

ŒUVRES DE ZOLA

Œuvres complètes, édition établie sous la direction d'Henri Mitterand, 15 vol., Cercle du livre précieux, 1966-1969.

Les Rougon-Macquart, édition établie par Colette Becker, avec la collaboration de Gina Gourdin-Servenière et Véronique Lavielle (5 vol.), coll. « Bouquins », Robert Laffont, 1991-1993.

OUVRAGES ET DOCUMENTS SUR ZOLA, JEANNE ROZEROT ET ALEXANDRINE ZOLA

ALEXIS Paul, *Émile Zola, notes d'un ami,* 1882.

BLOCH-DANO Évelyne, *Madame Zola,* Grasset, 1997.

— *Chez Zola à Médan,* « Maison d'écrivain », Christian Pirot, 1999. Nous devons à Évelyne Bloch-Dano les informations concernant l'enfant d'Alexandrine décédée peu après son abandon, et celles relatives aux détails de la procédure pour le changement de nom de Jacques et Denise.

BROWN Frederick, *Zola, une vie,* Belfond, 1996.

BRUNEAU Alfred, *À l'ombre d'un grand cœur,* Slatkine, 1980 (réédition).

CÉARD Henri, *Lettres inédites à Émile Zola*, librairie Nizet, 1958.

— « Zola intime », *La Revue illustrée*, t. III, p. 141-148, *Bulletin de la Société des amis d'Émile Zola*, 1925, n° 6.

CHARTIER Monique, *Zola. Trois étés à Royan*, éditions Bonne Anse, Royan, 2005.

ÉMILE-ZOLA François et MASSIN, *Zola photographe,* Délégation à l'action artistique de la ville de Paris, Denoël, 1979.

LABORDE Albert, *Trente-huit années près de Zola. La vie d'Alexandrine Émile-Zola,* Éditeurs français réunis, 1963.

LANOUX Armand, *Bonjour, monsieur Zola*, Librairie Hachette, 1962.

LE BLOND-ZOLA Denise, *Émile Zola raconté par sa fille,* Grasset, 1931.

— Préface à l'édition complète des *Œuvres* d'Émile Zola, François Bernouard, t. I, 1927.

LE BLOND-ZOLA Jean-Claude, *Zola à Médan,* Société littéraire des amis d'Émile Zola, 1999.

LEJEUNE Maurice, *La Vie de Jeanne Rozerot et d'Émile Zola,* Meilly et Rouvres, Le Trait d'Union, 1994-1997.

MITTERAND Henri, *Zola* (3 vol.), Fayard, 2002.

PAGÈS Alain, *Émile Zola, un intellectuel dans l'affaire Dreyfus,* Dilecta, 2006.

THION Marie-Claire, « Chronique médanaise. Résidence "Le Paradou", allée "Jeanne Rozerot" », *Les Cahiers naturalistes*, n° 64, 1990.

— *Histoire de Triel*, 2e vol., 1789 à nos jours.

OUVRAGES GÉNÉRAUX

ARON Jean-Paul, *Misérable et glorieuse, la femme du XIXe siècle,* Fayard, 1980.

AUDOUX Marguerite, *L'Atelier de Marie-Claire,* 1882, coll. « Les Cahiers rouges », Grasset, 1987.

BAZIN Jean-François, *Une Bourgogne si étrange.* Mémoires, éditions Ouest-France, 2004.

BEAUJARD Georges et BIGET Daniel, *Triel-sur-Seine : son histoire, ses légendes*, éditions du Valhermeil, 2001.

BENOIST Charles, *Les Ouvrières de l'aiguille. Notes pour l'étude de la question sociale*, Léon Chailley éditeur, Paris, 1895.

BOURGEOIS Claude, *Mémoire en images. Courbevoie*, Alan Sutton (2 vol.), 1996-1997.

BOUVIER Jeanne, *Mes Mémoires,* coll. « Actes et mémoires du peuple », La Découverte/Maspero, 1983.

Caen, Bayeux et les bains de la côte de Caen et du Bessin, coll. « Guides Joanne », Hachette, 1895.

D'ARCES Amicie, *Hier en Bourgogne, cuisine, fêtes et traditions.* Témoignages et récits, Alan Sutton, 2002.

DÉSERT Gabriel, *La vie quotidienne sur les plages normandes du Second Empire aux années folles*, Hachette, 1983.

DILMONT Thérèse de, *Encyclopédie des ouvrages de dames,* « Bibliothèque D.M.C. », Delagrave, s.d.

DUBESSET Mathilde, ZANCARINI-FOURNEL Michelle, *Parcours de femmes. Réalités et représentations*, *Saint-Étienne, 1880-1950*, Presses universitaires de Lyon, 1993.

Femmes, le travail et la famille (Les), Rivages/histoire 1978.

GONCOURT Edmond et Jules de, *Journal* (3 vol.), « Bouquins », Robert Laffont, 1989.

MARTIN-FUGIER Anne, *La Place des bonnes. La domesticité féminine à Paris en 1900,* « Tempus », Perrin, 2004 (réédition).

Meilly, Rouvres et Maconge. Histoire, mémoires et société en Auxois (XV-XIXe siècles). Regards croisés sur les manuscrits Carémantrant et Krau. Notes et commentaires par Gilles Barot, Meilly, 1999.

SCHWEITZER Sylvie, *Les femmes ont toujours travaillé. Une histoire des femmes aux XIXe et XXe siècles*, Odile Jacob, 2002.

VERDIER Yvonne, *Façons de dire, façons de faire. La laveuse, la couturière, la cuisinière,* Gallimard, NRF, 1979.

VINCENOT Henri, *La Vie quotidienne des paysans bourguignons au temps de Lamartine,* Hachette, 1976.

REMERCIEMENTS

Je tiens à remercier tous ceux qui m'ont aidée dans mes recherches : Maurice Lejeune, qui m'a donné des informations sur la famille de Jeanne, Dominique Huon, particulièrement aimable et dévouée, alors déléguée à la communication à la mairie de Courbevoie, M. Masson, maire de Rouvres-sous-Meilly, et Denis Berthoux, maire de Créancey, qui m'ont reçue avec beaucoup de gentillesse et donné accès aux archives municipales. Un grand merci à Marie-Claire Thion, à sœur Irmine Devieux de la Providence de Portieux, qui a fait un travail considérable de recherche dans les archives, à Bernard Leblanc, historien en Côte-d'Or, à M. et Mme Chevalier, de Rouvres-sous-Meilly, à M. et Mme Congrain, autrefois voisins de Léon, ainsi qu'à Jean-François Bligny, président de la Société des sciences historiques et naturelles de Semur-en-Auxois.

Toute ma reconnaissance à Martine Le Blond-Zola, arrière-petite-fille de Jeanne, à qui je dédie ce livre, à Évelyne Bloch-Dano pour ses conseils et ses encouragements, à mon amie Florence Rochefort, historienne, pour son soutien et son aide documentaire sur l'histoire des femmes, à Geneviève Laporte, veuve d'Eugène Laporte, le petit-fils de Cécile Walck, et à son fils Dennis, ainsi qu'à Sylvette Daza, pour son aide informatique.

Merci enfin à Patrick, qui m'a accompagnée sur les traces de Jeanne et a partagé mes bonnes et mauvaises fortunes.

TABLE DES MATIÈRES

Cet ouvrage a été imprimé en France par

CPI
Bussière

à Saint-Amand-Montrond (Cher)
en mars 2009

Composé par Nord Compo Multimédia
7, rue de Fives 59650 Villeneuve-d'Ascq

N° d'édition : 4532. — N° d'impression : 090956/1.
Dépôt légal : février 2009.
Suite du 1er tirage.